테마로 읽는 세계사 산책

손영호 지음

학지사

책머리에

오늘날 우리의 삶은 과거의 수많은 사건과 변화를 통해 형성되었다. 다가올 미래 역시 과거를 통해서 예측이 가능하다. 역사학자 카(E. H. Carr)가 역사를 '현재와 과거의 끊임없는 대화' 라고 정의한 것도 바로 이 때문이다. 이처럼 우리가 역사를 배우는 이유는 과거를 통하여 현재를 조명하고, 더 나은 인류의 미래를 설계할 수 있기 때문이다.

오늘날을 흔히 '지구촌' 의 시대 혹은 '우주적 정보화' 의 시대라고 한다. 과거와는 달리 오늘날 인간의 활동과 생활영역은 급속히 확대되고 있다. 어느 한 국가에서 일어난 조그만 사건이라도 세계 각국에 신속히 전파되어 국제성을 띠게 된다. 이제 우리는 민족이나 국가 단위로 고립되어 살아가는 것이 아니라, 국제간 교류를 통해 끊임없이 변화하는 네트워크 속에서 살고 있다.

현대 세계사는 모든 나라의 역사가 실타래처럼 얽히고 설켜 이룩된 것이다. 따라서 자국의 역사에 매몰되기보다는, 더 넓게 세계사의 변화를 바라볼 수 있는 자세가 필요하다. 진정한 세계인이 되려면 타국 사람들의 역사와 문화를 이해하고, 그들이 세상을 어떻게 바라보고 있는지를 알아야 할 것이다.

인류의 탄생에서부터 글로벌 시대까지 약 5,000년의 역사를 일목요연하게 정리한다는 것은 결코 쉬운 일이 아니다. 왜냐하면 역사적 시간과 공간이 너무 방대하고, 여기에 정치, 경제, 사회, 문화 등 다방면에 걸친 지식의 체계화가 필요하기 때문이다. 그리하여 처음 집필 의뢰를 받았을 때 선뜻 나서기가 어려웠다. 그러나 여러 번 숙고한 끝에 인류 역사의 전체상을 간결하고 쉽게 그려내는 작업도 의미있는 일이라 생각하여 이 책을 집필하게 되었다.

이 책은 서양사에 대한 배경 지식이 없이도, 역사의 굵은 줄기와 가는 줄기를 따라 읽어가면서 쉽게 이해하도록 편성하였다. 일반인이나 대학생들을 위한 교양서의 역할뿐 아니라, 가능한 고등학생들의 학과 공부에도 보탬이 되도록 하였다. 서양사의 복잡한 전개 과정을 간결하고 명확한 이미지로 파악하는 데 도움이 되기를 바라는 마음이다.

이 책은 크게 5개의 테마로 구성되었다. 인류와 문명의 탄생, 찬란한 고대문명, 중세 유럽의 형성과 변화, 근대세계로의 새로운 변화, 양차 대전과 지구촌 사회가 그것이다. 그리고 각 테마마다 그 시대를 이해하는 데 꼭 필요한 토픽을 취사 선택하여 역사적 흐름을 한눈에 조망할 수 있도록 하였다.

역사는 단순한 사건의 나열이 아니다. 역사를 교과과정의 하나나 암기의 대상으로 본다면 이 또한 지루할 수밖에 없다. 따라서 사고력과 창의력 증진을 위하여 역사적인 사건에 대한 인과관계, 다양한 해석이나 역사적 평가를 싣고자 하였다. 또한 독자들이 더욱 쉽게 내용을 이해할 수 있도록 각 페이지마다 역사노트와 읽을거리를 첨가하고, 관련사진과 지도, 도표 등도 풍부하게 수록하였다.

끝으로 이 책이 발간되기까지 물심양면으로 지원해주신 학지사 김진환 사장님, 편집부터 교정까지 힘쓰신 최임배 편집부장, 수정과 가필, 사진자료 정리를 도와준 김상민 선생님과 따뜻한 격려와 충고를 아끼지 않았던 안희남 선생님께 깊은 감사를 드린다.

2008년 1월

손 영 호

목차

Theme 1 인류와 문명의 탄생

Theme 2 찬란한 고대문명

Theme 3 중세 유럽의 형성과 변화

Theme 4 근대세계로의 새로운 변화

Theme 5 양차 대전과 지구촌 사회

WANTED
JOB
JOB

The Cold War

Theme 1

인류와 문명의 탄생

인류의 조상과 선사시대 문화

#01

인류역사는 문자의 사용 여부, 즉 기록에 의해 역사시대와 선사시대로 구분할 수 있다. 인류가 역사시대로 진입한 것은 고대 오리엔트 문명이 형성된 약 5,000년 전으로, 이전의 수백만 년에 이르는 장구한 기간이 선사시대에 해당된다. 약 1만 년 전에 인류는 이동생활에서 정착생활로, 수렵과 채집의 단계에서 농경과 목축의 단계로 진입하게 되었는데, 이런 변화를 이른바 '신석기혁명'이라고 한다. 인류문화는 농경문화의 발달과 함께 청동기시대로 접어들면서 더욱 발전하며 고대문명을 발생시켰다.

아프리카에서 퍼져나간 인류의 조상

지구는 약 50억 년 전에 생겨났다. 그리고 그 지구상에 생명체가 처음 출현한 것은 30억 년 전이다. 인류를 향한 진화과정은 1,500만 년 전부터 시작되었으며, 지금의 현생인류인 호모사피엔스가 등장하기까지 수많은 진화과정을 거치게 되었다.

그렇다면 최초의 인류는 누구이며 언제, 어디서 등장했는가? 고고학자나 인류학자들은 탄소측정법이나 X-선, 전자현미경 등 과학적 분석을 통해 유골이나 연장이 발견된 지층의 연대와 시기를 밝혀내며 인류의 진화과정을 설명하고 있다. 인류의 진화과정에 대해서는 수많은 이론이 제시되고 있으나, 적어도 최초 인류가 원숭이로부터 진화했다는 점

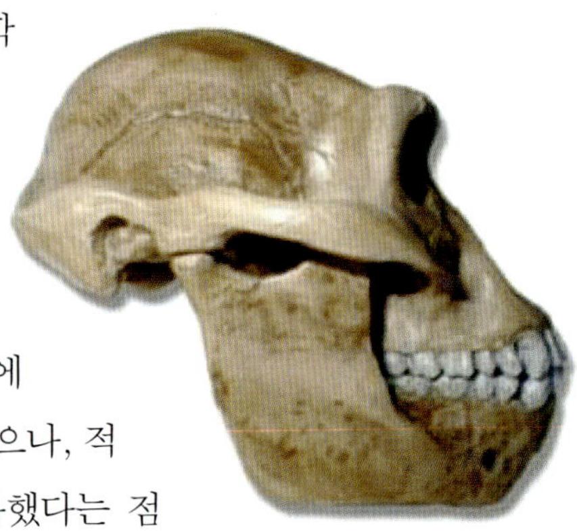

현생인류의 조상으로 여겨지는 오스트랄로피테쿠스의 두개골

과 그 발상지가 아프리카라는 점에서는 큰 차이가 없다.

인류가 최초로 지구상에 출현한 것은 약 200만 년 전이었다. 이 시기에는 한기와 온기가 교차되었는데, 한기에 발달한 빙하는 기후가 따뜻해지면서 북쪽과 고지로 후퇴하였다. 이러한 기후의 난온 변화는 네 차례에 걸쳐 반복되어 지구의 지형과 동식물 분포에 커다란 변화를 가져왔다. 바로 이런 환경 속에서 인류가 지구상에 출현하게 되었다.

최초의 인류 발상지는 아프리카였다. 1924년 요하네스버그 대학의 레이먼드 다트 박사는 남아프리카 보츠와나의 석회암 채석장에서 어린아이의 두개골 화석을 발견하였다. 박사는 이 화석을 남쪽(australo)의 원숭이(pithecus)라는 뜻을 가진 '오스트랄로피테쿠스'로 명명하였다.

오스트랄로피테쿠스는 두 발로 직립보행을 하였기에 두 손을 자유롭게

>>>>인류의 진화

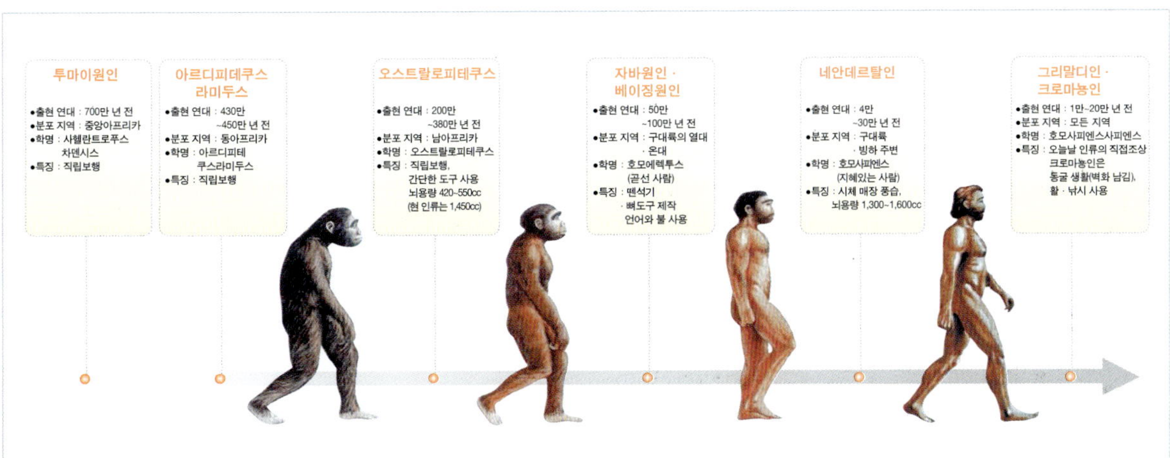

쓸 수 있었다. 인류 최초로 나뭇가지나 돌멩이 같은 도구를 사용한 '연장을 만드는 동물'이었던 것이다. 그러나 신체구조나 얼굴 생김새는 인간이기보다 유인원에 가까웠다. 키는 1m 20cm 정도였으며, 두뇌는 원숭이의 두뇌 크기만 했다.

이후 인류는 진화를 거듭하며 손에 돌조각을 든 작고 검은 오스트랄로피테쿠스에서 자바인과 베이징인(원생인류), 네안데르탈인(고생인류)을 거친다. 그리고 마침내 4만 년경 현생인류의 조상인 크로마뇽인이 출현하였다.

크로마뇽인의 화석은 남부 프랑스 크로마뇽 동굴에서 발견되었다. 그들은 구석기시대 후기의 문화에 속해 있었는데, 남자의 평균 신장이 1m 83cm에 이를 만큼 키가 컸으며, 넓은 어깨, 잘 발달된 척추와 턱, 현대인과 같은 두개골 용적을 가지고 있었다. 이들은 추운 날씨 탓에 남부 유럽과 아시아를 떠돌며 들소, 매머드, 순록 등을 사냥하거나 채집하며 살았고, 2, 30명씩 무리를 지어 동굴을 거처로 삼았다.

크로마뇽인은 창과 활, 올가미나 그물 같은 정교한 도구와 기구를 제작하여 사용하였다. 또한 그들은 언어를 사용하였는데, 이를 통해 지식과 기술이 다음 세대로 전달되었다. 언어는 집단생활에서 질서를 유지하고 구성원 간의 공동체의식과 단합을 이루는 데 필수조건이었다. 그러나 인류가 언제, 어떻게 언어를 사용하고 발전시켰는지에 대해서는 정확하게 알려진 것이 없다.

현대인은 '이브'의 후손

아프리카에서 탄생한 인류가 진화를 거듭하면서 마침내 3만 년경 세계 각처로 퍼져나갔다는 것이 정설이다. 그러나 1987년 하와이 대학의 캔 박사는 새로운 가설을 제기하였다. 그는 다양한 인종의 세포에서 미토콘드리아 DNA를 추출한 결과, 이것이 약 20만 년 전 아프리카에 살았던 한 여성('이브'라고 칭함)으로부터 유래된 것이라고 발표하였다. 이것은 이브가 인류 공동의 어머니이자 조상이라는 것을 의미한다.

인류 신체의 진화

약 60만 년 전, 두 발로 일어선 인류는 지구상에서 유일하게 직립보행을 하는 동물이었다. 직립보행으로 인해 인류는 지구의 지배자가 될 수 있었다. 직립보행을 하면 손의 관절을 이용해 걸을 때보다 칼로리가 35% 정도 절약된다. 인간은 이렇게 남아도는 칼로리를 뇌로 공급하였다. 두 손이 자유로워지면서 많은 물건을 운반할 수 있었고, 생활에 필요한 연장과 도구를 만들 수 있었다. 또한 손을 자유롭게 움직여 아이를 위험으로부터 보호할 수 있게 되었다. 유아기에 손가락을 많이 사용하는 놀이를 할수록 지능이 높아진다고 하듯이, 인류가 손으로 도구를 만들기 시작하면서 지능이 크게 발달하였을 것이다. 손이 주로 발처럼 걷는 일에 활용되었다면 인간 문명은 존재하지도 않았을 것이다.

인류와 유전형질이 가장 유사한 침팬지와 인간의 손을 비교하면 엄지손가락의 위치와 크기가 다름을 알 수 있다. 인간의 엄지는 침팬지에 비해 길고 거의 직각으로 붙어 있다. 침팬지는 엄지손가락을 집게손가락에 붙여 물건을 잡는다. 그러나 사람은 엄지손가락과 집게손가락을 좌우로 동그랗게 만들어 물건을 잡는다. 인간은 이러한 손의 진화를 통해 정교한 도구의 제작과 사용이 가능하게 되었다.

또한 인류는 다른 동물과 달리 다양한 동식물을 먹이로 삼았다. 이로 인하여 충분한 비타민과 영양소를 섭취할 수 있었으며, 음식을 소화하기 위해 정교한 치아구조가 발달되었다. 그리고 안쪽이 벌어진 치열로 인해 다양한 발성이 가능해졌으며, 마침내 언어를 사용할 수 있게 되었다.

다른 포유류와 달리, 인간 남성의 성기는 음경골이 없으며 신체 비율상 상당한 크기를 지니고 있다. 이에는 인간이 직립한다는 점이 주요 원인으로 작용한 듯하다. 여성의 경우, 골반이 크고 발정기가 없다는 것도 다른 동물과 큰 차이점이다. 이러한 신체적 구조는 인간이 다른 동물보다 성행위를 중시하는 것과 관련이 있다. 또한 대뇌피질의 대부분이 손과 입으로 연결되어 도구와 언어를 손쉽게 사용할 수 있었다.

불의 사용

인류학자들은 인간이 최초로 불을 사용한 사건을 인류 문화의 출발점으로 보기도 한다. 인간이 불을 사용함으로써 인류 최초의 혁명적인 변화를 가져왔을 것이다. 구석기 초부터 인류는 불을 사용하는 기술을 터득하여 인간을 위협하는 자연의 시련에 맞설 수 있게 되었다.

인간은 음식을 익혀 먹고, 추위를 피하며, 맹수들의 습격을 막는 효과적인 무기로 불을 이용하였다. 특히 화식(火食)을 하게 되면서 음식물 섭취가 쉬워진 것은 물론 인간의 신체구조에도 변화를 가져왔다. 음식을 익혀 먹게 되면서 턱 근육을 덜 쓰게 되자 앞으로 돌출된 턱은 제자리를 찾았으며, 영양분의 공급으로 뇌의 용량도 점차 커지게 되었다. 그리고 더 커진 머리를 떠받치기 위해 척추도 점차 바로 세울 수 있게 되었다. 이로써 직립인간의 모습을 갖추게 된 것이다.

불을 사용하는 원시인의 공동생활 모습

불의 사용으로 음식 조리법이 다양해지자 인류의 식생활도 크게 바뀌게 되었다. 섬유질을 분해하고 단백질과 탄수화물을 분리시켜 음식의 영양가를 높인 것은 물론, '맛'을 이끌어낼 수 있었다. 또한 음식을 익혀 먹게 되자 식중독이나 질병의 감염도 줄었다. 이처럼 '불의 발견'은 인간이 자연에 맞설 수 있는 수단인 동시에 자연으로부터 자립을 가능하게 한 원동력이었다.

인류 최초의 원시 예술

구석기시대 후기, 인류는 유희본능에 이끌리거나 장식용으로 조각을 하거나 그림을 그리기도 하였다. 비록 초보적이긴 하지만 동굴 벽에 동물을 그리거나 짐승의 뼈와 상아에 여인상을 조각하여 풍요와 다산을 기원하였다. 이들은 또한 사람의 시체를 매장하여 죽음에 대한 영적 관심을 나타낸 흔적을 남겼다.

위_ 라스코 동굴벽화
아래_ 알타미라 동굴벽화

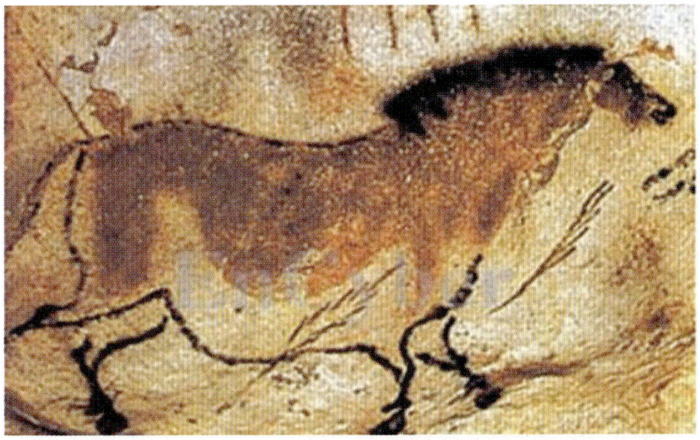

선사시대 원시 미술의 걸작은 1979년 세계문화유산으로 지정된, 프랑스의 도르도뉴 지방에 있는 라스코 동굴벽화이다. 이것은 1만 7,000년 전 인류 최초의 예술작품으로, 동굴 자체가 하나의 벽화 갤러리이다. 동굴 깊숙한 벽면에 무리지어 그려진 들소, 사슴, 말 등 다양한 동물들은 하나같이 힘차고 살아 움직이는 느낌을 준다. 20세기 최고의 화가 피카소조차 벽화를 보고 난 후 "우리는 아무것도 보탠 것이 없다"라며 극찬하였다.

또 다른 선사시대 미술작품으로 스페인의 알타미라 동굴벽화가 있다. 1879년 발견된 이 동굴은 길이가 270m로 상당히 큰 규모이나, 그림의 선명도나 그 안에 나오는 동물의 수가 라스코 벽화에 미치지 못한다. 제작 시기는 라스코와 거의 동시대로 추정되고 있다. 알타미라 동굴벽화 역시 여러 초식동물들이 광물성 안료로 그려져 있다. 그중 붉은 색의 돌진하는 들소의 모습은 매우 역동적이며 사실적으로 묘사되었다. 이 두 동굴벽화는 현생인류의 조상이라는 크로마뇽인이 남긴 예술작품이다.

그렇다면 구석기인들이 갖가지 초식동물을 동굴 벽면에 새겨놓은 이유는 무엇일까? 주로 수렵생활을 하던 구석기인에게 초식동물은 생존에 꼭 필요한 사냥감이었다. 또한 그들은 어떤 동물을 그림으로써 그 동물을 잡을 수 있다고 생각하였다. 따라서 예술적인 차원에서라기보다는 더 많은 동물을 잡고자 염원하는 주술적인 차원에서 동물을 그렸던 것으로 보인다.

신석기 농업혁명

100만 년에 걸친 구석기시대가 계속되는 동안 인류의 생활방식은 점차 개선되었다. 그러나 자연을 있는 그대로 이용하는 채집과 수렵생활은 그대로 유지되었다. 약 1만 년 전, 신석기시대에 접어들면서 인류의 생활양식에 일대 변화가 발생하였다. 자연에 있는 먹이를 단순히 구하는 데 그치지 않고, 자연을 이용하여 스스로 식량을 생산하는 농경이 시작된 것이다. 자연(획득) 경제에서 생산(사육) 경제로의 중대한 변화였다.

농경문화의 시작으로 인류의 삶에는 커다란 변화가 일어났다. 이곳저곳 떠돌며 이동생활을 하던 무리들은 일정한 장소에 정착해 촌락을 이루었다. 뚜렷한 조직이 없는 집단 대신 상호 융합되고 조직화된 사회가 형성된 것이다. 사회생활 또한 '각자가 자기 먹을 것을 찾는 단계' 에서 집단적인 노동

구석기인들은 어떤 동물을 그림으로 써 그 동물을 잡을 수 있다고 생각했다.

공동체사회로 옮겨갔다.

'논밭을 경작한다'는 뜻의 라틴어 'Culture'가 문화를 의미하듯이, 농경문화의 시작은 인류 문명에 있어 획기적인 사건이었다. 이는 곧 선사시대에서 역사시대로의 진입을 의미한다. 농경생활이 시작되면서 인류의 생활은 근본적인 변화를 수반하였다. 농산물의 경작과 가축의 사육으로 생산성이 크게 증대되자, 인구가 점차 증가하고 취락이 커졌으며 생활환경도 급속히 개선되었다. 이로 인한 부의 축적과 토지 소유는 자연히 사회계급의 구조까지 변화시켰다. 토지와 생산물의 공동소유에 근거한 혈연 중심의 씨족사회가 지연 중심의 부족사회로 확대되면서, 사유재산이 도입되고 사회계급이 발생한 것이다.

아울러 문화적으로는 농경, 저장, 주거 방면을 향상시키는 도구 제작이나 기술 개선이 이루어져 커다란 물질적 진보를 이룩하였다. 농경과 목축은 인간의 사회적 관계에도 변화를 불러왔다. 육체적인 노동력이 필요한 농사일을 남성이 담당하게 되면서 남성의 지위가 상승하여, 종래의 모계사회에서 부계사회로 바뀌게 되었다. 이러한 일련의 변화를 소위 '신석기혁명'이라 부른다. 이것은 18세기의 산업혁명에 비견할 만한 획기적인 사건이었다.

신석기시대의 마을 모습

거석 기념물

신석기시대의 문화유산으로는 고인돌, 선돌, 스톤 서클(Stone Circle) 등 다양한 거석 유물이 있다. 이러한 거석 문화는 스칸디나비아 지역에서부터 영국, 프랑스, 스페인은 물론 아시아 각지까지 널리 분포되었다.

거석 유물 중에서 가장 유명한 것은 약 4,000년 전 영국의 솔즈베리 평원에 세워진 스톤헨지이다. 오랫동안 풍상을 겪으며 일부가 소실되긴 했으나, 아직도 수많은 돌기둥이 여러 개의 원을 그리며 질서정연하게 서 있다. 이것은 스톤헨지가 단순한 돌의 집합체가 아니라, 일정한 건축 설계에 따라 만들어진 석조물임을 증명한다. 스톤헨지의 경이로움은 그 크기에서도 드러난다. 각각의 돌기둥은 4m가 넘으며 돌들이 만든 원의 지름은 약 30m에 이른다. 더욱 놀라운 점은 주변에 이러한 돌이 생산되지 않은 것으로 보아, 이 거대한 돌들이 다른 지역으로부터 운반되어 설치되었을 거라는 사실이다.

거석 기념물
고인돌은 2개의 돌기둥 위에 커다란 돌을 얹은 것이고, 선돌은 큰 돌 하나만 세운 것이며, 스톤 서클은 원형 모양으로 돌을 배치한 것이다.

스톤헨지

영국이 탄생하기 오래전에 그곳에 살던 원주민들은 25톤이나 되는 돌을 20마일 이상 운반하고 스톤헨지 유적을 만들었다. 그 당시에는 이러한 건축물을 이용하여 태양과 달이 뜨고 지는 시각과 고도를 측정함으로써 시간을 가늠한 것으로 추정된다. 그러나 현대의 학자들은 스톤헨지가 시간을 측정하기 위한 건축물이 아니라, 규칙적으로 계절을 반복하게 하는 태양을 기념하기 위한 거대한 기념물일 것으로 보고 있다.

그렇다면 이러한 돌기둥을 세운 이유는 무엇일까? 어떤 사람들은 돌기둥이 놓여 있는 배열과 형태가 해와 달의 운행 위치와 비슷하다고 하여 그곳이 천체관측소였다고 말한다. 또 어떤 사람들은 상상력을 더하여 우주에서 외계인이 사용하던 우주정거장이라고도 한다. 그러나 그곳은 태양 숭배와 관련된 종교적인 목적으로 사용되거나 무덤으로 사용되었으리라 생각된다. 이러한 거석 기념물은 당시 인류가 협동적 조직체였다는 사실을 잘 보여준다.

스톤헨지

고대 오리엔트 문명

#02

오랜 수렵과 채집생활에서 벗어난 인류는 농사에 필요한 경작지와 물을 찾아 하천유역으로 이주하였다. 하천은 상류에서 흘러내린 토사가 쌓여 기름진 경작지가 형성되지만, 동시에 홍수의 위험으로부터 안전할 수 없었으며, 습지대였기 때문에 전염병이 유행하는 곳이기도 하였다. 이런 문제들을 해결하기 위해서 제방이나 수로를 건설하는 대규모 관개 수로사업이 필요하였다. 그 결과 각지에 흩어져 있던 여러 촌락들이 힘을 합쳐 중앙집권 국가를 건설하였다. 바로 이러한 지역들이 세계 4대 문명(메소포타미아, 이집트, 황하, 인더스)의 발상지가 된 것이다.

빛은 동방으로부터

흥미롭게도 세계 4대 문명은 모두 아시아에서 발생하였다. 인류는 아프리카에서 탄생했지만 문명은 아시아에서 시작된 것이다. 최초로 농경생활이 시작되고 도시국가가 형성된 것도 바로 아시아였다. 종교 역시 그렇다. 세계 4대 종교인 기독교, 불교, 이슬람교, 힌두교 모두 아시아에서 시작되었다. 고대 그리스 역사가 헤로도토스도 말했듯이 '빛은 동방으로부터' 온 것이다.

여기서 동방을 의미하는 오리엔트는 '해가 뜨는 곳', 즉 동쪽을 가리키는 말이다. 고대 그리스 반도의 동쪽에 위치하기 때문에 오리엔트라고 부른 것이다. 위치상 이집트와 메소포타미아 지역을 동양권이라고 볼 수는 없지만, 통상적으로 이 두 문명을 고대 오리엔트 문명으로 부르는 것은

세계 4대 문명의 발상지

바로 그런 이유 때문이다.

인류가 농업과 함께 정착생활에 접어들면서 도시가 출현하게 되었다. 문명의 어원이 '도시에 사는 것' 에서도 알 수 있듯이, 문명은 도시의 성립을 계기로 탄생하였다. 농사기술의 개량으로 인구가 점차 증가하자 더 넓은 농경지가 필요하게 되었다. 그래서 공동체의 구성원들은 힘을 합쳐 치수와 관개사업을 벌여 새로운 농지를 만들었다. 그러한 농경지 개척 사업을 추진하는 정치와 행정의 중심지로 형성된 것이 도시였다. 성벽으로 주위와 격리된 도시는 스스로 식량을 생산하지 않는 사람들이 모여 사는 곳이었다.

그렇다면 당시의 도시는 어떤 기능을 가지고 있었을까? 도시는 주변 농촌의 치안을 유지하고 신앙과 교역 등 서비스를 제공하는 대신 농촌으로부터 식량을 보급 받았다. 도시는 도로와 수로의 정비를 통해 농촌과 밀접하게 연결되었다. 기능이 점차 확대되면서 도시는 마침내 관료, 군대, 신관 등의 조직이나 법률을 만들어 농촌을 통치하고 군사와 징세 업무도 담당하였다. 마치 신경세포와 같은 네트워크를 통해 도시에서 여러 농촌으로 뻗어나가는 하나의 사회단위가 형성된 것이다. 도시 형성에 따른 이러한 사회변동을 '도시혁명' 이라고 한다. 이러한 도시 네트워크는 메소포타미아와 이집트에서 시작되어 이후 전 세계로 확대되었다.

최초의 문명 발상지, 메소포타미아

세계 최초의 문명 발상지는 어디인가? 많은 학자들은 메소포타미아 문명이 이집트 문명보다 200여 년 앞섰으리라 추정한다. 우선 농사 방법에서 메소포타미아가 앞섰을 뿐 아니라 이를 이집트에 전승했다는 것이다. 메소포타미아 지역에서는 쌀, 밀, 보리가 야생 상태나 경작된 상태로 동시에 출토

되고 있다. 그러나 이집트에서는 단지 인간이 경작한 쌀, 밀, 보리만 나온다. 이는 이집트에서는 그런 작물들이 자연적으로 자라지 않는다는 가설 아래, 메소포타미아 지역으로부터 수입되었으리라는 추론을 뒷받침하는 것이다.

문자의 발명에 있어서도 메소포타미아가 앞선다. 메소포타미아는 쐐기 모양의 설형문자이며, 이집트는 그림 모양을 본뜬 상형문자이다. 그런데 문제는 이집트 초기 문자가 설형문자라는 데 있다. 이런 사실로 미루어보아 메소포타미아의 문자가 앞서 발명되었음을 알 수 있다.

메소포타미아란 '두 강 사이의 땅' 이란 뜻으로, 티그리스와 유프라테스 강 유역을 가리킨다. 이곳은 오늘날의 이라크에 해당하는 지역이며 인류 최초로 농경문화가 발생한 곳이다. 또한 지형적으로 개방된 평원지역이기 때문에 수많은 민족의 이주와 정복이 있었고, 그에 따라 지배권력이 수없이 교체된 매우 복잡한 역사를 가진 곳이기도 하다.

기원전 3000년경, 수메르인은 메소포타미아 남부의 하류지역(수메르 지역)에 우르, 우르크, 라가시, 움마 등 여러 도시국가를 건설하여 메소포타미아 문명의 기초를 확립하였다. '갈대가 무성한 땅' 이란 의미를 지닌 수메르는 저지대였기 때문에 홍수의 피해가 컸다. 그리하여 일찍이 치수와 개간사업이 진행되어 농업생산량(특히 보리)이 비약적으로 증대되었다. 도시는 성벽으로 둘러싸이고 그 안에는 신전과 왕궁, 귀족과 평민들의 주

농경문화의 기원
메소포타미아의 티그리스와 유프라테스 강 유역의 '비옥한 초승달 지역' 에서 역사상 최초로 농경이 시작되었다는 것이 일반적인 해석이다. 그러나 농경문화는 세계 각 지역마다 특색을 가지고 다양하게 발생하였다. 밀과 보리를 중심으로 하는 서아시아(지중해) 농경문화, 쌀 생산이 주류를 이루는 인도와 동남아시아 농경문화, 그리고 옥수수와 감자가 최초로 지배된 신대륙 농경문화 등이 있다.

고대 메소포타미아 지도

택이 있었다. 도시국가는 신의 대리인으로 여겨졌던 왕이 통치하였고, 최대의 인구를 보유한 우르가 가장 강성하여 제1왕조의 전성기를 이룩하였다.

기원전 2700년경 메소포타미아의 도시국가들은 북부지역 셈족 계통의 유목민족인 아카드인의 지배를 받았다. 강력한 군사력을 지닌 사르곤 왕이 메소포타미아 하류 전역을 통일하고 아카드 왕조를 수립한 것이다. 사르곤 왕은 정복지역에 총독과 군대를 파견하는 등 강력한 중앙집권적인 체제를 유지하였으나, 정복민인 수메르인들의 끈질긴 저항과 반란으로 아카드 왕조는 결국 붕괴되었다.

그 후 메소포타미아 지역에서 다시 세력을 떨친 민족은 셈족 계통의 유목민인 아모르인이다. 이들은 기원전 1830년경 유프라테스 강 하류지역에 바빌론이라는 도시국가를 건설하였다. 이것을 바빌론 제1왕조 혹은 고(古) 바빌로니아 왕국이라고 한다.

고 바빌로니아의 제6대 왕인 함무라비는 메소포타미아의 수많은 나라를 정복하고 강력한 중앙집권적인 통일국가를 건설하였다. 그는 국가의 행정조직을 정비하고 치수와 관개사업을 일으켜 농업을 진흥시켰으며, 세계 최초의 성문법인 함무라비 법전을 편찬하였다. 그러나 고 바빌로니아는 최초로 철제무기를 제작하고 사용했던 히타이트인에 의해 기원전 1530년경 멸망하고 만다.

문명은 수메르로부터

이집트가 태양력을 발명한 반면, 메소포타미아에서는 농경에 필요한 천문학적 지식이 발달하여 달의 운행을 기준으로 태음력을 만들었다. 수메르인은 산술의 기본 숫자를 60으로 보았고, 1분을 60초, 1시간을 60분, 1일을

24시간, 1년을 12개월로 하는 60진법에 따른 시간 측정법을 창안하였다. 60진법은 오늘날까지 내려와 시간이나 원의 각도를 나타내는 데 사용되고 있다.

우르 3왕조 시기의 지구라트.
홍수가 나면 피난처로 사용되기도 하였다.

메소포타미아 지역에는 석재가 매우 귀했다. 그래서 수메르인은 진흙을 구워 햇볕에 말린 벽돌로 신전과 주택을 지었으며, 배수와 관개를 위한 수로를 건설했다. 또한 수메르인은 벽돌로 쌓아올린 지구라트라는 새로운 건축 양식을 창안하였다. 이것은 도시국가 중심에 여러 층으로 쌓아올린 탑 모양의 신전을 말하는데, 상층부로 갈수록 점점 뾰족해지는 계단식으로 되어 있다. 지구라트의 벽면에는 여러 가지 그림이 모자이크로 장식되어 있다. 성서에 나오는 바벨탑 이야기가 바로 이 지구라트에 관한 것으로 보인다.

수메르인들은 기원전 2700년경 보리로 빵과 맥주를 만들었다. 청동기를 이용하고 금, 은, 돌을 세공하는 수공업이 발달한 것도 이 무렵이다. 또한 수메르인은 대외적인 통상을 통해 일찍부터 상업을 발전시켰다. 이에 화폐가 사용되었고 도량형 제도가 발달하게 되었다. 이 같은 수메르인들의 문화 창조의 업적을 볼 때, '문명은 수메르에서부터 시작되었다' 는 말의 의미를 충분히 이해할 수 있을 것이다.

성서의 원형이 된 메소포타미아 문명

길가메시 서사시
메소포타미아의 도시국가인 우르크의 왕 길가메시의 위대한 업적과 영생을 축원하기 위해 쓰인 3,000행이 넘는 대 서사시. 시에 나오는 홍수 이야기는 창세기에 나오는 '노아' 의 이야기와 유사하다.

수메르인은 기원전 3000~2000년경 쐐기 모양의 설형문자를 창안하였다. 그래서 갈대로 만든 펜으로 많은 전설과 영웅들의 이야기를 점토판 위에 기록하고, 이를 불에 구워 보존하였다. 그 대표적인 기록 중 하나가 유명한 '길가메시 서사시' 이다. 점토판의 문자를 해독한 영국인 고고학자는 그 내용이 성서에 나오는 대홍수 사건과 유사하다는 사실을 확인했다.

점토판에 새긴 쐐기문자

구약성서의 창세기에는 노아의 방주 이야기가 나온다. 신이 인간의 타락에 분노하여 대홍수를 일으켰는데, 신앙을 잃지 않고 성실하게 살았던 노아의 가족만 방주를 타고 홍수를 피해 구원받았다는 내용이다. 이 이야기의 원형이 바로 길가메시 이야기라고 추정되는 것이다.

더욱이 수메르인이 건설한 도시국가 우르의 발굴과 동시에 실제로 홍수가 일어난 흔적이 발견되어, 그런 사실을 더욱 확인시켜주었다. 6일 동안 밤낮으로 있었던 폭풍우로 인해 세상이 물에 잠겨 진흙으로 변하고, 홍수가 멈춘 후에도 6일 동안 배가 산꼭대기에 걸려 있었다는 길가메시 이야기는 메소포타미아 지역의 극심한 범람과 홍수의 참상을 잘 드러내고 있다.

세계 최초의 성문법, 함무라비 법전

함무라비 법전
고대 바빌로니아 제1왕조의 6대 왕인 함무라비가 만든 세계 최초의 성문법이다. 상단은 태양신 샤마시로부터 법전을 수여받고 있는 함무라비 대왕의 모습을 담았고, 하단에는 법전 내용이 실려 있다.

메소포타미아 문명을 언급할 때마다 자주 거론되는 것이 최초의 성문법으로 불리는 함무라비 법전이다. 높이 2m 45cm의 현무암 돌기둥에 설형문자로 기록된 이 법전은 여러 도시의 신전 입구에 세워져 일반인에게 공표되었다. 함무라비 법전은 282조로 구성되었으며, 형법, 민법, 상법의 다방면에 걸쳐 그 내용이 풍부하고 체계적이며 시행범위가 넓었다.

거의 같은 시기 우리나라 고조선에 불과 8개조로 된 법률이 있었던 것과 비교할 때, 함무라비 법전은 매우 광범위한 법률체계였다. 함무라비 법전에는 특히 절도와 상해죄에 관한 항목이 매우 세밀하게 열거되어 있다. 그에 대한 처벌도 상당히 가혹하였는데, 일례로 절도를 한 경우에는 10~30배를 배상해야 했다.

또한 함무라비 법전은 '눈에는 눈' 이라는 보복주의 원칙을 적용하였다. 예를 들어, '다른 이의 눈을 상하게 한 자는 그 눈을 상하게 한다' 거나, '다른 이의 딸을 때려 유산시킨 자는 그 딸을 사형시킨다' 는 조항이 있다. 이 같은 중형주의와 보복주의 원칙은 사회질서를 유지하기 위한 강력한 의지의 표현이었다.

함무라비 법전의 또 다른 특징은 귀족, 평민, 노예 사이에 엄격한 신분차를 적용하여 형벌을 내렸다는

함무라비 법전

점이다. 즉, 동일 신분일 경우에는 법률이 동등하게 적용되었으나, 사회신분이 다르면 형벌의 정도도 다르게 부과되었다. 예를 들어, 평민이 평민의 뺨을 때리면 은 1마누를 바쳐야 했으나, 노예가 평민의 뺨을 때린 경우에는 그 노예의 귀를 잘랐다. 이런 차별은 남녀 간에도 적용되었다. 만일 남편이 집을 자주 비우면 아내는 남편을 상대로 일종의 시위를 할 수 있었다. 하지만 그 반대의 경우라면 사정이 달라진다. 조문에는 '남편은 아내를 강가로 끌고 가서 익사시킬 수 있다' 고 적혀 있다.

함무라비 법전은 상업과 무역에 관한 내용도 상세히 언급하고 있다. 원래 무역과 상업이 발전한 곳에서는 그와 관련된 계약서와 실정법이 필요하게 마련이다. 이러한 점에서 함무라비 법전은 중앙집권적 체제를 정비하기 위한 왕권강화의 목적을 드러내는 동시에, 이 지역에서 상업활동이 아주 활발했음을 보여준다.

메소포타미아와 이집트의 비교

메소포타미아와 이집트는 대규모 치수 관개의 농경사회이며 노예제 사회였다는 공통점이 있다. 그런 반면 많은 차이점도 있다. 메소포타미아의 왕들은 기껏해야 신의 대리인을 뜻하는 '루갈' 에 지나지 않았다. 반면, 이집트의 왕 파라오는 태양신의 아들로서 막강한 권력을 행사하였다. 메소포타미아의 평민은 비교적 자유로운 신분으로 상업에도 종사하였으나, 이집트의 평민은 거의 평생 동안 농업에만 종사하였고 신분상에서도 노예와 큰 차이가 없었다. 왜냐하면 왕의 사후 거처인 피라미드 건설에 노예와 함께 강제로 징집되었기 때문이다. 메소포타미아는 이집트처럼 다신교를 신봉하였으나, 내세적인 이집트의 종교와 달리 현세적이었으며 운명을 점치는 점성술을 발달시켰다.

파라오는 태양의 아들이자 최고의 정치 지도자인 동시에 최고의 제사장이었다.

이집트의 절대 권력자, 파라오

기원전 4000년경부터 이집트 나일 강 유역에는 40여 개의 노모스(도시국가)가 형성되었다. 노모스는 '운하로 구획된 토지' 라는 뜻으로, 독립적인 부족으로 이루어진 작은 규모의 도시국가였다. 메소포타미아와 마찬가지로, 노모스는 나일 강의 범람을 막고 농경지를 효과적으로 관리하기 위해 하나의 공동체로 통합되었다. 즉, 치수와 관개사업을 위해 전제권력과 관료기구가 발달하게 되었다. 그리하여 기원전 3000년경에는 노모스를 통합하여 통일국가를 이루었으며, 그 수장을 파라오('큰 집에

아부심벨 신전

사는 사람' 이라는 뜻)라고 불렀다.

기원전 332년 마케도니아의 알렉산더 대왕에게 정복당할 때까지 3,000여 년 동안, 이집트에서는 26개 왕조가 흥망을 거듭하였다. 이집트 왕조는 시대적 특징에 따라 대략 고왕조(기원전 3400~2160; 1~10왕조), 중왕조(기원전 2160~1580; 11~17왕조), 신왕조(기원전 1580~332; 18~26왕조)로 구분된다.

고왕조는 멤피스를 수도로 삼아 4, 5왕조 때 전성기를 이루었다. 왕권과 관료체제를 확립하고, 태양신을 숭배하였으며, 상형문자와 태양력을 만든 것이 바로 고왕조시대였다. 지배자인 파라오는 태양신의 아들로 절대 권력(동양식 전제군주)을 행사하였다. 파라오가 자신의 누이와 결혼하는 것은 이집트의 관습이었다. 왕족의 신성한 혈통이 오염되는 것을 막기 위해서였다. 그는 전 국토의 소유자였으며, 농업과 상업 등 모든 국가경제를 통제하였다. 파라오들이 엄청난 규모의 피라미드를 건축한 이 시기를 일명 '피라미드 시대' 라 부르기도 한다.

중왕조시대는 수도를 테베(지금의 룩소르)로 옮기면서 시작되었다. 파라오의 지배권이 약해지고 지방호족과 귀족의 세력이 점차 확대되는 이 시기를 '봉건시대' 라 부르기도 한다. 이때 이집트는 아시아의 유목민인 힉소스의 침입을 받아 200년 동안 암흑기를 거치게 된다.

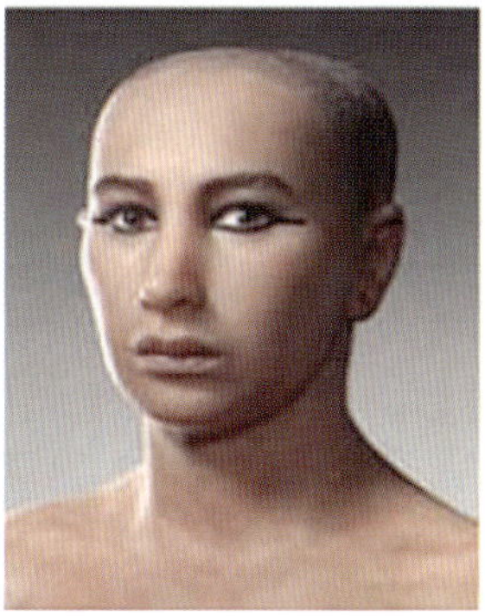

베일에 싸여 있던 투탕카멘이 3,300년 만에 '속 모습' 을 드러냈다. 왼쪽이 무덤 발굴 시 출토된 황금가면, 오른쪽 사진은 실리콘으로 복원된 투탕카멘의 모습

신왕조시대는 아모르 1세가 힉소스를 추방하고 제18왕조를 세우면서 시작되었다. 힉소스를 몰아냈던 민족주의의 영향으로 호족과 귀족의 세력이 크게 약화되고 왕권은 다시 신장되었다. 그리고 힉소스로부터 전수된 전차와 말, 철제무기로 군사력을 크게 증강시켜, 팔레스타인과 시리아 등 이집트에서 유프라테스 강에 이르는 지역을 지배하여 제국의 영토를 최대로 확장시켰다. 그리하여 아멘호테프 4세에 이르러 이집트는 최전성기를 구가하였다.

이때는 또한 이집트 역사상 가장 빛나는 예술의 시대이기도 하다. 소년 왕 투탕카멘의 화려한 부장품, 람세스 2세가 세운 아부심벨 신전, 아크나톤의 왕비 네페르티티의 두상 등은 이집트 예술의 걸작으로 꼽히고 있다.

사후 세계에 대한 믿음, 미라

이집트인은 영혼이 불멸한다고 믿었고, 사후 세계에 대한 깊은 관심으로 독특한 내세관을 가졌다. 이집트의 오시리스(나일 강의 신) 신화에 따르면, 죽으면 영혼은 몸을 떠나지만 육체는 다시 부활하여 영생한다고 한다. 이런 영혼 불멸의 사후 세계에 대한 믿음으로 만든 것이 미라였다. 역대 파라오들은 즉위와 동시에 자신이 죽은 후 미라가 되어 안치될 거대한 피라미드를 차례로 만들었다.

미라를 만드는 방법은 이렇다. 우선 사체에서 뇌와 내장을 제거한 후 소금, 향료, 수지를 혼합해 사체를 방부 처리한 후 건조시킨다. 다음에 미라 속을 채우고 송진을 적신 아마포로 겹겹이 감싼다. 이렇게 정교하게 만든 미라는 피라미드 분묘 속에 안치되었다. 그들은 죽은 자를 가능한 생전의 모습대로 보존하려 하였으며, 침대, 주전자, 식량, 음료수, 보석 등과 같은 생

이집트의 황금관

활도구와 함께 매장하였다.

물론 다른 민족들도 사후 세계에 관심을 가졌다. 하지만 이집트인의 내세에 대한 믿음은 더없이 단순하고 진지하였다. 당시 사람들은 파라오가 죽은 후 내세에서도 이집트를 계속 보호해줄 것이라고 믿었다. 오랜 세월에도 불구하고 미라가 원형대로 보존될 수 있었던 것은 우수한 방부 처리 기술 덕이기도 하지만, 건조한 사막 기후가 부패를 막아준 것도 큰 원인이 되었다.

절대 권력의 상징, 피라미드

피라미드는 외계인이 만든 건축물?

기중기도 없고 굴삭기도 없는 시대에 어떻게 피라미드와 같은 거대한 건축물을 세울 수 있었을까? 이런 불가사의함에 피라미드가 인간이 아닌 우주인에 의해 건설되었다는 주장이 제기되기도 하였다. 이런 주장을 뒷받침하는 예로 벽화에 그려진 파라오의 앉은 자리가 우주선의 조종실과 유사하다는 것이다. 황당한 이야기지만, 이 말에 수긍하는 사람도 있다. 이집트 문명을 소재로 한 할리우드 영화 가운데 우주인이 피라미드를 건설했다는 플롯의 작품이 여러 편 있다.

피라미드는 태양신과 관련된 종교적 열망(피라미드의 윗부분이 태양을 향해 뻗어 있는 모양)과 파라오가 지닌 절대 권력의 상징이었다. 피라미드는 그 규모와 기하학적인 정밀성에 있어 세계 7대 불가사의 중 하나로 꼽히고 있다. 현재 이집트에는 모두 80여 개의 피라미드가 산재해 있으며, 그중 가장 규모가 큰 것이 기제에 있는 쿠푸 왕의 피라미드이다.

쿠푸 왕의 피라미드는 높이 147m, 한 변의 길이가 230m로, 평균 2.5톤의 석회석 250만 개가 사용되었다. 각 변은 동서남북 사방을 정확히 가리키며, 각 변 길이의 오차는 1.5cm에 불과하다. 당시 이집트인들의 건축 측량술이 얼마나 발달하였는지를 짐작할 수 있다. 이 정도 규모의 피라미드 하나를 건설하기 위해서, 20년 동안 약 10만 명의 인력이 동원되었을 것으로 추정된다. 절대 권력의 동원력이 아니었다면 불가능한 일이었다.

더욱 놀라운 것은 피라미드 건축에 동원된 고도의 천문학적, 지리학적, 수학적 지식이다. 한 변의 길이를 당시 피라미드 인치로 환산하면 36만 5,242가 되어 1년의 날수와 정확히 일치한다. 또한 피라미드 높이를 10억 배로 늘이면 지구와 태양과의 거리(1억4,697만4,000km)가 되고, 밑변 둘레를 높이의 2배로 나누면 원주율(3.144…)의 값이 된다. 쿠푸 왕의 피라미드는 단지 죽음의 공간이 아니라 과학적으로 설계된 지구의 축소판 내지 소우주로 여겨지고 있다.

피라미드의 건설은 불가사의한 일이었다. 수많은 인력이 정과 쐐기를 이용해 암벽에서 2.5톤의 석회석 돌덩이들을 쪼아낸 후 바퀴도 없이(당시만 해도 바퀴 사용법이 알려지지 않았음) 경사진 흙더미 위로 차곡차곡 쌓아올렸던 것이다. 돌과 돌 사이에는 머리카락 한 올도 들어갈 틈이 없이 정교하게 건축되었다. 오늘날의 석공들도 모방할 수 없을 정도로 완벽하였던 것이다.

위_ 피라미드를 건설하는 모습
아래_ 쿠푸 왕의 피라미드는 단일 건축물로는 세계 최대 규모로서, 태양신의 아들인 파라오의 절대 권력을 상징한다. 피라미드 앞에는 파라오 무덤의 수호자인 스핑크스가 세워졌다.

더욱이 피라미드가 세워진 곳이 사막이었기 때문에 필요한 돌은 10~20km나 떨어진 채석장에서 실어 날라야 했다. 2톤이 넘는 수많은 돌덩이를 나일 강가로 운반하고, 다시 배에 실어서 건설 현장으로 이동하는 일은 엄청난 인력을 동원하는 힘든 작업이었다. 쿠푸 왕의 피라미드인 경우 이런 작업을 족히 250만 번은 했을 것이다. 게다가 돌을 반듯하게 정육면체로 깎는 작업, 250만 개에 이르는 돌을 지레와 밧줄에만 의지하여 147m의 높이로 차곡차곡 쌓아올린 것은 그야말로 경이로운 일이었다.

고대 그리스의 역사가 헤로도토스는 피라미드 건설을 위해서 파라오가 백성들에게 가혹한 노동을 강요했다고 기록하고 있다. 힘들고 고된 사역에 엄청난 노동력이 투입된 것을 본다면 이러한 주장은 설득력이 있다. 그러나 백성들에게 일자리를 제공하기 위한 경제적 목적으로 피라미드를 건축했다는 견해도 있다. 인구는 급증하고 일자리는 부족했던 당시 이집트 상황을 고려하면 어느 정도 타당한 견해다.

그러나 중요한 것은 고대 이집트인들이 신이라고 믿고 경배하던 왕의 사후 거처를 피라미드라고 생각했다는 점이다. 이처럼 이집트 국민들은 모두가 종교인이었으며, 그런 강한 신념이 없었다면 그와 같은 엄청난 공사를 완성하지 못했을 것이다. 피라미드는 지배자의 영광을 드높여주었으며, 국가의 힘이 영원하리라는 이념을 고양시켜주었다. 그리고 그러한 믿음 속에서 왕들은 자신을 위해 미라를 만들고 무덤을 정성스럽게 꾸몄던 것이다.

나일 강의 선물, 이집트

고대 이집트인들은 가장 가난한 사람들을 '(강을 항해할) 배가 없는 자'라고 불렀다. 온통 사막으로 둘러싸인 이집트에서 나일 강이 차지하는 비중이 얼마나 큰지 단적으로 알려주는 말이다. 그리스의 역사가 헤로도토스가 이집트를 '나일 강의 선물'이라고 한 까닭도 여기에 있다.

나일 강 삼각주. 나일 강은 정기적으로 범람하기 때문에 땅이 비옥하다. 나일 강의 정기적 범람은 또한 고대 이집트인들이 내세적인 종교관을 갖는 데 영향을 주었다.

이집트는 사하라 사막과 연결된 건조한 지역이기 때문에 생활에 필요한 모든 것을 나일 강에 의존하였다. 단선으로 약 7,000km에 이르는 나일 강은 매 여름마다 집중적인 홍수로 인해 범람하였다. 위협적인 홍수는 작물과 가옥에 피해를 주었다. 그러

파피루스를 재배하는 모습

나 가을에 물이 빠지고 나면 상류에서 내려온 진흙이 최상의 비료가 되어 토지를 매우 비옥하게 만들었다. 이집트에 있어 나일 강은 생명의 젖줄인 동시에 교통과 교역의 주된 역할을 담당하였다.

나일 강은 이집트인들의 생존에 절대적인 영향을 끼쳤기 때문에 주의 깊은 관찰대상이 되었다. 오랜 관찰을 통해 이집트인들은 나일 강의 범람이 평균 365일마다 반복된다는 것을 알게 되었다. 이집트인들은 나일 강의 범람 주기에 따라 1년을 365일로 정하고, 이를 30일씩 12개월로 나누었다. 그리고 여기에 수확 전후의 축제일 5일을 더하여 1년을 365일로 계산하는 태양력을 고안하였다. 또한 나일 강이 범람하고 나면 경지를 구획해야 했기 때문에 일찍부터 삼각측량법과 기하학이 발달하였다.

이집트인은 원래 다신교 신앙을 지니고 있었으며 자연물을 숭배하였다. 농경과 밀접한 관계에 있는 태양신을 주신으로 섬겼고, 나일 강의 신, 대지의 신, 별의 신 등 천체를 숭배하였다. 특히 고양이를 영적인 동물로 여겨 숭배하였고, 고양이가 죽은 후에는 큰 무덤을 만들어주기도 하였다.

또한 이집트인은 상형문자를 창안하여 갈대 줄기로 만든 펜과 유연으로 만든 잉크를 이용해 파피루스에다 기록하였다. 파피루스는 나일 강에서 많이 자라는 2~3m의 갈대를 압착하여 만든 것으로, 오늘날 종이라는 단어의 어원은 파피루스에서 유래된 것이다. 고대 이집트의 생활과 역사가 기록된 파피루스는 오늘날까지 전해지고 있다.

이집트와 메소포타미아 문명 비교

구분	이집트	메소포타미아
지형	고립적 지형 → 단조로운 정치 변화	개방적 지형 → 여러 민족의 흥망과 성쇄
정치	신정정치, 국왕은 신의 현신	신의 대리자(신탁 중시)
종교	내세적, 낙관적	현세적, 비관적
문화	태양력, 측량술, 상형문자, 10진법	태음력, 점성술, 설형문자, 60진법
왕조 변천	고왕국 - 중왕국 - 신왕국	수메르인 - 아카드인 - 아무르인 - 히타이트에 멸망

Theme 2

찬란한 고대문명

고대 그리스 문명

#03

고대세계의 모든 문명 가운데 서구인의 정신을 가장 명확하게 전달한 것은 그리스 문명이었다. 그리스인은 고대 오리엔트와 에게 문명의 영향을 받아 독창적인 문화를 이룩하였다. '신화와 태양의 나라'로 알려진 그리스의 도시국가들은 인간을 우주에서 가장 중요한 존재로 인식했으며, 자유로운 탐구정신을 바탕으로 믿음보다는 지식을 강조하였다. 이러한 인간중심의 사상을 통하여 그리스인들은 고대세계가 성취할 수 있는 최고의 문화를 발전시킬 수 있었다. 그리스 문화는 후에 기독교와 합쳐져 서양문명의 기초를 형성하게 된다.

고대 그리스
서양문명의 뿌리인 고대 그리스는 현대 그리스처럼 아테네를 수도로 하여 정치적으로 통일된 하나의 국가가 아니었다. 고대에서 그리스란 스스로 그리스인에 속한다고 믿는 사람들이 사는 지역들의 총합일 뿐이었다. 그리스인은 인도유럽어족에 속하며, 처음부터 동일한 언어 · 종교 · 생활 습속을 갖고 있었다. 그리고 자신들의 거주지를 헤라스라 부르고, 스스로를 헬렌 신의 후예인 헬레네인이라 믿는 강한 유대의식을 갖고 있었다.

그리스 문화의 시작, 에게 문명

에게 해는 지중해 동부의 발칸 반도와 소아시아 사이에 있는 해역을 말한다. 이곳에 기원전 3000년경 이후 오리엔트 문명과는 다른 독특한 해양문명이 형성되었다. 에게 문명의 전기에는 크레타 섬을 중심으로 크레타 문명(또는 미노스 문명, 기원전 30~14세기)이, 후기에는 그리스 본토의 미케네, 티린스, 소아시아의 트로이 중심의 미케네 문명(기원전

돌진하는 황소와 곡예사들이 그려진 크노소스 궁전의 화려한 프레스코 벽화

미노스 궁전
미노스 궁전을 처음으로 발굴하여 크레타 문명의 실상을 세상에 알린 것은 영국의 고고학자 에반스였다. 이 발굴을 통해 에반스는 미노스 왕의 전설을 역사적 사실로 입증하고자 하였다. 전설에 따르면, 미노스 왕은 몸은 사람이고 머리는 소의 모습을 지닌 괴물이었다. 그는 미로처럼 생긴 궁전에서 사람들을 잡아먹다가 결국 영웅 테세우스에 의해서 죽게 된다. 흥미로운 점은 실제 발견된 궁전 내부의 모습이 전설처럼 미로로 되어 있다는 것이다.

14~12세기)이 발전하였다. 이들 에게 문명은 고대 오리엔트 문화를 그리스 사회에 전달하는 교량적 역할을 담당하였다.

크레타 문명은 기원전 1600년경 강력한 전제군주였던 미노스 왕의 영도하에 전성기를 맞았다. 그 문명의 발전상은 크노소스에 있는 미노스 궁전을 통해 짐작할 수 있다. 미노스 궁전은 채광과 배수 시설을 갖춘 800여 개의 방을 가진 거대한 건축물로, 이곳에서 사실적이며 화려한 벽화와 각종 도자기, 세공품들이 발견되었다. 그것들은 지중해 각 지역과의 해상무역을 통해 축적된 부의 산물이었다.

해상무역으로 전성기를 구가하던 크레타 문명은 지진과 해일 등 자연재해로 점차 쇠퇴하였다. 그 대신 그리스 본토에서 이주한 미케네인이 에게 문명의 새로운 주역으로 등장하였다.

미케네인은 중부 그리스와 펠로폰네소스 반도에 미케네와 트로이 등 여러 작은 왕국을 세웠는데, 그중 미케네가 가장 강성하여 이를 미케네 문명이라고 한다. 미케네인은 기원전 1400년경 크레타를 정복하여 에게 문명의 중심세력으로 등장하였다.

에게 문명과 그리스인의 남하

당시 소아시아 서해안에는 에게 문명의 또 다른 중심으로서 트로이가 번영하였다. 호메로스가 쓴 그리스의 서사시 『일리아드』에 나오는 트로이 전쟁에 관한 이야기는 기원전 1200년경 미케네를 중심으로 강성해진 그리스 본토 세력이 소아시아 지역으로 팽창하는 과정을 그린 것이다.

기원전 12세기경에 도리아인이 그리스 본토에 침입하였다. 도리아인은 북부에 살던 그리스인이었다. 당시 청동기 단계에 머물고 있던 미케네 왕국은 결국 철기문명을 소유한 도리아인에 의해 멸망하였다. 이후 4세기 동안 그리스 세계는 무역과 교통이 완전히 두절되고 고고학적 자료도 남아 있지 않은, 혼란스런 암흑기를 맞게 되었다.

트로이 전쟁
트로이 전쟁의 이야기는 세상 사람들에게 신화 혹은 전설로만 받아들여졌다. 그러나 에게 문명 연구의 개척자인 독일인 슐리만이 트로이 유적을 발굴함으로써 수천 년간 내려온 전설이 역사적 사실로 입증되었다.

장기를 두는 아킬레스와 아이아스
(기원전 540년경 흑화식 도자기)

이상적인 폴리스의 규모

그리스의 철학자 플라톤은 폴리스의 이상적인 시민의 수를 서로 알아볼 수 있을 정도인 5,000명 정도로 보았다. 또한 아리스토텔레스는 '한곳에 모여 웅변가의 소리를 들을 수 있는' 2,000명으로 보았다. 이처럼 그리스인은 작은 규모의 폴리스를 이상적으로 여겼다.

폴리스의 탄생과 발전

도리아인의 침입을 피해 그리스 반도 남쪽에 정착한 일단의 그리스인들은 농업과 목축에 종사하면서 부족 단위의 촌락공동체를 형성하였다. 그러다 기원전 8세기경에 이르러 사회가 점차 안정되고 농업기술이 발달하면서 인구가 급격히 증가하게 되었다. 인구 증가로 더 많은 토지가 필요하게 되자 각 부족 간의 대립과 갈등이 불거졌다. 그리하여 몇 개의 부족들이 결합하여 일정 지역 내에서 독립적인 국가 단위를 형성하였는데, 이것이 바로 폴리스(도시국가)다.

폴리스는 그리스의 독특한 지형과 기후의 산물이었다. 산악지대가 많은 그리스는 평야라고 해야 산과 산 사이에 끼어 있는 분지가 대부분이어서 육로교통이 상당히 불편하였다. 이러한 지리적 조건은 그리스가 통일국가를 이루지 못하고 많은 도시국가로 나뉘게 된 주요 원인이 되었다.

폴리스는 시민공동체였으며 교역의 중심이자 공동방위의 거점이었다. 그리스는 협소한 평야지대와 아열대 건조기후로 인하여 곡물 생산지로는 적합하지 않았다. 따라서 식량 부족으로 인구가 적었으며, 도시국가의 규모도 제한적이었다. 그리스 지역에서 가장 큰 도시국가인 아테네와 스파르타를 제외하면 대부분 폴리스의 인구는 수백에서 수천 명 정도였다.

기원전 8세기 중엽부터 6세기 중반까지 그리스인들은 해외 발전을 거듭하여 지중해 각지에 수많은 폴리스를 확장하였다. 그렇게 할 수 있었던 것은 무엇보다 인구가 증가하면서 이주와 식민이 물밀듯이 이루어졌기 때문이다. 그리하여 폴리스는 그리스 본토에만 200개, 주변 지역까지 합치면 1,000개에 이르렀다. 그리스의 철학자 플라톤은 이러한 폴리스의 확장을 '연못 주위에 모여드는 개구리' 같다고 표현하였다. 현재의 이스탄불, 나폴리, 모나코 같은 도시들은 원래 그리스의 식민도시였다.

그리스의 전형적인 폴리스는 대체로 해안에서 멀리 떨어지지 않은 평지에 위치해 있었다. 평지는 국가의 근거지였으므로, 대체로 그 부근의 높은 언덕에 성벽을 쌓아서 국가의 최후 방어거점을 정하였다. 이것이 바로 아크로폴리스였다. 아크로폴리스에는 도시의 수호신을 모시는 신전과 지배자의 궁전이 있었고, 그 주변에는 아고라라는 광장이 자리 잡았다. 아고라는 시장인 동시에 정치를 포함한 모든 공공활동이 이루어지는 장소였다. 성벽 밖에는 농경지가 자리 잡고 있어 도시의 경제적 기반이 되었다.

아테네와 스파르타

수많은 도시국가 가운데 가장 대표적이며 또한 대조적인 성격을 보여준 것이 아테네와 스파르타였다. 아테네는 고대사회에서 드물게 개방적이며 자유주의적인 성향을 지니고 있었다. 아테네인들은 개인주의적이며 정치적 자유를 중요시하여 최초의 직접 민주정치를 실시하였다.

반면 스파르타는 폐쇄적이며 보수적인 특성을 가지고 있었다. 엄격한 신분제 사회였던 스파르타는 정치 또한 소수의 귀족에게 권력이 집중된 과두정의 형태를 띠었다. 스파르타는 그리스와 비교될 수 없을 정도로 문화가 낙후되어 있었다. 다만 군사력에서만은 막강한 힘을 유지하였다.

스파르타는 선주민인 아카이아인을 정복하여 토지를 몰수한 후 그들을 국가 노예로 만들었다. 스파르타의 시민계층은 자신들보다 10배나 많은 선주민을 지배하기 위해 강력한 군사력을 유

아테네와 스파르타의 비교

아테네	스파르타
해안가에 위치한 개방지대	산악으로 둘러싸인 고립지대
상업과 무역이 발달	전통적인 농업사회
민주적이며 개방적	귀족적이며 폐쇄적
직접 민주정치 실시	소수 귀족에 의한 과두정치
해군국	육군국
활동적이며 지적	완고하며 보수적

지해야만 했다. 따라서 스파르타인은 다른 직업을 선택할 여지도 없이 모두 군인이 되어야 했다. 또한 위험한 사상이나 제도가 유입되는 것을 막기 위해 해외여행이나 교역을 금지하였고, 철저한 고립정책을 실시하였다. 전통적인 농업국이었던 스파르타에는 개인의 자유와 민주주의를 신장시킬 수 있는 중요한 세력인 중산계층이 존재하지 않았다.

스파르타 시민은 남녀 할 것 없이 평생 전사로서 엄격한 훈련과 규율 속에 살았다. 아이들은 7세가 되면 부모를 떠나 엄격한 군사훈련(스파르타 교육)을 받았으며, 60세까지 병영의 의무를 다해야 했다. 30세가 되면 가정생활이 허락되었으나, 식사는 15명이 한 단위가 되어 공동으로 해결해야 했고 전시에는 그것이 전투 단위가 되었다.

강인함을 최고의 미덕으로 간주한 스파르타에서는 병약한 아이들을 사회적 부적격자로 여겨 매정하게 버리곤 했다. 심지어 아내가 병약하면 친구의 아내를 통해서까지 건강한 자식을 얻으려는 사람도 있을 정도였다. 한마디로 스파르타는 강인한 군인정신만이 칭송받는 전체주의 군사동맹체였던 것이다. 이로 인하여 스파르타는 폴리스 세계에서 최강의 육군력을 보유할 수 있었다.

반면 아테네는 인구(전성기의 시민 인구는 3만 명이 넘었다)에서 스파르타를 압도하였을 뿐만 아니라 자국민 비율이 인구의 절반 이상 되었기 때문에, 스파르타처럼 노예반란이나 노예 통제에 대한 부담이 없었다. 국경지대가 연안이라는 것도 큰 장점이었다. 이런 개방적인 지리적 여건 때문에 아테네는 일찍이 메소포타미아와 이집트 등 주변 국가들과 문화적 교류가 빈번하였다. 아테네에서 신화, 자연철학, 인본주의 사상, 고전철학 등이 발생하고 문학과 예술이 번성한 것은 이런 이유 때문이었다.

아테네는 포도와 올리브 같은 상품성 작물이 잘 자라고 상공업이 발달하여 새로 부를 축적한 평민들의 정치적 발언권이 강화되었다. 이런 환경은 아테네에서 민주주의가 발전하고, 아테네인들이 자유롭고 개방적인 사고방식을 갖게 된 배경이 되었다.

아테네의 직접 민주정치

오늘날 민주주의라고 하는 정치제도의 원형은 그리스의 아테네에서 형성된 것이다. 그러나 그리스의 민주정치가 처음부터 저절로 이루어진 것은 아니다. 페리클레스 시대에 직접 민주주의가 꽃을 피우기까지 여러 난관과 함께 시민들의 노력이 빚어낸 결과물인 것이다.

아테네는 폴리스 성립 이전까지 왕정을 유지하다가 점차 대토지 소유자인 소수 귀족이 지배하는 정치체제로 전환되었다. 그러다 마침내 기원전 5세기 중엽에 이르러 직접 민주주의가 정착되었다. 이러한 정치체제의 변화에는 당시 사회구조나 전술의 변화가 커다란 영향을 미쳤다.

고대국가의 왕을 종종 전사 왕이라 부르는 것은 그들이 전투에서 주요 역할을 했기 때문이다. 전투가 있으면 양쪽 군대의 수장인 왕들이 직접 나서서 1 대 1로 정면승부를 가렸다. 다소 낭만적으로 보이는 이런 전쟁이 어떻게 가능했을까 하고 의아해할 수도 있다. 하지만 왕이 국가의 권위를 상징하고, 그 승패가 군사의 사기 진작에 큰 영향을 끼쳤을 것이라는 점은 분명하다. 그러나 귀족이 지휘하는 기병전으로 전투방식이 바뀌면서 귀족의 영향력이 점차 증대되었다. 말과 무기 등에 필요한 군사장비는 자비로 부담하였기 때문에 부유한 귀족만 기사로 전투에 참가할 수 있었다. 이에 따라 아테네의 정치는 소수의 부유한 귀족들이 주도하는 과두정의 형태를 띠게 되었다.

기원전 7세기에 들어서 그리스는 또 한 번 중요한 정치적 변화기를 맞게

누가 가장 이상적인 아테네인인가?

솔론이 남긴 것으로 전해지는 시에는 '누가 가장 이상적인 아테네인인가?' 를 노래한 시구가 있다. 여기서 솔론은 전쟁터에서 죽은 한 젊은이 다부스를 칭송하는데, 그 이유인즉 방패를 손에 꽉 낀 채 전사했다는 것이다. 이 시기 아테네의 전투대형은 8명이 열을 지어 4줄이 한 단위가 되는 '팔랑크스', 즉 밀집보병 전투대형이었다. 이것은 방패와 갑옷, 투구로 무장하여 전우의 몸을 보호하는 앞면이 탱크와 같이 막강한 방진이지만, 측면과 뒷면이 매우 취약하여, 특히 앞사람이 죽으면 뒷열에서 앞으로 나와 빈틈을 메우는 것이 기본이었다. 그래서 다부스와 같이 죽음을 맞이하는 자세를 그리스 세계에서는 높이 평가하였다. 아테네에서는 전쟁에 승리하여도 방패를 손에 낀 채 죽은 시체만을 전우의 방패에 얹어 폴리스로 귀향시켰다. 그래서 어머니들은 전쟁터로 떠나는 아들에게 "방패와 함께" 라는 말을 해주곤 했다고 한다. 이것은 개인보다 공동체를 우선한 사회의 상징적인 초상일 것이다.

도자기에 그려진 그리스 중무장 보병의 모습

중무장 보병 중심의 밀집대형 장면

되었다. 이 시기 상업과 무역이 번성하고 화폐가 도입되면서 평민 중에서도 부유한 사람들이 나타나기 시작하였다. 그리고 중무장 보병의 밀집대형이 종래의 기병을 대신하여 전투의 중심이 되는 전술의 변화가 있었다. 이제 평민들도 자비로 장비(전투복, 창과 방패)를 구입하여 폴리스를 방위하는 전투에 참가할 수 있게 되었다.

이런 변화는 과거 국방을 전담하던 귀족의 정치적 지위에 큰 타격을 주었다. 사실 폴리스 형성기에 귀족이 권력을 장악할 수 있었던 것은 그들이 폴리스의 방위를 전담하였기 때문이다. 그러나 평민들이 전투의 주역을 맡게 되고 과거보다 훨씬 나은 경제력을 갖추게 되자 사정은 달라졌다. 이를 계기로 귀족 과두정이 무너지고, 시민의 정치적 발언권이 점차 커지게 되었다.

아테네의 민주정치는 기원전 594년 평민의 추천으로 집정관이 된 솔론과 함께 시작되었다. 솔론은 재산의 소유 정도에 따라 시민을 대지주 귀족, 기사(중소 귀족), 평민(중장 보병의 시민 포함), 노동자의 4계층으로 나누어 정치참여의 정도를 다르게 규정하였다. 솔론은 귀족 지배를 유지하면서도 평민에게 정치적 참여의 길을 열어주었기 때문에 '조정자'라고 불렸다.

그러나 솔론의 개혁은 귀족과 평민 모두를 만족시킬 수 없었다. 귀족은 평민과 신분이 동등해지는 것을 참을 수 없었고, 평민은 귀족들이 자신들보다 정치적으로 더 막강한 영향력을 행사하는 점을 못마땅하게 생각하였다. 결국 솔론의 개혁은 실패로 돌아가고 사회는 다시 혼란에 빠지게 되었다.

귀족과 평민의 대립 속에서 나타난 것이 참주정치였다. 이것은 평민의 지지를 받아 정권을 불법적으로 탈취한 참주(독재자)가 독재권을 행사하는 정치 형태를 말한다. 그 대표적인 예가 페이시스트라토스였다. 평민의 지지로 쿠데타에 성공한 페이시스트라토스는 귀족을 추방하고 그들의 토지를 빈농

에게 분배하였으며, 상공업을 장려하여 시민의 세금 부담을 줄여주었다. 여기서 참주정은 독재정치라는 문제점이 있지만, 평민 위주의 정책을 실시하였다는 점에서 볼 때 귀족정치에서 민주정치로 넘어가는 과도기적 형태라 할 수 있다.

참주정치의 혼란을 수습하고 민주정치를 본격적으로 실시한 인물이 기원전 6세기 말 정권을 잡은 클레이스테네스였다. 그의 개혁 목표는 아테네 시민 모두에게 평등한 정치적 권리를 부여하는 것이었다. 클레이스테네스는 선거제도를 고쳐 만 20세 이상의 아테네 시민으로 구성된 민회가 행정관과 재판관을 선출하여 주요 국사를 결정하도록 하였다. 그는 또한 군사 지도자를 제외한 아테네의 모든 관리를 1년 단위로 선출하게 하여 독재를 방지하였다. 아테네는 또한 참주가 될 위험이 있는 인물의 이름을 도자기 파편에 적어 투표하는 도편추방제를 실시하였다.

아테네의 민주정치는 페리클레스 시대에 이르러 만개하였다. 이제 성인 남자 시민으로 구성된 민회가 국정의 최고기관이 되었다. 시민이면 누구나 국정에 참여할 수 있도록 거의 모든 관직이 추첨으로 선출되었고, 일정액의 수당을 지급하여 공무에 전념할 수 있도록 하였다. 시민들이 직접 정치에 참여함에 따라 애국심은 더욱 고취되었고, 이는 국가 발전의 원동력으로 작용하게 되었다.

아테네 여성들의 사회적 지위는 당시 페르시아나 이집트 같은 오리엔트 국가의 여성보다 훨씬 낮았다. 여성들은 참정권은 물론이거니와 교육도 받지 못하였으며, 공공장소로 외출하는 것조차 금지되었다. 노예 역시 모든 공적 활동에서 배제되었다. 그리스 시민들이 정치에 전념할 수 있었던 것은 노예들이 생산의 주체로서 농경, 광산, 토목공사 등에 종사하였기 때문이었다. 국가의 생산을 담당하는 노예가 있었기에 그 바탕 위에 민주정치가 가능했던 것이다.

도편추방제
매년 1회씩 시민들이 무능하거나 부패한 집권자나 정부 관료를 도자기 파편에 적어 그 수가 6,000개 이상이 되면 해당 인물을 해외로 10년간 추방하였다. 오늘날 국민소환이나 탄핵제도와 유사한 것이었다.

페리클레스 연설
펠로폰네소스 전쟁 1주기를 맞아 행한 연설에서 페리클레스는 민주주의의 의미에 대해 다음과 같이 언급하였다. "민주주의란 권력이 소수가 아니라 다수의 손에 있음을 의미합니다…. 법은 개인간의 사적인 분쟁을 공평하게 처리합니다. 어떤 사람이 공적인 자리에 오를 수 있는 것은 특정 계급 출신이라서가 아니라, 그가 가진 재능 때문입니다. 이런 모범적인 체제는 자유 속에 행복을, 용기 속에 자유를 불어넣어 여러분의 대항의지를 키워주고 있는 것입니다."

페리클레스

동서 문명의 충돌, 페르시아 전쟁

고대 그리스의 자유를 위협했던 최대의 위기는 세 차례에 걸친 페르시아 제국의 침입이었다. 페르시아는 동쪽으로 인더스 강, 서쪽으로는 이집트와 소아시아에 이르는 오리엔트를 통일한 대제국이었다. 반면에 그리스는 정치적으로 통일된 국가가 아니라, 수많은 폴리스로 구성되어 있었다. 더욱이 이들 폴리스 사이에는 대립과 항쟁이 끊이지 않았다. 그렇다면 그리스가 어떻게 강대한 페르시아를 상대로 승리를 거둘 수 있었을까?

기원전 5세기 초 페르시아가 이오니아 지역의 그리스 도시국가들을 점령하자, 이 지역 사람들은 페르시아의 폭정에 항거하여 반란을 일으켰다. 그리고 같은 도시국가로서 연대감과 동족의식을 가지고 있던 아테네가 자유와 독립을 확보하려는 그들의 반란을 돕기 시작하였다. 이에 페르시아는 그리스 본토에 대한 응징을 시도하였다.

기원전 492년 페르시아는 함대를 이끌고 그리스로 쳐들어왔으나 폭풍우 때문에 실패하였다. 기원전 490년, 다리우스 1세는 직접 원정군을 이끌고 아테네 북동쪽 30km에 위치한 마라톤 평야에 상륙하였다. 페르시아는 기동성을 살려 투창 전술을 사용하였으나, 그리스는 새로운 전술 유형인 중장 밀집대형으로 맞섰다. 그리하여 그리스는 일사불란한 밀어붙이기 전법으로 페르시아 군을 바다 쪽으로 몰아 완벽한 승리를 거두었다. 헤로도토스의 저서 『페르시아 전쟁사』에 따르면, 마라톤 전투에서 페르시아 군은 6,400명이 전사한 반면, 그리스 군의 전사자는 192명에 불과하였다.

10년 후인 480년에 페르시아는 1차 전쟁 때의 패배를 설욕하기 위해 이전의 2배가 넘는 원정군을 이끌고 바다와 육지 양쪽에서 그리스를 재침공하였다. 아테네는 소형 선박들을 포진시켜 좁은 살라미스 해협으로 페르시아의

마라톤의 기원

마라톤 전투에서 승리를 거둔 아테네는 본국 시민에게 기쁜 소식을 신속하게 알리려 하였다. 이에 필리피데스라는 한 병사가 쉬지 않고 달려가서 승리의 소식을 전한 후 바로 숨을 거두었는데, 이것이 기원전 776년 올림픽에서 마라톤 경기가 열리게 된 계기가 되었다고 전해진다.

대형 선박을 유인하여 대승을 거두었다. 스파르타 역시 플라타이아이에서 페르시아 육군을 격파하였다. 결국 그리스 연합군의 치밀한 작전과 전술 그리고 조국에 대한 충성과 애국심이 강대국 페르시아를 상대로 연승을 거둔 것이다.

그리스가 승리하고 페르시아가 패배한 가장 큰 원인은 두 나라가 지니고 있었던 전쟁의 목적에서 찾아볼 수 있다. 페르시아 군은 대부분 자국의 지배하에 있던 여러 민족으로부터 강제로 징집된 군대였다. 그러나 그리스인들은 조국의 자유와 독립을 지키고 자신의 생명과 가정을 지킨다는 분명한 의지를 가지고 자발적으로 참여하였다. 다시 말해 페르시아는 타국을 정복하기 위한 침략군이었으나 그리스는 조국을 수호하려는 방위군이었던 것이다. 무기가 발달한 오늘날에도 군사력의 차이가 승패로 직결되지 않는다는 것은 과거 베트남 전쟁을 보더라도 분명히 알 수 있는 사실이다.

결국 그리스가 페르시아 전쟁에서 승리할 수 있었던 것은 무엇보다도 동방의 전제정치에 항거하여 자유주의와 민주정치를 수호하려는 시민들의 의지 때문이었다. 이 전쟁으로 아테네는 그리스 전역에 대한 패권을 장악하고, 민주정치가 꽃 피는 황금기를 맞게 되었다.

페르시아 전쟁에서 아테네가 가장 핵심적인 역할을 하였기 때문에 전쟁 후 아테네의 세력은 절정에 이르렀다. 아테네는 그 여세를 몰아 페르시아가 다시 침입할 것에 대비하여 200개의 폴리스를 규합해 델로스 동맹을 맺은 후 맹주가 되었다. 그러나 이후 아테네가 가맹국에 대한 내정간섭을 강화하는 바람에 델로스 동맹은 아테네 제국과 다름없게 되었다. 독립을 존중하는 폴리스의 전통이 무너져버린 것이다.

아테네가 자신의 부강함을 믿고 동맹기금을 유용하는 등 전횡을 일삼자 여러 도시들이 동맹에서 이탈하게 되었다. 스파르타가 아테네의 독주를 견제하기 위하여 주변 도시국가들과 펠로폰네소스 동맹을 결성하자, 양 세력

페르시아 전쟁사

'역사의 아버지' 라 불리는 헤로도토스는 페르시아 전쟁의 결과는 '신의 운명'이며, 동방(페르시아) 전제군주제에 대한 서방(그리스) 민주정의 우월성을 입증한 것이라고 주장하였다.

아이스킬로스의 『페르시아 인』 중에서

그리스의 비극 작가인 아이스킬로스는 『페르시아 인』을 통해 페르시아 전쟁에 출전하는 아테네 병사들을 찬미하여 이렇게 썼다. '자, 가라! 그리스의 자식들이여. 가서 조국의 자유를 지켜라. 우리 아이들, 우리 아내들을 위하여 자유를 지켜라. 조상들로부터 대대로 물려받은 신전과 선조들의 분묘를 지켜라. 지금 모든 것은 이 전쟁에 달려 있다.'

페르시아 전쟁 / 경과도

사이에 30년에 걸친 전쟁이 일어나게 되었다. 이 전쟁이 펠로폰네소스 전쟁이다. 결국 스파르타의 승리로 델로스 동맹은 해체되고, 아테네의 번영은 막을 내리게 되었다.

30년여 동안 지속된 전쟁으로 폴리스 사이의 내분은 격화되었고 농업은 황폐화되었다. 또 시민이 참전을 기피하자 용병을 끌어들일 수밖에 없었다. 이로 인하여 시민 스스로 폴리스를 지킨다는 원칙이 무너지면서 시민공동체가 붕괴의 길을 걷게 되었다. 그리고 마침내 마케도니아의 침입으로 고대 그리스의 폴리스는 역사의 뒤안길로 사라지게 되었다.

그리스의 문화와 사상

그리스인은 인간의 이성과 감성을 모두 중시하는 합리적인 사람들이었다. 또한 개인주의, 낙천주의, 현세주의, 자연주의적인 가치관을 열정적으로 추구하였고, 각 개인의 독특한 개성을 중시하였다. 그리스인의 자연스러운 육체미와 인간미에 대한 심미적인 추구는 일상생활에 그대로 반영되었다.

그리스는 기후가 온화하고 건조하여 많은 사람들이 옥외생활을 즐겼다. 그리스인들은 나체로 체육경기를 할 만큼 인간의 자연스런 육체미를 찬미하였으며, 이승에서 삶의 즐거움을 추구하였고 사후 세계에는 별로 관심이 없었다. 호메로스의 작품 『오디세이』에서 아킬레우스는 '죽은 왕보다 살아있는 노예가 더 낫다' 고 말할 정도였다.

그리스인은 폴리스의 자유로운 시민생활을 바탕으로 철학과 역사는 물론, 종교, 예술, 문학 등 다양한 방면에 걸쳐 독창적이며 창의적인 문화를 발달시켰다. 또한 신화나 종교와 같은 추상적인 개념을 초월하여 주변의 자연과 우주에 대하여 합리적인 생각과 이해를 시도하기도 하였다. 그리하여 소아시아 지방에 위치한 상업도시인 밀레투스를 중심으로 자연철학이 발달하였다. 그 주된 관심은 우주를 구성하고 있는 만물의 근원을 탐구하는 것이었다.

탈레스
탈레스는 다음과 같은 이유에서 물이 만물을 생성시키는 근원이라고 보았다. 물은 모든 사물의 생명을 배양하는 수분이 된다. 물은 가변성이 뛰어나 수증기도 되고, 얼음도 된다. 바다는 물이며, 대지는 그 가운데 떠 있는 흙덩이이며, 계곡에도 물이 흐르는 것을 보면 산 역시 그 근원이 물일 것이라고 생각하였다.

자연철학의 창시자인 탈레스는 우주의 본질을 물이라고 하였고, 피타고라스는 수라고 하였다. 특히 데모크리토스는 자연계가 무수히 쪼갤 수 없는 원자로 이루어졌다고 하였다. 그는 각각의 원자들이 그 크기, 모양, 위치에 있어 다르고, 이런 차이에 의해 다양한 원자의 결합이 이루어져 물질이 생성된다고 주장하며 원자론의 기초를 마련하였다.

5세기경 그리스 본토에서는 자연과 우주가 아닌 인간을 철학의 대상으로 삼기 시작하면서 소피스트를 중심으로 한 인본주의 학문이 발달하였다. 아테네에서 상업과 무역이 발달하고 시민들의 정치참여가 확대되어 이에 따른 실용적인 기술과 지식이 요구되던 때였다. 이에 소피스트들은 수사학, 변론술, 논리학 등 실용적인 학문을 가르쳤다.

소피스트의 대표적인 인물은 '인간은 만물의 척도' 라고 주장한 프로타고라스였다. 여기서 인간이란 개인을 가리키는 것으로, 개인에 따라 만물을 보는 시각이 달라진다는 주장이다. 따라서 진리, 정의, 선 등은 인간의 필요

#04 로마의 탄생과 멸망

로마는 그리스 문명을 계승하고 지중해의 수많은 문명들을 통합하여 새로운 문명을 창조하였다. 19세기 독일의 역사가 랑케는 로마를 큰 호수에 비유하여 "로마 이전의 모든 역사는 로마로 흘러들어갔고, 로마 이후의 역사는 다시 로마에서 흘러나왔다"는 유명한 말을 남겼다. 서양문명을 집으로 비유할 때, 기단을 그리스 문명이라고 한다면 기둥은 로마 문명이라고 할 수 있다. 그만큼 로마는 고대 지중해 세계를 통일하여 유럽의 고대문화를 완성하였고, 이를 유럽과 이슬람 세계에 전파한 선구자적 역할을 하였다.

로마공화정의 성립

로마의 상징물은 어미 늑대가 두 사내아이에게 젖을 먹이고 있는 모습의 조각상이다. 이것은 태어나자마자 버려져 늑대 젖을 먹고 자란 쌍둥이 형제 로물루스('로마인' 이라는 의미)와 레무스가 기원전 753년에 로마를 건국했다는 신화에서 유래한 것이다. 그러나 실제로 로마가 건국된 과정은 그렇게 극적이지 않았다.

기원전 800년경 티베르 강 유역의 언덕에는 농부, 양치기, 어부들이 작은 촌락을 이루고 살았던 것으로 추정된다. 이들 초기 로마인은 매우 단순하고 소박했다. 무엇보다 육체노동을 중시하였던 로마인의 주요 생업은 농업이었다. 초기 로마 사회 최고의 남성상은 훌륭한 농부였으며, 바람직한 여성상은 밤늦게까지 모직물을 짜는 근면하고 정숙한 아내였다.

어미 늑대가 로마 건국자인 로물루스와 레무스에게 젖을 먹이고 있는 모습

자녀들은 부모로부터 도덕심, 절제, 신중함, 연민,

명예, 국가에 대한 충성심을 배웠다. 또한 조상들의 무용담을 들으며 모험심과 용기를 키웠다. 이런 미덕과 엄격한 규율은 로마인의 사생활과 공공생활을 지배하였다. 이러한 강한 공동체의식을 통해 로마는 점차 부유한 대도시로 성장하였다.

로마공화정의 구조

로마인은 마침내 기원전 6세기 초 그 동안 자신들을 지배하던 에트루리아 왕을 추방하고 공화정을 수립하였다. 초기 로마의 정치는 행정의 최고 책임자인 2명의 집정관과 입법기관인 원로원(귀족 출신의 종신 의원)이 권력을 독점하는 형태로, 평민들은 정치에서 완전히 배제되었다. 이렇듯 초기 로마공화정은 귀족 중심의 정치체제였다.

그러나 기원전 5세기 이후 평민(중소 농민)으로 구성된 중장보병의 밀집대형이 전쟁에서 큰 역할을 하면서 귀족에 대항한 평민들의 신분 투쟁이 전개되었다. 기원전 494년 평민들은 로마 교외에 있는 성산에 모여 자신들의 정치적 참여와 사회적 처우 개선을 강력하게 요구하였다. 당시 로마는 대외적인 팽창을 거듭하고 있던 상황이라 평민들의 도움이 절실히 필요하였기에 그들의 요구를 받아들이지 않을 수 없었다.

아그리파의 일화

성산 사건 당시 원로원의 의원인 아그리파의 유명한 일화가 있다. 아그리파가 성산에 모인 평민들을 설득하며 언급한 '위주머니와 손발' 의 비유가 그것이다. 손발은 위주머니만 맛있는 음식을 먹고 자기들은 일만 한다고 불평하였다. 그리하여 손발은 위주머니를 혼내주기 위해 음식이 있는

근처에는 가지도 않았으며 음식을 운반하지도 않았다. 그리하여 위주머니가 굶어 죽자 손발도 기운이 빠져 더 이상 움직일 수 없게 되었다. 결국 손발은 위주머니의 중요한 역할을 깨닫게 되었다.

아그리파는 위주머니와 손발의 비유를 들어 귀족과 평민의 관계도 이와 같다고 설명하였다. 그리하여 아그리파의 이야기를 납득한 평민들은 로마로 돌아왔다. 이것은 역사의 발전 과정에서 지배층인 귀족과 피지배층인 민중이 서로 대립적인 존재가 아니라, 상호 보완적인 관계에 있다는 것을 보여주는 예화이다.

귀족들은 결국 평민들의 집단시위와 항쟁에 굴복하였다. 그리하여 기원전 494년 귀족 관리들의 부당한 행정과 입법 조치로부터 평민의 권익을 보호할 수 있는 호민관제도가 실시되고, 호민관을 의장으로 하는 평민회가 창설되었다. 더 나아가 평민들은 귀족들이 관습법을 악용하는 것을 방지하기 위해 성문법 제정을 요구하였다.

기원전 449년에는 로마 최초의 성문법인 12표법이 제정되어 평민의 권리가 법적으로 보장받게 되었다. 또한 그 후에도 후속 조치가 취해져 귀족과 평민 간의 혼인이 인정되고, 집정관 중 한 명은 반드시 평민 계급에서 나오도록 정하였다. 그리고 다른 관직들도 평민에게 개방되었다. 이로써 귀족과 평민 간의 법적인 차별이 사라져 공화정이 완성되었다.

로마의 공화정은 그리스와 비슷한 원인에서 출발하였으나, 계급 간에 유혈사태를 동반한 그리스와는 달리 로마에서는 200년에 걸친 점진적인 개혁을 통해 이루어졌다. 그 결과 그리스 아테네에서는 민회가 모든 주권을 가진 철저한 민주주의가 이루어졌지만, 로마에서는 여전히 원로원을 중심으로 귀족이 정치적 실권을 가지고 있었다. 귀족과 평민의 타협에 의한 점진적인 개혁은 조그만 도시국가였던 로마가 세계제국으로 성장하는 주요한

원동력이 되었던 것이다

포에니 전쟁

공화정 체제로 안정을 찾은 로마는 대외 팽창에 나서 마침내 기원전 3세기 무렵 이탈리아 반도를 통일하고, 나아가 지중해로의 진출을 노리고 있었다. 한편, 이 무렵 카르타고(현재의 북아프리카 튀니스)는 해상무역으로 급속히 성장하여 역시 지중해로 진출할 기회를 노리고 있었다. 이에 두 나라의 충돌은 불가피하였다. 그리하여 지중해의 제해권을 두고 로마와 카르타고 간에 3차에 걸친 전쟁이 일어났는데, 이것이 포에니 전쟁이다.

제1차 포에니 전쟁은 시칠리아 섬을 둘러싸고 벌어진 쟁탈전이었다. 이 전쟁에서 로마는 초반의 열세를 극복하고 대승을 거두었다. 그 결과 로마는 시칠리아, 사르디니아, 코르시카를 속주로 삼고 카르타고에 막대한 배상금을 요구하였다.

제2차 포에니 전쟁은 세계사에 길이 남을 전쟁이자 양국의 국운을 건 한판승부였다. 카르타고의 명장 한니발은 60여 마리의 코끼리 부대와 용병으로 구성된 대군을 이끌고 이베리아 반도를 출발하여 피레네와 알프스 산맥을 넘었다. 코끼리를 이끈 채 험준한 알프스 산

포에니 전쟁의 전투 장면

포에니 전쟁
포에니는 라틴어로 페니키아인을 가리킨다. 당시 로마인은 페니키아의 식민지인 카르타고의 주민을 포에니라고 불렀다. 포에니 전쟁은 지중해로 진출하려는 로마와 지중해 무역을 독점하려는 상업국가 카르타고 간의 불가피한 충돌이었다.

맥을 넘는다는 것은 놀라운 일이 아닐 수 없었다.

한니발은 1차의 실패를 설욕하기 위하여 만반의 준비를 갖추었다. 코끼리가 로마군의 장창을 두려워할까봐 코끼리의 두 눈을 가리고 술까지 먹여가면서 적진으로 돌진하도록 하였다. 전쟁 초반 카르타고는 연이어 승리를 거두었다. 그러나 16년간 지속된 전투로 지치고 난전이 벌어지면서 코끼리가 적보다는 아군에게 더 큰 피해를 입히게 되었다. 이 전쟁으로 로마는 지중해 패권을 장악하고 한니발은 결국 자살로 생을 마감하였다.

제3차 포에니 전쟁은 세계사에서 가장 야만적인 전쟁 중 하나였다. 카르타고의 도시는 완전히 폐허로 변하고 원주민은 대량 학살되었으며 항복한 시민들은 로마로 끌려가 노예가 되었다. 카르타고는 결국 로마의 속주가 되었다. 이제 로마를 위협할 만한 세력은 어디에도 남아 있지 않았다. 이후 로마는 더욱 강성해져 기원전 146년에는 마케도니아를, 기원전 64년에는 시리아를 손에 넣었다.

분명 포에니 전쟁은 로마가 세계 대제국으로 향할 수 있는 발판을 마련해 주었다. 그러나 로마의 눈부신 대외 팽창은 농민들에게 큰 타격을 주어 공화정 체제의 기반을 흔들어놓는 결과를 초래하였다. 농민들이 오랫동안 전

라티푼디움에서 일하는 노예들의 모습

쟁에 동원된 탓으로 농지가 황폐해지고, 전쟁 이후 정복지로부터 값싼 곡물이 유입되어 농민층이 몰락하게 되었다. 그리고 몰락한 농민들은 도시로 몰려들어 불만 세력을 형성하였다.

반면, 부유한 귀족들은 전쟁비용을 지불한 대가로 정복지의 많은 토지를 기증받았다. 그리하여 귀족들이 식민지에서 유입된 노예노동을 이용하여 대농장(라티푼디움)을 소유함으로써 평민과 귀족과의 빈부 격차는 더욱 벌어지게 되었다. 결국 자영농은 무산계급으로 전락하고, 귀족은 더욱 막강한 권한을 행사하게 된 것이다. 군사체제 또한 농민이 스스로 무장하는 시민군의 형태에서 직업적인 용병제도로 전환하게 되었다.

그라쿠스 형제의 개혁과 공화정 위기

앞서 말했듯이, 포에니 전쟁은 평민들에게 치명적인 악재로 작용하였다. 로마가 영토를 넓혀 부강해질수록 귀족과 평민 간의 빈부 격차는 더욱 심화되었다. 이러한 국가적 위기를 타개하기 위한 해결책이 바로 그라쿠스 형제의 개혁이었다. 형제는 중소자영 농민층의 몰락을 로마의 위기로 보고, 토지를 소유하지 않은 사람들에게 공유지를 분배하자는 방안을 제시하였다.

기원전 133년에 호민관으로 당선된 형 티베리우스 그라쿠스는 토지 소유의 상한선을 정하고, 이를 초과하는 토지는 몰수하여 빈곤한 사람들에게 분배하려 하였다. 그러나 이런 개혁은 원로원을 중심으로 한 귀족들의 강력한 반대에 부딪혔다. 귀족들은 티베리우스의 이러한 행동을 빈민을 의식한 인기 영합책으로 간주하였다. 심지어 티베리우스가 왕위를 넘본다는 소문마저 돌자 귀족들은 청문회를 요구하였다. 청문회에 참석한 티베리우스는 해명할 틈도 없이 300여 명의 추종자들과 함께 살해당했다.

그로부터 9년 후 호민관에 선출된 동생 가이우스 그라쿠스는 형이 추진했던 계획을 더욱 구체적으로 이어나갔다. 그는 로마의 곡물 가격을 안정시키기 위해 거대한 창고를 세웠다. 또한 빈민에게는 시장가격보다 훨씬 싸게 곡물을 판매하였고, 빈곤한 시민들을 새로운 식민지에 이주시켜 경제적 독립을 이루도록 하였다. 또한 그는 교량과 도로를 건설하였다. 이것은 농수산물의 유통을 신속히 하여 가격 안정을 꾀하는 동시에 실업자들에게 일거리를 주기 위해서였다. 가이우스의 이러한 급진적 개혁은 평민들의 지지를 받았으나, 원로원을 중심으로 한 귀족들의 저항에 부딪혀 결국 수포로 돌아갔다.

그라쿠스 형제의 개혁이 실패하자 공화정의 위기는 더욱 심각해졌다. 개혁을 둘러싼 갈등으로 귀족과 평민 간의 대립은 심화되었다. 급기야 귀족은 벌족파를, 평민은 평민파라는 당파를 조직하여 치열한 권력 투쟁을 전개하였다. 여기에 속국민과 노예들의 반란(스파르타쿠스 반란)까지 일어나 사회는 더욱 혼란스러워졌다. 이런 일련의 상황은 야심적인 정치가들이 무력을 통해 정권을 잡게 되는 계기를 만들어줌으로써 공화정의 몰락을 재촉하였다.

스파르타쿠스(BC ? ~ 71)

스파르타쿠스는 트라키아(지금의 불가리아) 출신으로 로마와의 전쟁에서 포로가 되어 검투사가 되었다. 그는 검투사 양성소의 잔혹한 대우를 견디다 못해 200명의 검투사와 함께 도주를 하였고, 그중 70여 명이 베수비오 산으로 도망쳤다. 여기서 그는 노예와 노동자, 몰락한 자유민을 가담시켜 기원전 73년 20만 명에 이르는 병력을 규합하여 로마에 반란을 일으켰다. 기원전 71년 반란군은 크라수스가 지휘하는 로마군에 의해 진압되었고, 스파르타쿠스도 전사하고 말았다. 『플루타크 영웅전』은 스파르타쿠스를 '기품 있고 힘이 강할 뿐만 아니라 지혜롭고 온화한 점에서, 우연히 귀족으로 태어난 종족보다 더 그리스적이다' 라고 묘사하고 있다.

백성과 나라를 위해 희생된 그라쿠스 형제

티베리우스 그라쿠스의 농지개혁은 귀족들이 소유한 대토지의 몰수, 즉 라티푼디움의 분쇄를 전제로 하고 있었다. 따라서 티베리우스 농지개혁 법안의 투표 당일, 유례를 찾아볼 수 없을 만큼 농촌에서 수많은 농민들이 몰려들었다. 티베리우스는 민회에서 감동적인 연설을 마친 후 서기에게 민중 앞에서 법안을 낭독하라고 지시하였다. 그때 동료 호민관 옥타비아누스가 이를 가로막더니 법안 반대파들의 입장에서 거부권을 행사하였다.

티베리우스는 개혁안을 통과시키기 위해 옥타비아누스의 거부권을 이겨내야 했다. 그리하여 동료 호민관 옥타비아누스를 해임하는 로마 역사상 전례 없는 조치를 취하게 되었다. 그것이 문제가 되었다. 로마공화정 전통에 의하면 평민의 대표인 호민관은 신성불가침의 특권을 지니고 있었다. 그러한 호민관의 파면을 구실로 반대파(원로원과 귀족들)는 티베리우스와 그 추종자 300명을 몽둥이와 돌로 타살하여 티베르 강에 수장했던 것이다. 반대파가 그라쿠스 일파를 죽일 때 몽둥이와 돌만 사용한 것은 로마공화정이 시내에서 쇠붙이를 휴대하는 것을 법으로 금했기 때문이었다. 티베리우스는 결국 공화정 사상 최초의 정치 암살의 희생자가 되었다.

그리고 12년 뒤 형을 이어 평민들을 위한 개혁을 계속 추진하던 동생 가이우스마저 궁지로 몰리게 되었다. 원로원은 가이우스의 추종자 250명을 학살하였으며, 가이우스의 목을 잘라 연단 위에 걸어놓았다. 원로원은 그 후에도 가이우스의 지지 세력을 찾아내 재판도 하지 않고 처형하였는데, 그 수가 3,000명에 달하였다.

그라쿠스 형제의 죽음 이후 로마는 귀족파(벌족파)와 평민파로 나뉘어 내전을 치르게 된다. 이 내전을 발판으로 원로원을 격파하고 독재자에 오른 인물이 바로 카이사르였다. 카이사르는 부패한 원로원 세력을 일망타진해 공화정을 멸망시키고 로마제정의 길을 열었다.

카이사르

제1차 삼두정치와 카이사르

공화정에서 제정으로의 전환은 역사의 필연적인 과정이었다. 오랫동안 유지되던 정치체제가 하루아침에 바뀔 수는 없었다. 기원전 30년경 옥타비아누스의 일인 통치가 시작될 때까지 일련의 내란과 전쟁이 발생하였다. 이러한 과도기 상황에서 두각을 보인 인물들은 전장에서 승리한 장군들이었다. 그들에게는 일반 귀족에게 없는 사병이 있었고 평민에게 없는 권력과 재력이 있었다.

결국 기원전 60년에는 평민파의 카이사르, 대부호인 크라수스, 지중해의 해적 토벌에 공을 세웠던 폼페이우스 등 세 사람이 원로원을 제압하고 권력을 나눠 갖게 되었다. 이것이 제1차 삼두정치였다. 카이사르는 자신의 딸 율리아를 폼페이우스와 결혼시켜 결속력을 다지고자 하였다. 그러나 크라수스가 전쟁터에 나가 전사하고 율리아가 출산 중에 사망하자 그들 사이의 결속력도 사라졌다. 하늘에 태양이 2개일 수 없듯이, 이제 남은 두 사람은 최고 권력을 쟁취하기 위해 물러설 수 없는 정면대결을 벌이게 되었다.

삼두정치로 부상한 카이사르는 갈리아 총독으로 임명되어 갈리아 지방을 평정하고, 브리타니아(지금의 영국)와 라인 강 북부지역까지 속국으로 만드는 등 많은 전과를 올렸다. 이에 원로원은 세력이 강대해진 카이사르에게 위협을 느껴 폼페이우스와 결탁하여 카이사르를 제거하려고 하였다.

본국으로부터 소환명령을 받은 카이사르는 '주사위는 던져졌다'는 유명한 말과 함께 기원전 49년 루비콘 강을 건너 로마로 진격하였다. 자신을 제거하려는 음모를 알아챈 카이사르가 쿠데타를 일으킨 것이다. 카이사르는 파죽지세로 로마로 진격하였고, 이에 놀란 폼페이우스와 원로원 귀족들은 해외로 도망갔다. 결국 폼페이우스는 이집트에서 암살되었고, 카이사르는 로마제국을 장악하게 되었다. 이후 카이사르는 군 최고 지휘권과 국고처리권을 포함한 모든 권력을 장악하여 전제정치를 실시하였다. 카이사르는 세계 최초로 자신의 얼굴을 동전에 새겨 넣을 정도로 명예욕이 대단하였다. 그러자 기원전 44년 브루투스와 카시우스 등 원로원 일파가 공화정을 부활시키기 위해 카이사르를 암살하는 사건이 발생하였다. 그리하여 로마는 다시 내란 상태로 빠져들게 되었다.

카이사르는 종신 독재관으로 권력을 행사하며 수많은 개혁을 단행하였다. 로마인과 속주민 사이의 차별을 금지하고, 정복지 주민에게도 로마인과 동등한 시민권을 부여하였다. 도시빈민들과 퇴역군인들에게 식민지의 토지를 나누어주어 정착하도록 하였다. 그는 또한 오늘날 태양력의 기초가 되는 율리우스력을 만드는 등 뛰어난 업적을 남겼다.

율리우스력
카이사르는 이집트의 태양력에 기초하여 1년을 365일로 산정하고 4년마다 1일의 윤달을 두는 율리우스력을 만들어 로마의 공식적인 달력으로 사용하도록 하였다. 이것이 현대 태양력의 시초가 되었다.

제2차 삼두정치와 옥타비아누스

카이사르는 암살되기 직전 18세의 청년 옥타비아누스를 유일한 상속인으로 결정하였다. 옥타비아누스는 카이사르 조카딸의 아들이었다. 카이사르가 암살되었다는 소식을 듣고 옥타비아누스는 카이사르의 부하인 안토니우스, 레피두스와 함께 카이사르 암살에 가담한 원로원 일파를 제거하기 위해 제2차 삼두정치를 수립하였다. 카이사르 암살의 주역이었던 브루투스와 카시우스는 로마를 탈출한 후 8만 명의 공화정 군대를 조직하여 대항하였으나, 결국 옥타비아누스와 그의 연합군에 의해 전멸하였다.

이러한 승리에도 불구하고 불안한 상황의 산물이었던 제2차 삼두정치는 오래 지속될 수 없었다. 그리하여 레피두스가 먼저 실각한 후 옥타비아누스와 안토니우스는 제국을 양분하여 각각 서방과 동방을 지배하였다. 그러나 둘 사이의 협조는 오래 가지 못하였다. 안토니우스가 이집트의 여왕 클레오파트라와 함께 동방제국을 건설하여 로마로부터 분리, 독립하려 하였다. 로마의 운명은 기원전 31년 악티움 해전에서 결정되었다. 이 해전에서 옥타비아누스는 안토니우스와

악티움 해전

클레오파트라의 연합함대를 대파하였다. 궁지에 몰린 안토니우스와 클레오파트라는 결국 자살하고 말았다. 이로써 옥타비아누스가 로마의 패권을 장악하였고, 1세기에 걸친 내란은 막을 내리게 되었다.

미인의 대명사 클레오파트라 여왕

"클레오파트라의 코가 한 치만 낮았더라면 세계사가 바뀌었을 것"이라는 파스칼의 말은 한 여성의 미모가 역사의 중요한 변화 요인으로 작용할 수 있다는 것을 강조한 말이다. 과연 클레오파트라는 미인의 대명사로 칭할 만한가?

당시 발행된 화폐의 초상을 보면 그녀는 긴 매부리코에 큰 입을 갖고 있었다. 말하자면, 그녀는 미인의 부류에 들지 않는다. 오히려 그녀의 매력은 풍부한 교양과 여왕으로서의 품위 있는 행동에 있었다. 그녀는 7개 국어에 능통하였으며, 화법이나 몸 동작은 독특한 매력을 지니고 있었다. 클레오파트라가 로마의 두 실력자의 마음을 사로잡을 수 있었던 것은 바로 이 때문이었다.

이집트의 클레오파트라 여왕

클레오파트라는 17세의 나이에 9살인 동생과 결혼하여 이집트의 여왕이 되었다. 그녀가 왕위에 오른 지 5년 후, 로마의 실력자인 폼페이우스가 카이사르에게 쫓겨 이집트로 피신하자 이집트는 정쟁에 휘말리게 되었다. 로마에 반감을 품은 이집트인들은 폼페이우스를 살해하였고, 뒤쫓아온 카이사르도 폭도로 변한 민중의 습격을 간신히 피해 왕궁으로 피신하였다.

그때 클레오파트라는 자신의 젊음과 미모를 무기 삼아 카이사르에게 접근하였다. 클레오파트라는 스스로 나체가 된 자신을 선물로 포장하여 야밤에 카이사르의 방으로 배달되도록 하였다. 50세가 넘은 카이사르가 22세인 클레오파트라의 젊음과 세련된 매너에 포로가 된 것은 두말할 나위가 없었다. 클레오파트라는 카이사르의 아이를 출산하였고, 카이사르는 로마로 개선한 후 그녀와 아이를 로마로 불러들여 함께 살도록 배려하였다.

든든한 후견인이었던 카이사르가 기원전 44년 브루투스와 카시우스 등 원로원 일파에 의해 암살되자, 클레오파트라는 이집트로 돌아갈 수밖에 없었다. 그러나 야심으로 가득한 클레오파트라는 다시 새로운 변화를 시도하였다. 그 대상은 로마의 새로운 실력자로 등장한 안토니우스였다.

클레오파트라는 안토니우스를 유혹하여 동방(동지중해)제국을 건설하여 로마로부터 분리를 획책하였던 것이다. 그러나 운명은 기원전 31년 악티움 해전에서 결정되었다. 이 해전에서 안토니우스와 클레오파트라의 연합군은 옥타비아누스에 참패하여, 그녀의 야망은 물거품이 되고 말았다. 실의에 빠진 클레오파트라는 독사로 하여금 자신의 가슴을 물게 하여 39세의 나이에 스스로 목숨을 끊었다. 그녀와 함께 이집트도 영원히 몰락하고 말았던 것이다.

평화 시대

옥타비아누스의 승리는 로마의 번영을 알리는 시작이었다. 옥타비아누스는 카이사르의 실패를 반복하지 않기 위해 신중하게 처신하였다. 그는 원로원의 권한과 지위를 인정하였으며, 원로원과 함께 통치하는 정치체제를 추진하였다. 이에 원로원은 옥타비아누스에게 로마 제1의 시민이라는 프린켑스의 칭호를 부여하였다.

기원전 27년 옥타비아누스는 자신의 모든 권한을 원로원에 반납하였다. 대신 '아우구스투스(존엄자라는 의미)' 라는 칭호와 함께 실질적인 로마의 모든 권한을 부여받았다. 이후부터 옥타비아누스는 아우구스투스로 불리게 되었다. 원로원은 국가 최고기관으로서의 지위는 유지하였으나, 실제적인 군통수권, 속주의 통치권, 호민관과 원로원에 대한 권한은 아우구스투스 한 사람에게 집중되었다. 이때부터 사실상 제정이 시작된 것이었다.

정치가로서 아우구스투스는 카이사르에 비견되는 뛰어난 업적을 남겼다. 속주에서 들어오는 막대한 부를 기반으로 군대를 완전히 장악하였으며, 도시와 속주에 대한 자치권을 확대하였다. 새로운 화폐제도를 실시하였고 사법제도를 정비하였으며 정교한 우편제도를 제국 전역에 실시하였다. 또한 개인의 능력과 자질에 따라 공직을 부여하였다. 그러나 아우구스투스는 이러한 정치개혁에 자만하지 않았다. 그는 스스로 절제된 생활을 통하여 사치 풍조를 억제하여, 이후 2세기 동안 지속된 로마 평화의 초석을 닦았다.

5현제 시대
네르바, 트라야누스, 하드리아누스, 안토니누스 피우스, 마르쿠스 아우렐리우스로 이어지는 5명의 현명한 군주들이 등장하여 로마제국은 약 2세기 동안 전성기를 구가하였다.

아우구스투스가 죽고 나자 황제의 지위는 사실상 세습되었고, 그중에는 무능한 황제가 나타나기도 하였다. 64년 로마에 발생한 대화재를 기화로 기독교인들을 대량 학살하여 폭정을 일삼았던 폭군 네로가 그러한 경우다. 그러나 양자 상속제(세습에 의한 왕위 계승 대신 귀족 중에서 유능한 인물을 양자로 삼아 후계자로 하는 제도)에 의해 지명되었던 5현제 시대(96~180)에 이르러 로마는 약 2세기 동안 최고의 전성기를 맞게 되었다. 이 시기를 소위 '로마의 패권(Pax-Romana)' 시대라 부른다.

아우구스투스

이 시기에는 그리스와 라틴 문명이 로마제국 전역에 널리 보급되었고, 로마인과 속주민 사이의 법적인 차별이 사라졌다. 모두가 로마의 시민이라는 공동체의식을 갖게 되었던 것이다. 로마는 지중해 주변의 모든 땅, 라인 강 지역까지의 유럽, 북아프리카와 이집트, 아라비아와 메소포타미아 지역까지 거대한 제국을 형성하였다. 역사상 전무후무한 대제국이었다.

5현제 시대의 약 200여 년 동안 로마는 단 한 번도 해군력의 충돌 없이 평화를 유지하였다. 그리고 육지에서는 스코틀랜드의 국경에서부터 페르시아 국경에 이르기까지 로마의 단일 지배권 아래 놓이게 되었다. 로마는 고대부터 사용하였던 살상의 무기를 내던지고, 온 나라가 경축일처럼 축제 분위기를 이어갔다. 또한 로마 전역에는 체육관, 기념탑, 온천, 사원, 작업장, 학교가 가득하여 활기차고 건강한 사회가 조성되었다.

그러나 이런 외적인 강건함과 부유함의 이면에는 붕괴의 씨앗이 잉태되고 있었다. 로마의 평화는 극소수 지배층에 국한된 것이었다. 농민의 몰락, 빈민의 로마로의 집중, 노예제의 위기 등 공화정 말기 이후 누적된 문제들은 여전히 해결되지 못하였기 때문에 진정한 평화라고는 말하기 어려웠다. 결국 로마의 평화는 강력한 군사력과 법률이라는 채찍, 그리고 '빵과 서커스'라는 당근을 적절히 배합한 교묘한 정책의 소산이었던 것이다.

빵과 서커스
장기간에 걸친 전쟁과 속주로부터의 값싼 곡물이 유입되자, 농민이 몰락하고 빈민(당시 로마 인구인 90만 명 중 빈민은 30만 명에 달함)이 증가하였다. 로마의 유력자들은 이들의 불만을 달래기 위하여 식료품을 무료로 제공하고, 검투사의 시합이나 전차 경기, 공중목욕탕 등을 건설하여 유흥과 오락을 제공하였다. 이것은 일종의 우민화 정책이었다.

로마제정 시대

전성기를 구가하던 로마제국도 2세기 말부터 서서히 그 한계를 드러내기 시작하였다. 5현제의 마지막 황제인 마르쿠스 아우렐리우스 치세 말기부터 내부적으로는 정치적 혼란이 가중되었으며 외부적으로는 변경 침략을 일삼는 게르만족에 시달렸다. 3세기 무렵 로마는 각지에서 군대들이 들고 일어나 무력으로 황제를 폐위하고 장군이 그 자리에 오르는 이른바 군인황제 시대(235~284)를 맞게 되었다. 약 50년 동안 26명의 황제가 번갈아가며 제위에 올랐는데, 그들 모두 군대에 의해 옹립된 군사령관 출신이었다. 그중 한 명만 천수를 누렸을 뿐 나머지 25명은 모두 살해되거나 전사하는 등 정치가 극도로 불안정하였다.

이러한 군인황제 시대의 혼란과 무질서를 수습한 인물이 디오클레티아누스와 콘스탄티누스 대제였다. 디오클레티아누스는 강력한 군사력과 정치력으로 사회혼란을 수습하였다. 그는 황제 중심의 관료체제를 확립하고 지방

로마에 마르쿠스 아우렐리우스 상이 남아 있는 이유
중세에 로마의 황제상들은 이교도의 상이라는 이유로 대부분 파괴되었다. 그런데 기마상으로 마르쿠스 아우렐리우스 상만은 남아 있다. 이 기마상을 기독교를 공인한 콘스탄티누스 황제상으로 오인하였기 때문이라고 한다. 그 뒤 15세기 말에 인문학자들의 연구에 의해 그것이 아우렐리우스 황제 의 상으로 확인되었다. 원래 로마의 캄피돌리오 광장에 있던 이 상은 오늘날 카피톨리네 박물관에 소장되어 있다.

마르쿠스 아우렐리우스 황제의 기마상. 그는 스토아 철학의 대가로 『명상록』을 저술하였다.

도시의 자치권을 박탈하여 강력한 전제정치를 실시하였다. 또한 그는 한 사람이 통치하기에는 로마가 너무 광대하다는 판단하에 제국을 분할하여 각각 2인의 부황제를 두어 다스리도록 하였다.

디오클레티아누스 사망 후 단독 지배자가 된 콘스탄티누스 황제는 수도를 콘스탄티노플(비잔티움)로 옮겨 제국의 중흥을 꾀하였다. 그는 313년 밀라노 칙령을 발표하여 기독교를 공인하였다. 그리고 시민의 직업 선택의 자유를 제한하고, 소작농민을 토지에 예속시켰으며, 관료와 군대 조직을 재정비하여 강력한 오리엔트식 전제군주제를 확립하였다.

두 황제의 개혁을 통해 로마제국은 어느 정도 안정을 되찾는 듯하였으나, 이미 전성기를 지나 쇠퇴의 조짐은 역력하였다. 이러한 위기 속에서 테오도시우스 황제는 기독교를 국교로 하여 제국의 사상적 통합을 유지하기 위해 안간힘을 썼다. 그러나 그가 죽은 후 로마제국은 두 아들에게 분할되어, 395년 로마는 동서로 분열되고 말았다. 이후 동로마제국은 1452년 오스만 투르크에 멸망할 때까지 1,000년간 더 지속되었으나, 서로마제국은 476년 게르만 용병대장 오도아케르에 의해 종말을 고하였다.

디오클레티아누스 황제와 그 공동 통치자가 각자의 후계자를 대동하고 회동하는 모습

전통적인 로마 가정의 붕괴

로마 말기 가부장의 권위 상실과 여성의 자기주장 강화로 이혼이 성행하였다. 즉 여성은 자신의 아름다움이 상실될 것을 두려워하여 모성의 사명을 거부하였고, 한 명의 남편에 만족하지 않았다. 부인들은 정치에 관심을 가졌고 가정을 떠나 수렵생활을 즐겼다. 또한 일부 여성들은 전차경주에 출정하거나 검술과 씨름에 몰두하기도 하였다. 이에 따라 남성, 특히 가정에 대한 불만에 쌓인 관료들은 자신의 불만을 직장에서 토로하였고 부정에도 가담하였다. 즉 관료들은 정의, 사랑, 봉사 등의 밝은 면이 아닌 부정적인 사고방식을 갖게 되어 될 대로 되라는 식이었다. 이제 로마인의 안식처는 없어졌으며 제국의 가장 기본단위인 가정은 파괴되었다. 사람들은 항상 불안정한 상태에서 현실에 집착하여 사욕을 추구하였으며, 이에 명예, 제국의 영광, 애국심은 점차 사라지게 되었다.

로마제국의 멸망

로마는 하루아침에 세워지지 않은 것처럼 하루아침에 무너지지도 않았다. 로마의 멸망만큼 역사가들의 관심을 끌고 수많은 논쟁을 불러일으킨 역사적 사건은 드물다.

로마가 멸망한 원인은 다양하게 해석된다. 우선 지속적인 해외 팽창을 통해 광대한 영토를 획득한 것이 오히려 로마의 몰락을 재촉하였다. 로마의 인구와 경제력으로 볼 때 무리하게 영토가 넓었다는 의미다. 지나친 영토 팽창으로 인해 국방비가 과도하게 지출되어 다른 분야의 균형 있는 발전을 저해한 요인이 되었던 것이다.

또한 로마 말기에 급속히 전파된 기독교가 로마 멸망의 원인으로 지적되고 있다. 로마인은 강인한 애국심과 공동체의식을 가진 민족이었고, 조상 중에 군인이 있음을 자랑스럽게 여겼다. 그러나 기독교가 널리 보급되자 일요일에는 국경을 지키는 군인마저 교회에 갈 정도였다.

역사학자 에드워드 기번이 『로마제국의 멸망』에서 밝혔듯이, 기독교는 국가에 대한 충성보다는 신에 대한 복종을 강조하고 평화를 찬양하여 로마의 미덕이던 강력한 군인정신을 약화시켰다. 또한 기독교는 내세의 행복과 구원을 강조하여 기존 사회의 해체를 추구하였기 때문에 로마 멸망의 원인이 되었다는 것이다.

로마가 멸망한 또 다른 원인은 왕위 승계에 명백한 절차가 확립되지 못하였다는 데 있다. 로마에는 황제가 갑작스럽게 사망했을 때, 후계자에 대한 규정과 전통이 없었다. 현대에는 대통령이나 수상이 암살당했을 경우 법으로 정한 절차와 규정을 따르게 된다. 그러나 이런 부분이 불확실했던 로마에서는 왕이 사망했을 경우 곧 정권 탈취를 위한 권력투쟁과 내란이 이어졌다. 마르쿠스 아우렐리우스 사후 병영황제 시대가 도래하여 군대의 동인과 무력에 의한 정권 탈취가 성행하게 된 것도 이 때문이었다. 이후 지방호족을 이끈 맹주들이 군사력을 동원하여 무력으로 황위를 찬탈하려는 음모가 지속되어, 로마 사회는 혼란과 무질서를 겪게 되었다.

왕위 쟁탈전은 수많은 내전을 불러일으켰고, 이는 농업과 무역에 막대한 지장을 초래하였다. 점령지역의 군인들은 농민을 착취하여 식량과 토지를 빼앗아 자신의 군대를 부양하였다. 그들은 '군인만 잘 부양하면 됐지, 국민들은 신경 쓸 것 없다'는 생각으로 착취와 약탈을 자행하였다. 전쟁과 함께 가난, 기아, 질병이 만연하여 수많은 목숨을 앗아갔다. 더욱이 질병과 내란으로 군인이 적어지고 전력이 약화된 틈을 타 외부세력, 특히 게르만족의 침입이 잇따르게 되었다.

노예는 로마의 물적 기반을 지탱해준 원동력이었다. 로마의 모든 생산 노동(특히 식량 생산)은 거의 전적으로 노예가 담당하였다. 그러나 노예는 인간으로 취급되지도 않았으며, 주인을 위해 일하는 '말하는 도구'에 불과하였다. 강요된 노동으로 생산성과 효율성이 떨어질 수밖에 없었다. 더불어 노예는 결혼이 금지되었기 때문에 그 수는 갈수록 줄어들었다. 더욱이 로마 말기에 노예는 농촌지역보다 공공 토목사업이나 귀족의 가내 하인, 그리고 원형 경기장에 검투사로 고용되었기 때문에 인적 손실이 컸다. 다시 말해 로마의 지배구조를 건실하게 유지하던 노예제도라는 하부구조가 붕괴되면서 로마의 몰락을 재촉하였던 것이다.

로마의 속주에는 행정관이 파견되어 통치하였는데, 이들은 행정과 군사를 위한 비용을 충당하기 위해 속주민들에게 과도한 세금을 부과하였다. 과세의 원칙이란 것이 없었다. 세금은 최소저항의 원칙에 따라 대부분 부담능력이 없는 평민들에게 부과되었다. 반면 부유한 원로원 귀족들은 세금을 면제받았고, 부유층은 영향력과 뇌물로 세금을 피해갔다. 이에 더해 상인,

고리대금업자, 징세 청부업자들이 속주에 몰려들어 속주민들을 착취하여 부를 축적하였다. 그런 후 다시 로마로 돌아와 부유층을 형성하였고, 사치와 과소비 등으로 방탕한 생활을 하였다.

앞서 언급하였듯이, 로마를 강건하게 만든 것은 애국심, 권위와 전통에의 복종, 용기, 명예, 자제력, 조국과 가족에 대한 충성심, 절제, 검약과 같은 공화주의 정신이었다. 그러나 말기에 이르러 공화주의 정신은 점차 쇠퇴하고, 개인주의, 물질주의, 퇴폐주의의 헬레니즘 문화가 도입되어 로마는 도덕적으로 점차 타락에 빠져들게 되었던 것이다.

기독교의 성립과 발전

#05

고대 말 서양의 문화적 특징을 결정짓는 중요한 변화는 기독교의 전파였다. 기독교는 유일신 여호와를 신봉하는 유대교를 모태로 시작되었다. 그러나 유대교의 형식적인 계율주의와 민족주의(선민사상)를 극복하고, 보편적인 사랑과 평등을 강조하여 서서히 로마 전역에 전파되었다. 기독교는 로마의 황제로부터 수차례에 걸쳐 박해를 받았지만, '순교자의 피는 교회의 씨앗' 이 되었다. 기독교는 로마의 사회적 혼란이 가중되던 3세기에 널리 확산되었고, 마침내 로마의 공식 국교로 지정되어 서방세계의 보편적인 종교로 발전하게 되었다.

기독교
종교개혁이 있기 전까지 기독교라는 말은 로마가톨릭이란 뜻으로 사용되었다. 즉 중세 사회에서 기독교란 말은 주로 가톨릭교회에 적용되었다.

메시아 예수의 등장과 행적

천사들에 둘러싸인 동정녀와 아기 예수

유대인들은 로마의 압제 아래서 많은 고통과 탄압을 받았다. 그러나 당시 사회 지도층이었던 대제사장과 율법학자들은 로마에 대항하기는커녕 자신들의 이익과 권위를 유지하기에 급급하였다. 이런 상황에서 로마로부터 직접적인 억압을 받고 있던 하층 백성들은 하느님이 메시아를 보내 지상에서 '신의 나라' 를 세우고 자신들을 구원해줄 것이라는 믿음을 버리지 않았다. 그런 상황에서 나타난 인물이 바로 예수였다.

나사렛 예수는 유대의 작은 마을 베들레헴에서 목수인 요셉과 마리아 사이에서 태어났다. 예수가 성장하는 동안 유대는 로마의 지배하에 있었다. 30세쯤 되던 해, 예수는 당시 유대민족의 선지자로 여겨지던 세례

예수의 탄생일
우리는 예수가 태어난 때를 서력기원 원년으로 보고 있지만, 이는 잘못된 것이다. 이런 오류는 6세기의 한 수도사가 연대를 잘못 측정하여 계산한 데서 비롯되었다.

요한을 찾아갔다.

요단 강가에서 예수를 만난 요한은 예수의 신성함을 한눈에 알아보았다. 요한은 "나는 그의 신발조차 들고 다닐 자격이 없는, 나보다 더 큰 이"라며 예수를 추앙하였다. 요한에게 세례를 받은 예수는 황야로 들어가 40일간 금식과 기도를 하며 고통과 유혹을 이겨냈다. 이후 3년간 예수의 생애는 신약성서에 잘 나타나 있다.

예수는 자신이 죄악으로부터 인류를 구원하는 사명을 가지고 온 메시아라고 믿었으며, 사람들에게도 그렇게 설파하였다. 예수는 12제자와 함께 갈리아 지방을 중심으로 가난하고 버림받은 민중들을 가르치며 하느님의 복음을 전파하였다. 그는 귀신을 좇아내고, 장님과 앉은뱅이를 고치며, 죽은 사람도 살리는 등 수많은 기적을 베풀며 많은 개종자들을 끌어 모았다. 예수는 당시 사람들의 타락과 탐욕, 허위와 위선을 비난하면서 겸허와 순수, 자기희생적인 사랑을 강조하였다. 이것은 권위적이며 쾌락을 추구하던 로마인의 기질과는 매우 상반된 것이었다.

오병이어의 기적

인종과 계층을 초월해서 가난하고 고통 받는 자가 신의 나라로 들어갈 수 있다는 예수의 설교는 유대 하층민의 마음을 사로잡았다. 예수에게는 유대교의 사제나 율법학자들과는 달리 위선적인 태도가 전혀 없었다. 예수는 보통 사람들이 쓰는 평범하고 쉬운 말로 복음을 전했다.

예수는 이웃을 자신의 몸처럼 사랑하라고 가르쳤으며, 하느님을 믿는다면 누구나 구원에 이르고 마음의 평화를 누릴 수 있다고 설교하였다. 또한 자신은 유대인을 해방시키거나 유대 국가의 부흥을 위해 온 것이 아니라, 전 인류의 구원을 위해 온 것이라고 강조하였다.

십자가를 지고 골고다 언덕으로 향하는 예수의 모습

예수의 십자가 처형

예수의 전도와 구원 활동은 마침내 일부 대제사장과 보수적인 율법학자들(바리새인)의 눈엣가시가 되었다. 특히 예수가 그들의 허세와 사치, 율법주의와 형식적인 예배의식을 통렬히 비판하는 것에 분노하였다. 그들은 또한 비천한 출신의 예수가 백성들의 존경과 지지를 받는 것을 못마땅해 했을 뿐만 아니라, 그의 파격적인 행동이 지금까지 자신들이 누려왔던 특권과 권위에 대한 도전이라고 생각하였다. 그리하여 바리새인 율법학자들은 예수가 신성을 모독하였으며, '유대인의 왕' 이라고 자칭하면서 민중을 선동하고 로마에 반란을 일으키려 했다는 죄목으로 예수를 고소하였다. 예수를 정치범으로 취급하였던 것이다.

유대인의 최고 재판소는 예수에게 사형을 선고한 후, 로마 총독 빌라도에게 예수를 인도하였다. 당시 유대인에게는 판결권만 있었으며, 집행권은 로마인 통치자가 가지고 있었기 때문이었다. 결국 예수는 바리새인들의 모함을 받고 예루살렘 교외의 골고다 언덕에서 십자가에 처형되었다. 십자가에는 '유대의 왕 예수' 라는 푯말이 붙었다.

예수의 십자가 처형은 기독교 역사상 절정을 이루는 사건이었다. 처음에 제자들은 예수의 죽음과 함께 모든 희망이 사라졌다고 생각하였다. 그러나 생전에 예수가 예언한 대로 죽은 지 3일 후에 부활했으며, 몇몇 제자들에게 나타나 유훈을 남기고 승천했다는 말이 전해졌다. 남은 제자들은 예수가 진정한 하느님의 아들이고, 모든 인간의 죄를 대신하여 처형당했으며, 마침내 부활하였다고 믿게 되었다. 이에 제자들은 용기를 되찾고 무리를 조직하여 예수의 이름으로 전도와 간증을 시작하였다. 이리하여 기독교가 탄생하게 되었다.

로저 반 데르 바이덴의 '십자가에서 내림'

순교자의 피는 교회의 씨앗

하느님 앞에서 모든 계급과 민족을 초월한 평등과 사랑을 내세운 기독교는 바울과 베드로 등 사도들의 열성적인 선교로 로마 전역에 널리 전파되었다. 기독교를 확장하는 데 가장 큰 공헌을 한 사람은 사도 바울이었다. 처음에 바울은 이교도로서 기독교도를 박해했으나, 예수를 만나 회개한 후 소아시아, 마케도니아, 그리스 등지에서 14년에 걸쳐 기독교를 전도하였다. 그러다가 네로 황제에 의해 로마에서 순교하였다. 바울은 예수의 가르침을 기록한 신약성서의 많은 부분을 체계화하였다.

카타콤
3세기경 기독교인들은 극심한 탄압을 피해 카타콤이라는 지하 공동묘지에 모여 몰래 예배를 드렸다. 다섯 층이나 되는 지하에는 좁은 복도가 10km나 거미줄처럼 뻗어 있다.

베드로는 로마에 들어가서 기독교단을 주재하고 교회의 기초를 마련하였다. 그는 로마의 박해를 피해 도주하던 중 예수를 만나고, 그처럼 십자가에 못 박히겠다는 각오로 다시 로마로 들어가 순교하였다. 로마인들의 기독교에 대한 증오는 대단하였다. 그들은 체포된 교인들을 원형경기장으로 몰아넣은 뒤 사자와 같은 맹수를 풀었다. 이런 이야기를 주제로 한 것이 영화로 더욱 유명해진 소설 『쿼바디스』이다.

이러한 사도들의 전도와 순교에 힘입어 하층민, 여성, 노예 등 억압받는 계층을 중심으로 신자들의 공동체인 교회가 곳곳에 세워졌다. 이렇게 기독교가 급속히 전파된 것은 지상의 부와 권력의 가치를 부정하고, 개인의 영혼 구원과 하느님 나라에서의 영원한 안식을 강조하였기 때문이었다.

기독교는 로마의 전통적인 다신교를

초기 기독교도의 지하묘지인 카타콤 내부

네로 황제의 기독교 박해
네로가 로마에 불을 질렀다는 의심을 받게 된 것은 그 전에 궁정 책임자에게 로마 궁전을 증축할 것을 수차례 제의했다가 거절당한 일이 있었기 때문이다. 다른 왕이었다면 강권으로 증축을 명령할 수 있었겠지만, 소심하고 내성적인 네로는 그러지 못하였다. 그러던 어느 날 로마 시내를 강타한 화재가 발생하였다. 모든 사람들이 두려움에 빠져 있는데 유독 네로만이 즐거워하는 태도를 보였다. 바로 이 점이 사람들의 의심을 샀으며, 그는 궁리 끝에 불 지른 범인을 기독교인들로 몰아세웠다. 그 결과, 기독교인들은 콜로세움에서 굶주린 사자에게 희생되었다.

부정하고 하느님만 믿는 유일 신앙을 고수하였다. 그러면서 국가적 권위보다 종교적인 권위를 우선시하였다. 기독교인은 유일신을 믿었기 때문에 이교 제단에 제물을 바치거나 국가에 의해서 신격화된 황제 숭배를 거부하였다. 기독교인들은 또한 평화의 복음을 설파하였고, 로마 군대에 복무하는 것을 달갑지 않게 생각하였다. 더욱이 모든 민족과 계급을 초월하여 평등을 내세운 기독교는 당시 로마의 사회질서를 위협하는 것으로 인식되었다. 이런 이유로 기독교는 아홉 번에 걸친 대박해를 겪게 되었다.

기독교에 대한 박해는 네로가 64년 로마의 대화재를 기독교인들의 탓으로 돌린 데서부터 시작되었다. 디오클레티아누스 황제의 박해는 마지막이자 가장 혹독한 것이었다. 교회가 파괴되고 집회는 금지되었으며 성서는 불태워졌다. 기독교 신자인 관료들은 공직에서 추방되었고, 자유민 가운데 기독교 신자들 역시 법의 보호를 박탈당했다.

수차례에 걸친 조직적인 박해에도 불구하고 기독교의 기세는 꺾이지 않았다. 기독교인들은 감시를 피해 카타콤이라는 지하묘지에서 예배를 드렸으며, 수많은 박해 속에서도 신앙을 지켰다. '순교자의 피는 교회의 씨앗'이 되었던 것이다. 그리하여 3세기경에는 하층민뿐 아니라 로마의 지배층 내부에도 수많은 신자가 생기게 되었으며, 4세기경에는 하나의 거대한 사회조직으로 성장하였다.

로마의 정식 국교로

로마의 기독교 탄압은 콘스탄티누스 황제 때에 이르러 변화를 겪게 되었다. 기독교를 적대시하는 통치 방식이 효과적이지 못하다고 판단한 콘스탄티누스 황제는 기독교를 포용하는 정책을 실시하였다. 그의 왕비마저 기독교 신자일 정도로 이미 로마에 확산된 기독교를 굳이 적으로 돌릴 필요가 없었던 것이다. 그리하여 313년 밀라노 칙령(신앙 관용령)을 통해 기독교를 공인하였으며, 자신도 기독교로 개종하여 기독교의 보호자가 되었다. 또한 기독교인들에게도 로마 시민과 동등한 사법상의 권리를 인정하였고, 성직자에게는 면책과 특권을 허락하였다.

더 나아가 콘스탄티누스는 당시 교회 내부에 존재했던 신학상의 분쟁을 종식시키기 위하여 325년 니케아 종교회의를 열었다. 이 회의에서는 예수 그리스도를 신의 아들로 인정한 아나타시우스파를 정통으로 인정하였다. 반면 예수는 신이 아니라 신에 가까운 인간이라고 주장한 아리우스파를 이단으로 규정하였다. 이리하여 삼위일체설(하느님, 하느님의 아들 예수 그리고 성령은 하나이며 불가분의 관계라는 주장)이 기독교의 교리로 인정되었으며, 예수의 신성함을 부정한 아리우스파는 로마에서 추방되었다.

로마가 기독교를 공인한 것은 기독교를 이용하여 점차 약해지고 있던 왕권을 강화하려는 이유에서였다. 로마에서는 관습상 황제가 종교의 최고 수장인 교황의 역할까지 겸하고 있었다. 로마의 전 국민이 기독교 신자인 점을 감안하면, 이것은 매우 중요한 의미를 담고 있다. 왜냐하면 황제를 몰아내려는 음모가 언제 발생할지 모르는 상황에서, 황제에 대한 반역은 곧 신에 대한 반역이 되기 때문이다. 따라서 기독교는 황제의 신성한 권한을 부정하던 존재에서 어느덧 왕권을 지탱하는 수단이 되었다.

한편, 교회 내에서는 성직자와 일반 신도의 구별이 생겨나면서 조직이 서서히 확립되었다. 사도의 지위를 계승하였다고 인정되는 사람들이 주교로서 각지의 교회를 통치하였다. 특히 사도 베드로의 후계자로 간주된 로마 주교는 교황으로 불렸다. 기독교가

콘스탄티누스 대제와 기독교

콘스탄티누스 대제는 312년 막센티우스와 전쟁을 하기 전에 이런 꿈을 꾸었다. 하늘에서 십자가 모형이 나타나더니 전쟁 중에 그 불빛을 따라 정복하라는 신의 계시가 있었던 것이다. 그는 그와 같은 신의 계시를 받들어 싸운 결과 승리를 거두었다. 이를 계기로 기독교로 개종한 콘스탄티누스는 313년 밀라노 칙령을 발표하여 기독교를 공인하였다. 그는 기독교인들에게 신앙의 자유를 인정하고 후원자로서의 역할을 함으로써 서구 기독교 문화를 창출하는 데 초석을 놓았다.

마사치오, '성삼위일체' (1425)

공인된 후에는 로마의 행정조직에 준하여 성직자 계층의 위계질서가 확립되었다.

마침내 392년 테오도시우스 황제 때에는 기독교가 로마 국교로 선포되었다. 이처럼 기독교는 로마에서 극적인 변화를 겪었다. 처음에는 가혹한 박해를 당하고, 다음에는 법적인 종교로 인정되었으며, 나중에는 반드시 믿어야만 하는 종교로 변하게 된 것이다. 그리하여 기독교는 로마제국의 거대한 정치조직과 교회조직을 통하여 서방세계의 보편적인 종교로까지 발전하였다.

로마의 주교가 교황이 되었던 이유

로마의 주교가 교황이 될 수 있었던 이유는 로마가 당시 세계의 중심지였던 로마제국의 수도였으며, 선교와 순교의 발상지로서 로마교회의 영광을 빛나게 한 곳이었기 때문이었다. 그러나 이보다 더 중요한 이유는 로마교회가 예수의 12사도 중 수제자였던 베드로에 의해 창건되었다는 데 있었다. 베드로(peter)는 그리스어로 돌(반석)을 뜻하는 말이다. 성경에 의하면, 예수는 "나의 교회를 이 반석 위에 세울 것"이라고 말했는데, 그 말은 베드로의 이름과 부합하였다. 따라서 이 땅에서 하나님의 권위는 예수에서 베드로에게, 그리고 로마교황에게 계승된다는 논리이다. 이런 이유로 로마에는 교황청이 들어섰고, 로마의 주교를 교황(pope)이라 불렀으며, 이 교황이 서방 기독교 세계를 지배하게 되었다.

최초의 로마교황 베드로가 기도하는 모습

Theme 3

중세 유럽의 형성과 변화

유럽 세계의 형성

#06

지중해 세계를 통합하였던 로마제국이 멸망한 후 유럽은 게르만 민족의 이동으로 인한 공백기가 이어졌다. 그리하여 지방분권적인 봉건사회가 나타났으며, 비로소 문화·역사적 개념으로서 유럽 세계가 출현하게 되었다. 중세의 유럽 문명권은 크게 로마가톨릭의 세계인 서로마 중심의 프랑크 문명권, 그리스정교 세계였던 동로마 중심의 비잔틴 문명권으로 양분되어 발전하였다.

게르만 민족의 이동과 서유럽 국가의 탄생

유럽이란 말은 어둠을 뜻하는 그리스어인 '에레부스(erebus)'에서 유래되었다. 고대인들은 유럽에 대해 해가 진 후의 어둠과 같이 나무가 빽빽이 들어찬 어두운 숲의 인상을 갖고 있었다. 그리고 유럽인을 숲에 사는 야만인이라고 생각하였다. 인도유럽어족에 속하는 게르만족의 기원은 분명하지 않으나, 스칸디나비아 반도의 발트 해 연안에서 파생한 민족으로 추정된다. 게르만족은 초기에 숲에 살면서 목축과 수렵에 종사하였으나, 점차 농업의 비중이 커지면서 기름진 땅을 찾아 남쪽으로 이동하기 시작하였다. 그리하여 기원전 2세기에는 로마제국과 경계를 이루는 라인 강과 다뉴브 강 유역까지 진출하였다.

카이사르의 『갈리아 전기』와 로마의 역사가 타키투스의 『게르마니아』는 초기 게르만 사회의 생활상을 알려주는 대표적인 문헌이다. 민족 이동 전에 게르만족은 원시적인 씨족공동체를 형성하였다. 그들은 몸집이 크고 체력이 강인했으며, 활동적이며 용감하고 신의가 있었다. 반유목민이었던 게르만족은 목축으로 생계를 유지하면서 가끔 사냥과 어로에 종사하였다. 초기에는 씨족 중심의 원시공동체 사회였으나, 인구가 증가되고 철제 농기구의 사용으로 생산력이 증대되자 점차 부족사회로 발전하였다.

게르만의 사회계급은 수장, 귀족, 자유민, 노예로 나뉘어 있었으며, 그중 자유민이 절대다수를 차지하였다. 귀족과 자유민은 군사적인 주종관계를 맺고 있었다. 자유민 전사들은 수장에게 충성을 맹세하며 군사적 봉사를 하였으며, 수장은 전사들에게 무기, 식량, 의복 등을 제공하였다. 전쟁에서 승리했을 경우 수장은 자신의 전사들에게 전리품을 아낌없이 나누어주었다. 이처럼 수장과 자유민 간의 상호보호와 의무의 관계는 훗날 봉건적 주종관계의 기틀이 되었다.

이와 같이 형성된 군사동맹체와 약탈을 위한 빈번한 전투로, 게르만족은 호전적인 성격을 갖게 되었다. 그들은 용기를 가장 큰 미덕으로 숭상하였

게르만족의 촌락을 습격하는 로마인

다. 타키투스는 『게르마니아』에서 게르만족의 육체적 특징을 다음과 같이 묘사하였다. '파란 눈, 불그스름한 머리카락. 공격할 때는 유난히 강하지만 심한 노동에는 약한 거구. 더위와 갈증은 참지 못하지만 추위와 굶주림에는 단련이 잘되어 있다.'

이런 호전적인 성격과 강력한 전사단체를 형성하였던 게르만족은 기후 변화, 인구 증가, 농경지 부족 등의 현실적인 문제를 해결하기 위하여 로마로 끊임없이 침입을 시도하였다. 로마에는 화려한 문명, 물질적인 풍요와 좋은 기후 그리고 기름진 토양이 있었기 때문이었다. 이에 대항하여 기원 1세기 말 로마의 도미티아누스 황제 때는 라인 강과 도나우 강 사이에 성벽을 쌓아 게르만의 침입에 대비하였다. 그러나 귀족들의 사치로 국가 방어 능력이 크게 위축된 제정 말기에는 게르만족을 소작인으로 삼아 농업에 종사시키거나 용병으로 고용하여 국경을 지키게 하였다. 이처럼 게르만족은 대이동 전부터 로마 영내에 터전을 잡고 있었던 것이다.

이후 375년, 중앙아시아의 유목민인 훙노족이 흑해 연안의 동고트족을 정복하고 서고트족을 위협하자, 이에 공포를 느낀 서고트족은 다뉴브 강을 건너 로마제국 영토 안에 들어가 보호를 요청하였다. 이후 서고트족은 폭도로 변했으며, 이를 계기로 다른 많은 게르만족이 대이동을 시작하였다. 게르만족의 로마 영내로의 진입이 증가하면서 상당수의 게르만 병사들이 로마 군단에 들어가게 되었다. 그러다 4세기 말에 이르러서는 게르만족이 로마 출신보다 훨씬 많게 되었다. 로마군의 성격이 바뀐 것이다.

게르만족의 대이동(4~6세기)

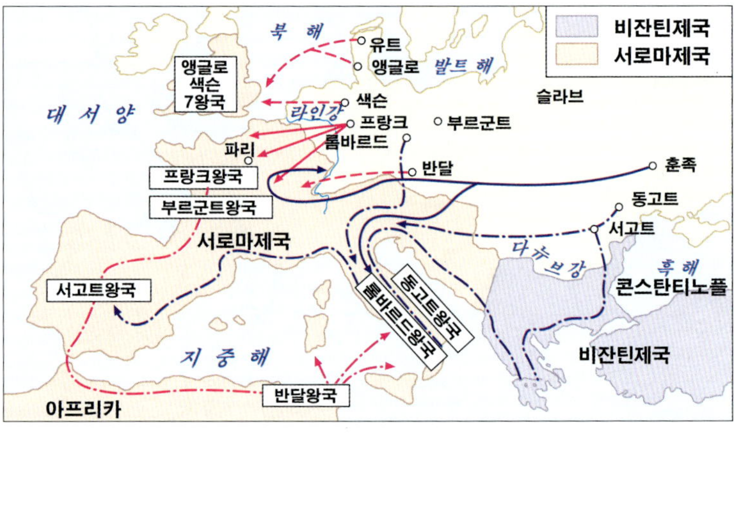

로마 출신 병사는 동료 게르만족을 따라 모피 바지와 망토를 걸치고, 게르만족과 같은 함성을 지르며 적진으로 돌진하였다. 때로는 정연한 로마식 대오 대신 게르만족처럼 쐐기 모양의 진지를 치고 싸우기도 하였다. 제국의 국방예산을 '게르만족 예산'이라고 부를 정도로 게르만족의 영향력은 점점 커져갔다.

200여 년에 걸친 게르만족의 대이동에서 서로마제국의 수도인 로마는 세 번이나 불타는 수난을 겪기도 하였다. 게르만족의 이동으로 로마제국은 395년 동서로 분열되었으며, 그 후로 혼란과 무정부 상태가 이어졌다. 이 틈을 타 게르만의 여러 부족이 제국 내의 모든 지역을 휩쓸고 다녔다. 그러다 476년 게르만 용병대장 오도아케르에 의해 서로마제국은 결국 역사 속으로 사라지고 말았다.

이후 로마제국의 영토 안에 서고트왕국(후에 사라센에 멸망), 동고트왕국(동로마에 의해 멸망), 반달왕국(동로마에 의해 멸망), 부르군트왕국(프랑크왕국에 의해 멸망), 롬바르드왕국(프랑크왕국에 의해 멸망), 프랑크왕국 등 수많은 게르만 왕국이 건설되었다. 이로써 서유럽에 새로운 여러 민족들이 형성되는 기틀을 마련하였다.

로마인은 제국의 멸망을 참담하게 지켜보고 게르만족의 지배에 복종해야 했다. 지중해에 번성했던 찬란한 문명은 거의 파괴되었다. 이러한 상황에서 그나마 로마인에게 마음의 안식처를 제공한 것이 기독교였다. 한편, 게르만족의 이동으로 로마가 멸망했다고는 하지만, 로마를 침입한 게르만족의 수는 로마인의 약 3%에 지나지 않았다. 더욱이 그들은 로마의 높은 문화 수준에 심취했으며, 정치면에서도 로마의 제도를 채용하였다. 특히 민심을 수습하고자 기독교를 수용하는 등 로마의 문화유산을 계승하는 데 힘썼다. 이로써 야만인이라고 불리던 게르만족이 로마의 뒤를 이어 유럽 중세문화의 계승자가 되었던 것이다.

프랑크왕국의 성립과 분열

세례를 받는 클로비스의 모습

게르만이 세운 국가들은 대부분 서로간의 정치적 대립이나 로마와의 문화적 이질감을 극복하지 못해 단명하였다. 그러나 프랑크왕국은 달랐다. 프랑크왕국이 서유럽 세계의 새로운 주역으로 등장할 수 있었던 데는 그럴 만한 이유가 있다.

프랑크족은 원주지를 버리지 않고 팽창하는 식으로 이동했기 때문에 지역적 기반이 단단하였다. 또한 이들이 이동한 갈리아 지방은 로마제국의 변경이었기 때문에 로마 문명의 영향을 받으면서도, 어느 정도 프랑크의 독자성을 유지할 수 있었다. 무엇보다도 가장 중요한 이유는 프랑크왕국을 창건한 메로빙거 왕조의 클로비스가 다른 게르만족과 달리 삼위일체설을 주장하는 아나타시우스파로 개종하여 로마인과 융화할 수 있었다는 것이다.

프랑크왕국은 이를 바탕으로 한때 벨기에와 프랑스 지방을 지배할 정도로 번성하였다. 그러나 클로비스가 죽은 후 게르만의 전통에 따라 분할 상속이 이루어졌는데, 이에 나이 어린 왕들이 계속 즉위하면서 내분이 빈번하게 발생하였다. 이런 혼란 속에서 7세기 말부터는 왕령을 관리하고 근위병을 장악하고 있던 궁재(宮宰)가 실권을 장악하게 되었다. 궁재 중에서 가장 유명한 이는 칼 마르텔이다. 그는 732년 이베리아 반도로부터 침입한 이슬람 군대를 푸아티에 전투에서 격퇴하였다. 마지막 순간에 서유럽 기독교 세계를 지켜낸 것이다.

마르텔의 아들 피핀은 751년 쿠데타를 일으켜 국내의 반란세력을 제거하고, 로마교황의 양해 하에 왕위에 즉위하여 카롤링거 왕조를 열었다. 피핀은 후에 교황이 새 왕조를 승인해준 데 대한 답례로 이탈리아를 원정하여

칼 마르텔

7~8세기 이슬람교도는 기병을 이용하여 '대정복운동'을 전개하였다. 이슬람 군은 이베리아 반도의 서고트족을 멸망시켰고, 그 여세를 몰아 피레네 산맥을 넘어 프랑크왕국으로의 침입을 계획하였다. 이로 인하여 서유럽의 기독교 세계는 커다란 위기에 처하게 되었다. 이때 마르텔은 보병에 의존해서는 기병을 주축으로 기동성이 뛰어난 이슬람 군에 맞설 수 없다고 판단하였다. 시간은 촉박하였고, 단기간 내에 기병을 육성하기란 거의 불가능하였다. 이에 마르텔은 국유지 일부와 몰수한 교회 토지를 사병들에게 지급하고, 토지로부터 나오는 수익으로 말을 구입하여 군사 훈련에 참가하도록 명령하였다. 그 결과 강력한 직속 기병대가 탄생하게 되었다. 마침내 732년경 마르텔의 병사들은 푸아티에 전투에서 이슬람 군을 격퇴하여 서유럽의 기독교 세계를 지켜낸 것이다.

왼쪽_ 찰스 대제
위_ 궁재 칼 마르텔
아래_ 푸아티에 전투

로마교회를 위협하던 롬바르드왕국을 물리치고 이탈리아 북부와 중부를 차지하였다. 피핀은 754년 라벤나 지역의 토지를 교황에게 기증하였는데, 이것이 바로 교황령의 기원이 되었다. 이로써 교권과 왕권의 최초 결탁이 이루어지게 되었다.

로마 전통의 계승자, 찰스 대제

이러한 로마교회와 프랑크왕국과의 제휴관계는 피핀의 아들로서 중세의 가장 위대한 통치자로 불리는 찰스 대제 시대에 이르러 더욱 강화되었다. 찰스 대제는 중세기에 가장 위대한 업적을 남긴 인물로서, 재위 40여 년 동안 서로마제국의 대부분을 회복하여 서유럽 일대에 대제국을 건설하였다. 그는 점령지역에 포교단을 파견하여 로마가톨릭의 보급에 힘써 교황 레오 3세로부터 '로마인의 황제' 라는 칭호를 부여받았다.

800년 크리스마스, 로마교황 레오 3세는 로마의 성 베드로 성당에서 찰스 대제에게 왕관을 씌워주는 대관식을 거행하였다. 이로써 찰스 대제는 교황에 의해 로마 황제들의 계승자이자 기독교 세계의 지도자로 인정된 것이다. 이는 476년 서로마제국 멸망 이래, 황제가 존재하지 않았던 유럽에 게르만 출신 황제가 탄생한 것을 의미하였다. 이른바 로마제국의 전통이 게르만 군주에 의해 부활한 것이다. 이를 통해 교권과 세속권, 즉 종교계의 지도자인 교황과 세속적 지도자인 황제가 각각 지배하는 이중 구조가 형성되었다.

••
왼쪽_ 찰스 대제의 황제 대관식
오른쪽_ 찰스 대제에게 충성을 맹세하는 브르타뉴의 후작 롤랑

찰스 대제는 군현제를 실시하고, 각 지방에 순찰사를 파견하여 지방행정을 감독하는 강력한 중앙집권체제를 수립하였다. 그는 또한 학문과 교육의 부흥에 힘써 각지에 수도원 학교나 왕립학교를 세웠으며, 라틴어와 고전을 부활시켜 중세 학문의 발전에 크게 기여하였다. 더불어 궁전과 사원을 건축하고 예술을 장려하여 소위 '카롤링거 왕조의 르네상스'라고 불리는 문화적 번영기를 이룩하였다.

찰스 대제가 사망한 후 황태자 루이 1세가 왕위를 계승하였다. 그러나 토지를 분할 상속하는 관습에 따라 그의 세 아들 사이에 영토를 쟁탈하는 내란이 발생하였다. 그리하여 루이 1세가 죽은 후 843년 베르덩 조약에 의해 왕국이 셋으로 분할되었다. 장자 로타르는 황제의 직위와 함께 중부 프랑크와 이탈리아를, 찰스는 서프랑크(프랑스)를, 루드비히는 동프랑크(독일)를 차지하였다. 그 후 로타르가 죽자 870년 메르센 조약으로 동서 프랑크가 다시 균등하게 분할되고, 로타르의 아들은 이탈리아의 제위만 가지게 되었다. 이

찰스 대제의 왕관

들은 각각 오늘날 프랑스, 독일, 이탈리아의 기원이 되었다.

노르만족의 침입과 유럽의 형성

프랑크왕국이 분열하여 내부적인 혼란을 겪고 있는 틈을 타 여러 이민족의 침입이 이어졌다. 남쪽으로는 아랍인, 동쪽으로는 마자르인(헝가리인), 북쪽으로는 노르만인이 침입하였다. 이때 가장 오랫동안 가장 넓은 지역을 휩쓸고 다녔던 민족이 노르만족이었다.

북방인을 뜻하는 노르만족은 스칸디나비아 반도와 덴마크 지역에 살면서 주로 어업과 상업에 종사하였다. 그러나 기후 조건이 나쁜 데다가 인구가 증가하면서 농지가 부족해 적극적으로 교역에 나서거나 다른 곳으로 이주해야만 했다. 노르만족은 9~11세기의 약 200년에 걸쳐 유럽 전역의 해안과 하천은 물론 내륙까지 침입하여 약탈을 자행하였다. 이들의 침입으로 유럽의 도시와 수도원이 약탈되었으며, 경작지는 방치되어 황무지로 변할 정도였다. 당시 이들은 '바이킹' 이라고 불리며 공포의 대상이 되었다.

프랑크왕국의 분열

바이킹 전사들이 믿는 진리 중 하나는 '나는 내 힘을 믿노라' 였다. 그들에게 꼬리표처럼 따라다니는 잔인성과 용맹한 기질이 드러나는 대목이다. 그러나 알려진 것처럼 바이킹이라고 해서 모두 해적질과 약탈을 일삼은 것은 아니었다. 그들은 목축과 농경도 했으며, 모피를 수집하여 판매하기도 하였다. 단지 여러 활동 중에서 유독 뛰어난 성능을 가진 바이킹 선박과 잔인한 약탈

바이킹선의 모습

행위가 사람들에게 각인된 것이다.

바이킹은 찰스 대제 때 프랑크왕국의 연안을 약탈하고 내륙 깊숙이 침입하였다. 이들의 침략을 막아내기 역부족이었던 서프랑크 국왕 샤를 3세는 912년 노르만의 우두머리인 롤로를 노르망디 공(公)으로 책봉하였다. 동시에 세느 강 하류지역의 땅을 주고 기독교를 믿도록 하여 뒤에 침입하는 노르만족을 방어하도록 하였다. 이 지역을 '노르망디' 라고 부르는 것은 이 같은 역사적 이유 때문이다. 이곳의 노르만족은 후에 언어와 관습에서 프랑스에 동화되었다. 그리고 1066년에는 노르망디 공 윌리엄이 영국을 정복하여 노르만 왕조를 개창하였는데, 이것이 오늘날 잉글랜드의 기원이 되었다.

바이킹선

바이킹선 하면 언뜻 놀이동산의 기구가 떠오른다. 바이킹 선박은 보통 길이가 30m, 중앙 폭이 5m 정도의 40인승으로 약 10노트의 속도를 낼 수 있었다. 머리와 꼬리 부분이 높이 휘어 올라가 거친 바다의 풍랑에도 잘 견디며, 얕은 강가도 거슬러 올라가기 쉽게 제조되었다. 바이킹족은 이 배로 내륙 깊숙이 침입하여 약탈과 방화를 일삼았기 때문에 주변 국가들에게 공포의 대상이 되었다.

스웨덴 지방에 있던 노르만의 일파인 루시족은 862년에 슬라브족의 땅으로 진출하여 키예프공국을 건설하였다. 이것이 오늘날 러시아의 출발로, 러시아는 루시(Russ)라는 말에서 온 것이다. 한편 프랑스의 노르만족은 11세기 초 지중해에 진출하여 남부 이탈리아에 나폴리왕국을 건설하였다. 12세기 초에는 이슬람의 지배하에 있던 시칠리아를 정복하고 시칠리아왕국을 건설하였다. 원주지에 남아 있던 노르만인들은 스웨덴, 덴마크, 노르웨이 등을 세웠으며, 그 후 아이슬란드와 그린란드까지 진출하고 일부는 북아메리카 대륙으로 건너갔다. 콜럼버스가 1492년 신대륙을 발견하기 수백 년 전에 바이킹족은 이미 대서양을 횡단하여 아메리카까지 진출하기도 하였다.

비잔틴제국의 성립

비잔틴제국의 성립은 과거 로마의 위기에서 비롯되었다. 4세기 말 로마제국은 온통 위험에 싸여 있었다. 로마의 적은 라인 강과 다뉴브 강에 거주하는 게르만족, 아라비아의 유목민 그리고 훈족이었다. 특히 언제 어디로 덮칠지 모르는 훈족은 로마의 경계 대상 1호였다. 결국 로마는 막대한 비용을 들여 50만 명이 넘는 군대를 유지했으나, 약 1만 6,000km에 달하는 넓은 국경을 지키기에는 역부족이었다.

비잔틴제국의 발전

이러한 대외적인 위급상황에 대처하여 큰 결단을 내린 인물이 콘스탄티누스 황제이다. 그는 이제까지 제

국의 모든 영화와 번영을 이끌었던 수도 로마를 콘스탄티노플로 옮겼다. 천도는 정권 유지 차원을 넘어 국가 존망을 좌우하는 일이었다. 더욱이 수도 로마는 제국의 상징이자 서양 고대문명을 성립시킨 곳이었다. 그럼에도 황제가 콘스탄티노플로 수도를 옮긴 이유는 과연 무엇이었을까?

우선 로마제국이 아주 대조적인 성격의 동서 지역으로 나뉘어 있었기 때문이다. 그리스에서 이집트까지 지중해의 동쪽 끝을 둘러싸고 있는 지역은 상대적으로 훨씬 풍요로우며 인구도 많았다. 문화는 다분히 그리스적이고도 국제적이며 도시적이고 상업적인 성격을 띠고 있었다. 반면 서쪽은 동쪽보다 면적은 넓지만 가난하고 농촌적인 성격이 짙었으며 상업도 발달하지 못하였다. 특히 황제는 국가방어를 최우선 과제로 삼았는데, 새로운 수도 콘스탄티노플은 유럽과 중동 사이의 전략적 요충지이자 국제무역의 중심지였다. 결국 난공불락의 요새로 구축된 콘스탄티노플은 그 후 1,000년 동안 비잔틴 문명의 중심지가 되었다.

그러나 어떤 점에서 콘스탄티노플로의 천도는 잘못된 판단일 수 있었다. 왜냐하면 천도로 인해 동쪽 지역의 안전은 다질 수 있었으나, 로마제국 전체를 강화한 것은 아니기 때문이다. 콘스탄티노플이 방어태세를 공고히 하자 게르만족은 화살을 서쪽으로 돌려 공격을 개시하였다. 395년 로마제국이 동서로 분열된 이후, 서로마제국은 게르만족의 침입을 받아 476년에 멸망하였다. 그러나 동로마제국은 1453년 오스만 투르크에 멸망할 때까지 로마 문명의 계승자로서의 위치를 유지하였다.

비잔틴과 서유럽의 반목

비잔틴은 그리스어를, 서유럽은 라틴어를 사용하였다. 서유럽은 라틴인과 게르만족을 주축으로 구성되었으나, 비잔틴은 주로 그리스인, 슬라브인, 아르메니아인으로 구성되었다. 서유럽은 지방분권적인 봉건사회였으나, 비잔틴은 잘 조직된 행정체제를 갖춘 대제국으로 남아 있었다. 서유럽은 거의 모든 생활을 농업에 의존하였으나, 비잔틴은 주로 상업과 무역으로 부를 축적하였다. 11세기 전까지 서유럽에는 거의 도시가 없었으나, 비잔틴은 콘스탄티노플과 데살로니카와 같은 큰 도시를 갖고 있었다. 9세기경 비잔틴 황제는 라틴어를 '야만인이 쓰는 언어' 이며, 서유럽인을 '암흑의 자손' 이라며 비아냥거렸다.

서유럽도 비잔틴을 달가워하지 않았다. 서유럽이 가톨릭의 라틴 문화권이라면, 동유럽의 비잔틴제국은 슬라브 문화권에 속했다. 따라서 서유럽인의 시각으로 비잔틴인은 이단처럼 보였다. 비잔틴은 문화적으로 서유럽에 지대한 영향을 끼쳤으나 서유럽은 그 사실을 인정하는 데 극히 인색하였다. 더욱이 서유럽인들은 "비잔틴 족속들은 오직 배반하기 위해 사는 인종이니, 무슨 말을 하더라도 믿지 말라" 며 노골적으로 적대감을 드러냈다.

비잔틴의 종교, 그리스정교

비잔틴의 종교인 그리스정교는 명칭만 다를 뿐이지 교의상 로마가톨릭과 별 차이가 없었다. 굳이 차이가 있다면 9세기 후반 그리스교회가 '성령은 성신으로부터 나온다' 고 주장한 데 반해, 로마교회는 '성자한테서도' 라는 한마디를 덧붙인 것뿐이다. 그러나 당시의 기독교 교회는 화상숭배에 관한 논쟁으로 결국 11세기 중엽 로마가톨릭과 그리스정교로 양분되었다. 이리하여 동로마제국은 로마가톨릭 교회와 달리 황제 교황주의에 의한 독특한 교회조직을 형성하였다.

동서 교회를 분리시킨 화상(畵像)숭배 논쟁은 예수나 성모 마리아와 같은 성자들의 신상이 숭배될 수 있는가 하는 문제서부터 출발하였다. 처음에는 이러한 화상을 교회 안에 두는 것이 하나의 관행이었다. 그러나 비잔틴 황제 레오 3세는 725년 우상금지령을 발표하여 화상숭배를 강력히 금지하였다. 레오 3세는 이에 반대하는 성직자들을 탄압하였고, 당시 콘스탄티노플 교회의 주교를 사형에 처하기까지 하였다. 로마교황 그레고리우스 2세가 레오 3세의 조치에 항의하자 동서 교회는 결정적으로 갈라서게 되었다.

그리스정교 하에 있던 비잔틴제국은 종교적 사항을 황제의 통제 아래 두었다. 교회의 수석 대주교인 콘스탄티노플 주교는 원칙상 주교회의에서 선출되었다. 그러나 황제가 선출과정에 직접 개입하여 결국 황제권과 교황권이 일치하는 체제가 이루어지게 되었다. 황제는 직접 교회 운영을 간섭하지는 않았으나 교리 문제까지 관여할 수 있는 권한을 가지고 있었다. 지상에서 신의 대표자가 된 황제는 성직자를 손아귀에 넣어 교회를 국가교회로 전락시켰다.

비잔틴의 문화, 모자이크와 소피아 성당

비잔틴 문화의 특색이 가장 잘 나타난 것은 미술 분야이다. 그중 대표적인 회화양식은 모자이크였다. 모자이크는 채색된 유리조각이나 작은 돌을 시멘트로 붙여 만든 것으로, 테두리를 금분으로 칠한 것이 많았다. 르네상

유스티니아누스 황제
비잔틴제국의 전성기를 이룩하였던 지중해 연안의 옛로마제국의 영토를 되찾고 '유스티니아누스' 법전을 편찬하였으며 성 소피아 성당을 세웠다.

스 시대의 회화는 사실적이고 입체적이었으나, 비잔틴의 모자이크는 부자연스러운 평면구도로 전체적으로 비사실적인 모습을 보였다. 젖은 회반죽벽에 도료를 사용하여 직접 그리는 프레스코화도 유행하였다. 이것은 모자이크보다 비용이 적게 들어 모자이크 대용품으로 이용되었다. 이밖에도 상아세공, 금속과 유리제품, 직물업 등이 고도의 기술과 예술적 가치를 지니고 있다.

비잔틴 건축의 걸작 소피아 성당

비잔틴의 대표적인 건축물로는 유스티니아누스 황제가 수도 콘스탄티노플의 위상을 높이기 위해 축조한 성 소피아 성당이 있다. 이 성당은 웅장하고 화려하여 종교적 위엄을 잘 드러내고 있으며, 우수한 건축 공법과 기술을 유감없이 발휘한 건축물이다. 소피아 성당은 페르시아의 돔과 로마의 바실리카 양식이 결합된 것으로, 외부는 웅장하지만 내부는 다채로운 대리석과 화려한 모자이크로 장식돼 있어 환상적인 미의 세계를 보여준다. 인부 1만 명을 동원하여 5년에 걸쳐 완공된 소피아 성당은 둥근 지붕의 높이만 해도 지상으로부터 60m에 달할 정도로 장대한 규모를 자랑한다. 소피아 성당은 9세기 동안이나 기독교의 궁정사원으로 사용되었다.

소피아 성당

유스티아누스 황제 시대의 번영의 상징이었던 소피아 성당은 5년 동안 매일 1만 명의 인력을 동원하여 완성되었다. 직경 31m, 높이 56m의 원형 지붕(돔)은 화려한 벽화와 모자이크로 장식되었다. 이 성당이 완공되었을 때, 유스티아누스 황제는 "솔로몬이여, 내가 그대를 이겼노라"라고 말했다고 전해진다.

비잔틴제국과 서유럽의 비교

구분	비잔틴제국	서유럽
종교	그리스정교	로마가톨릭
	황제교황주의	교황과 황제의 분리
정치	관료제 · 군관구제	봉건제
	중앙집권적 체제	지방분권적 체제
문화	비잔틴 문화권	게르만 문화권
경제	상공업 발달	농업 발달
공용어	그리스어	라틴어
건축	성소피아 성당	쾰른 · 노트르담 성당

#07 이슬람 세계의 형성과 문화

서유럽의 프랑크 문명 및 비잔틴 문명과 더불어 서양 중세를 형성한 또 다른 세력은 아라비아의 이슬람 문명권이다. 지금까지 역사에 등장한 일이 없었던 아라비아 지역에 7~8세기 들어 순식간에 유럽과 아프리카, 아시아에 걸친 대제국이 건설되었다. 부족 단위로 뿔뿔이 흩어져 유목생활을 하던 아라비아인들을 단결시켜 강력한 정치적 통일체를 이룩한 힘은 알라신을 섬기는 이슬람교에 있었다. 이슬람교도들은 오늘날 전 세계 인구의 약 1/7을 차지하며, 공통의 신앙과 생활방식을 유지하고 있다.

마호메트와 이슬람교

대천사 가브리엘이 하늘에서 내려와 알라신의 계시를 마호메트에게 전하고 있는 장면

온통 사막이었던 아라비아 반도는 6세기 초까지 부족끼리 다투고 온갖 미신이 성행하던 낙후된 지역이었다. 아라비아인들의 대부분은 베두인족으로 낙타를 타고 다니는 유목민이었다. 그러나 6세기 후반에 들어 아시아와 아프리카를 왕래하던 대상(隊商)이 아라비아를 통과하면서 교역이 증대되고 도시들이 성장하였다. 이런 상황에서 성장한 도시가 메카였다. 메카는 주요 통상의 길목이었을 뿐 아니라, 수많은 아라비아의 부족들이 숭배하던 흑석을 안치한 카아바 신전이 있는 곳이기도 했다. 마호메트가 등장한

것은 바로 이런 시기였다.

마호메트는 570년경 메카의 한 귀족 가문에서 태어났다. 그는 어린 나이에 부모를 여의고 친지들의 손에 양육되면서 정규교육을 받지 못한 채 가난한 목동으로 자라났다. 그러다 청년이 되어 메카의 부유한 미망인 하디자의 재산 관리인으로 고용되면서 대상 활동을 하며 각지를 돌아다녔다. 그런 중에 마호메트는 팔레스타인이나 시리아 등지에서 유대교와 기독교를 접하게 되는데, 이로써 일찍부터 그들 교리에 정통할 수 있었다. 이런 경험은 훗날 그의 종교사상을 구체화하는 데 큰 영향을 주게 된다.

후에 마호메트는 주인이었던 하디자와 결혼을 하였다. 그리고 민중 구제의 염원을 품고 메카 교외의 헤라 산 동굴에서 수도를 하며 진리를 찾고자 하였다. 그러다 명상 중에 천사 가브리엘이 나타나 알라의 뜻을 따르라고 지시하는 소리를 들었다고 한다. 이때부터 마호메트는 알라신의 뜻에 따를

카아바 신전은 아라비아 부족들이 하늘에서 내려왔다고 믿는 흑석(일종의 운석)을 기적의 유물로 숭배하는 곳으로 오랫동안 지방 종교의 중심지였다.

위_ 마호메트
아래_ 깔개 위에 앉아 있는 마호메트

것, 즉 이슬람(복종한다는 의미)을 외치기 시작하였다. 그는 알라가 인류 구원을 위하여 모세와 예수를 내려보냈지만 큰 성과를 거두지 못하자 자신을 최후의 예언자로 보냈다고 하였다.

당시 마호메트가 활동하던 메카에는 카아바 신전을 중심으로 흑석을 숭배하는 등 다신교가 성행하고 있었다. 그는 타락한 아라비아인을 구원하기 위해 다신교와 우상숭배를 그만두고 유일신 알라에 귀의해야 한다고 주장하면서 이슬람교를 창시하였다.

마호메트는 단순히 종교 창시자일 뿐만 아니라 사회 개혁가이기도 하였다. 그는 알라 앞에 모든 사람이 평등하며, 신의 예언대로만 살면 누구나 죽은 후 천국에서 영생을 누리게 된다고 강조하였다. 이슬람교는 사회계급을 부정하고 인간 평등을 주장하였으며, 혈연보다는 신앙적인 일체감을 강조하였다.

마호메트가 새로운 종교를 펴기 시작하자 그의 주변에는 일단의 개종자들, 특히 노예와 가난한 사람들이 몰려들었다. 그러나 메카의 귀족들은 만인이 평등하며 사회계급을 타파해야 한다는 이슬람교를 이단으로 취급하며 온갖 방법을 동원해 박해하였다. 그리하여 마호메트는 622년 추종자들과 함께 근거지를 메카 북쪽의 도시인 메디나로 옮겼다. 이것을 '헤지라'라고 하며 그 해를 이슬람 기원의 원년으로 삼았다.

마호메트는 메디나에서 알라신에 봉사하는 단체를 만들고 포교에 힘써 이슬람교가 급속히 성장하게끔 하였다. 메디나의 정치와 종교를 장악한 마호메트는 630년 약 1만 명의 군대를 이끌고 성전(聖戰, Jihad)이라는 명목 하에 메카를 공격하였다. 그리고 그곳에서 우상과 사교를 몰아낸 후 오직 유일신 알라만을 숭배하도록 하였다. 그는 계속하여 성전을 통한 이슬람교의 전파에 힘써 632년 시리아 원정 도중 사망할 때까지 거의 모든 아라비아 반도를 알라신의 이름으로 통일시켰다.

기독교와 이슬람교의 비교

구분	기독교	이슬람교
공통점	유일신 신앙 우상숭배 거부 천지창조, 최후의 심판에 대한 믿음	
차이점	원죄 인정	원죄 없음
	삼위일체	예수는 단지 예언자
	믿음으로 구원	선행으로 구원

이슬람교의 경전, 코란

마호메트의 가르침을 담고 있는 코란은 아랍어로 '읽어야 한다' 는 의미를 가지고 있다. 그 안에는 마호메트의 계시, 도덕과 교리에 관한 설문, 정치나 현실적 문제에 대한 의견과 해결방법이 있다. 코란은 마호메트의 사망 후 제자들이 그의 언행을 모아 만든 경전으로, 종교적 신앙생활은 물론 세속적인 윤리 규범과 법률의 기반을 제공한 법전이기도 하다.

코란의 내용은 단순명료하다. 그에 따르면, 유일신 알라의 예언자는 마호메트이며, 과거의 예언자로는 아담, 노아, 아브라함, 모세, 그리스도가 있었다. 그러나 신은 그들에게 진리의 일부만 계시하였고, 최종적인 계시는 마호메트에게 전수하였다는 것이다. 이슬람교는 육신의 부활을 믿었다. 또한 참된 신자들이 쾌락을 마음껏 누릴 수 있는 천국과, 이교도들이 참혹한 고통을 당하는 지옥의 불이 있다고 믿었다.

이슬람의 경전 코란 표지

이슬람교는 마호메트의 추종자들인 무슬림이 지켜야 할 5가지 복종사항을 강조하였다. ① '알라신 외에는 신이 없으며, 마호메트가 그의 예언자' 라는 신앙고백을 통한 절대신 알라에 대한 믿음, ② 하루에 다섯 번씩 메카를 향한 예배(금요일 정오에는 집단예배), ③ 국가재정과 선교를 위한 자선(기부) 행위, ④ 라마단(이슬람력 9월)의 한 달 동안 해가

코란
이슬람교는 유대교와 기독교의 영향을 받아 성립된 일신교이다. 따라서 구약성서의 모세5경, 시편, 신약성서의 복음서가 신의 계시임을 인정한다. 그러나 이슬람교 교리의 중심은 코란이며, 코란만을 완전한 기록으로 받아들인다. 또한 구약성서의 여러 예언자의 정통성을 인정하지만 예수를 신의 아들이라고 보지 않는다. 기독교에서 말하는 삼위일체설도 부정하고 예수의 신격화를 철저하게 배격한다. 오직 마호메트만 신이 보낸 마지막 최고의 예언자로 섬기고 있다.

뜰 때부터 질 때까지 금식, ⑤ 평생에 한 번은 하즈달(이슬람력 12월)에 성지인 메카로의 순례 등 교도들이 지켜야 할 책무를 규정한 것이다.

이외에도 이슬람 신도들은 여러 가지 계율을 지켜야 한다. 불결한 동물로 간주되는 돼지고기를 먹을 수 없으며, 우상숭배, 도박과 음주를 할 수 없다. 이슬람교는 또한 마호메트의 선례를 따라 일부다처제를 허용하고 있는데, 이는 계속되는 전쟁으로 양산되는 미망인을 구제하려는 취지에서 비롯되었다. 이슬람교는 알라신과 신도와의 직접적이고도 영적인 교통을 강조하기 때문에 중계자로서의 성직자 계층이 필요하지 않았다. 이로 인해 이슬람교에는 사원은 있으나, 불교와 기독교처럼 승려나 성직자와 같은 직위가 존재하지 않는다.

정통 칼리프와 옴미아드 왕조 시대

칼리프
마호메트의 후계자를 칼리프하고 하는데, 이 말은 '선지적인 후계자'라는 의미를 가지고 있다. 칼리프는 신앙의 최고 지도자였으며, 행정 · 사법 · 군사의 최고 권력을 행사하였다. 마호메트 사후 4대 칼리프까지 약 30년간은 선거에 의해 칼리프가 선출되었는데, 이 시대를 '정통 칼리프 시대(632~661)'라 부른다.

632년경 마호메트가 사망한 후 이슬람 교단은 분열의 위기에 빠진다. 마호메트가 후계자를 정해놓지 않았고, 그의 아들들도 요절했기 때문이었다. 교단은 고심 끝에 마호메트의 장인인 아부 베르크를 제1대 칼리프로 선출하였다.

마호메트 이후의 3명의 칼리프(아부 베르크, 오마르, 오토만)는 모두 마호메트 가문 밖의 사람들이었다. 따라서 오랫동안 마호메트 가문 출신의 칼리프를 원했던 사람들의 불만을 사게 되었다. 그들을 대표하는 사람이 마호메트의 사촌이자 사위인 알리였다. 여기서 알리를 추종하는 집단이 시아파를 형성하였고, 이에 대립하여 수니파가 형성되었다.

시아파는 마호메트의 혈통을 이어받은 자만 칼리프가 될 수 있다고 주장하였다. 또한 코란 그 자체의 순수성을 유지해야 한다고 주장하며 코란의 주석이나 보충설명에 반대하였다. 반면 수니파는 마호메트 혈통이 아닌 자도 칼리프로 선출될 수 있으며, 코란에 전승을 부가하여 경전의 확대 해석을 인정하였다. 오늘날 수니파는 이슬람교도 7억 명 중에 약 90%의 절대다수를 차지하고 있으며, 나머지 10%만이 시아파이다.

시아파와 수니파
'시아'란 '알리를 따르는 무리'에서 나온 말이며 '수니'란 '예언자와 그 전통에 따른 무리'라는 뜻이다. 즉 시아파는 마호메트의 혈통을 이어받은 자(알리와 그 후손)에게만 이슬람의 지도권이 있다고 믿는 반면, 수니파는 혈통과 관계없이 합법적인 후계자를 칼리프로 인정하고 있다.

4대 칼리프 알리가 내란 중에 사망하자, 그를 대신하여 시리아의 총독이던 옴미아드의 무아위야가 칼리프에 오르게 되었다. 그는 수도를 메디나에서 다마스커스로 옮기고, 선거에 의한 선출제가 아닌 세습적으로 칼리프가 계승되게끔 하였다. 이후 옴미아드 가문은 약 100년 동안 세습적으로 칼리프를 계승하여 옴미아드 왕조 시대(650~750)를 열었다.

옴미아드 왕조 시대는 통치자들의 선정으로 국가가 번영하였고, 통상도 활발히 이루어졌으며, 문화적 발전을 누릴 수 있었다. 아랍어가 공용어로 사용되었고 아랍 통화가 제정되었다. 영토 또한 더욱 확장되었다. 동쪽으로는 파미르 고원까지 팽창하여 당나라와 접하게 되었고, 8세기 초에는 인도까지 그 세력을 미쳤다. 서쪽으로는 북아프리카를 거쳐 지브롤터 해협을 넘어 이베리아 반도에 침입하여, 711년에는 서고트왕국을 멸망시켰다. 또한 피레네 산맥을 넘어 프랑크왕국에 침입하였으나, 프랑크의 궁재 칼 마르텔에게 격퇴를 당하기도 하였다.

이리하여 이슬람제국은 동쪽 인더스 강에서 중앙아시아, 소아시아, 아라비아, 북아프리카를 거쳐 서쪽 이베리아 반도에 이르는 광대한 제국을 형성하였다. 그 결과 7~8세기에 걸쳐 약 130만 명

사라센(이슬람)제국

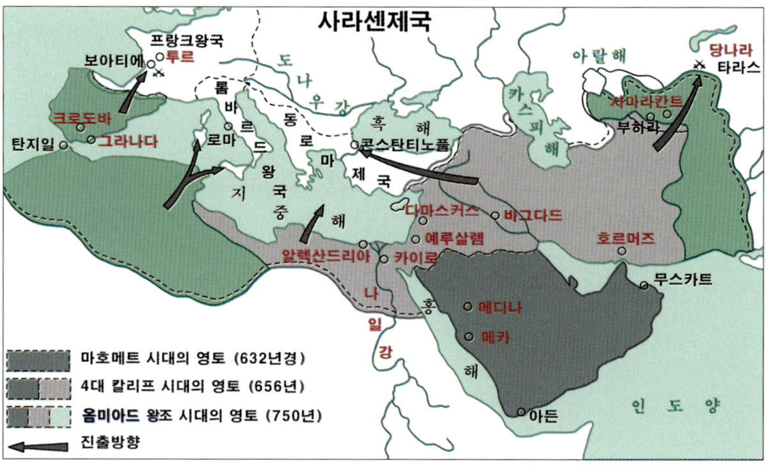

금화에 새겨진 옴미아드 시대의 칼리프 모습

에 이르는 아랍인들이 농경이 가능한 점령지로 이주하게 되었다. 원정군 사령관은 칼리프가 직접 임명하였고, 준비와 작전은 모두 사령관에게 일임하였다. 전리품은 모두 화폐로 환산하여 1/5은 칼리프가 소유하고, 나머지는 원정에 참가한 병사들에게 공평하게 분배하였다.

이슬람교도들이 이처럼 짧은 기간에 영토를 크게 확장할 수 있었던 것은 피정복민에게 관대한 정책을 실시하였기 때문이다. 보통 이슬람교의 선교 방식을 두고 '코란이냐 칼이냐' 라고 표현한다. 그래서 이슬람교로 개종하지 않은 사람들은 무자비하게 죽였다고 알려져 있다. 그러나 실상 이슬람교도들은 이교도들에게 상당히 관용적이었다. 당시 아라비아는 상업이 정체되고 목축업이 쇠퇴하여, 영토 확장을 통해 공납을 거두어들일 필요가 있었다. 따라서 이슬람 정복의 주요 목적에는 선교뿐 아니라 새로운 거주지 확보, 공납의 확대, 무역로 개척 등 경제적인 부분도 크게 작용하였다. 이슬람교도들은 정복지 주민이나 포로들에게 일단 개종을 권했지만, 일정한 공납을 받고 나면 신앙의 자유를 허용하였다. 오히려 피정복민의 개종이 국가재정의 감소를 초래할까 두려워, 개종보다는 공납을 요구하기도 하였다.

아바스 왕조와 이슬람의 분열

8세기 중엽 옴미아드 왕조의 쇠퇴를 틈타 페르시아 지방에서 마호메트 후예인 시아파들이 반란을 일으켰다. 그리하여 옴미아드 왕조를 타도하였는데, 이 반란의 주모자는 마호메트 사촌의 증손인 아불 아바스였다. 그는 수도를 바그다드로 옮기고 아바스 왕조를 열었다.

아바스 왕조는 사해동포주의적 포용정책을 추구하여, 아라비아계와 비아라비아계 무슬림을 차별 없이 평등하게 대우함으로써 융화를 꾀하였다. 그리고 아라비아, 시리아, 페르시아의 다양한 문화를 융합한 하나의 거대한 문명 공동체를 형성하였다. 이후 75년간 아바스 왕조는 절대 권력을 유지하였으며, 이슬람은 최대 전성기를 맞게 되었다. 당시 바그다드는 세계에서 가장 부유한 도시 중 하나로 대제국의 중심지였다.

그러나 이슬람 세계는 매우 광대하고 민족 구성이 상당히 복잡했기 때문에 강력한 지도력과 정치적 수완 없이 효율적으로 통치하기가 힘들었다. 따라서 하룬 알라시드 이후 각지의 총독들이 군사, 정치적으로 실권을 장악하게 되자 이슬람제국은 더 이상 정치적 통합을 유지할 수 없었다. 756년 옴미아드 왕조 일족이 에스파니아로 피난하여 코르도바를 수도로 하여 후(後) 옴미아드 왕조를 세웠으며, 10세기 초엽에는 이 에스파니아의 통치자가 바그다드의 칼리프에 맞서 칼리프를 자칭하였다. 이슬람 세계는 이때부터 동서의 두 진영으로 나뉘게 되었다.

한편, 10세기 말 이집트에서는 시아파에 의해 새로운 이슬람 국가가 독립하여 파티마 왕조가 세워졌다. 파티마 왕조는 카이로를 수도로 정하여 북부 아프리카 일대를 지배하였다. 카이로는 부와 힘에 있어서 점차 바그다드를 능가하게 되었다.

1055년에는 셀주크 투르크가 바그다드에 입성하여 실권을 잡고 칼리프로부터 술탄(황제)의 칭호를 받았다. 이로써 셀주크 투르크는 아바스 왕조의 영토 대부분을 장악하고 이슬람 세계의 지배자가 되었다. 이리하여 이슬람 세계의 지배권은 아라비아인에서 투르크인의 수중으로 넘어갔으나, 그들 역시 이슬람교로 개종하여 이슬람교는 여전히 지배적인 종교로 남게 되었다. 셀주크 투르크는 비잔틴제국을 위협하고 성지 예루살렘을 점령하였다. 그러다가 11세기 말 십자군원정 이후 이슬람 세계와 기독교 세계는 약 200년 동안 대립하며 싸우게 되었다.

이슬람의 문화

8세기 말에서 9세기 초 아바스 왕조 시대에 이슬람 문화는 황금기를 구가하였다. 당시 수도 바그다드는 동서 교역의 중심지로서, 당나라의 수도 장안이나 비잔틴제국의 수도 콘스탄티노플에 버금가는 문화의 중심지였다. 이슬람 문화를 창달한 사람 중 아라비아인은 소수였고, 이집트, 페르시아, 시리아, 유대인, 투르크 등의 이민족들이 많았다.

문화 또한 여러 이민족 문화가 혼합되어 다양성을 내포하였다. 즉 이슬람 문화는 유럽과 아시아의 대륙문화를 융합하여 동양과 서양의 문화를 통합, 발전시키는 데 기여하였다. 이슬람 문화는 그리스와 로마의 고전문화를 받아들이고, 여기에 자신들 특유의 문화적 가치를 더하여 근대 유럽에 전승되었다. 이리하여 이슬람 문화는 게르만족에 의해 파괴된 문화적 공백기를 메우고, 유럽의 고대와 근대 사이에 다리를 놓아주는 구실을 하였다. 또한 서구의 르네상스에도 큰 영향을 주었다.

아라비아의 과학은 아바스 왕조 시대에 크게 발달하였다. 아라비아인들은 그리스나 인도의 연구성과를 받아들여 자연과학을 발전시키고, 이를 다시 유럽에 전하여 유럽 근대과학의 발전에 크게 이바지하였다. 이들은 그리스의 유클리드 기하학을 이어받았으며, 인도로부터 영(0)의 개념을 받아들이고 인도의 숫자를 개량하여 아라비아 숫자를 창안하였다. 이들은 또한 3차방정식 해법, 삼각법 이론 및 수의 개념을 연구하여 현대수학의 기초를 수립하였다.

또한 이슬람인은 의학과 화학 분야에서 많은 업적을 남겼다. 그들은 고대 그리스의 의학서, 특히 갈레누스나 히포크라테스의 저술을 아랍어로 번역하였다. 이 분야에서 이슬람인의 독창성을 엿볼 수 있다. 그들은 유제(乳劑), 도약(塗藥), 연고, 알코올 등의 약재를 개발하였고, 임상적인 실험을 통해 안질, 천연두, 홍역 등에 관한 의학서를 저술하였다. 10세기에 페르시아 출신의 알라지는 20권으로 된 『의학대전』을 저술하였는데, 이것은 의학 전 분야에 걸친 백과사전이라 할 수 있다.

이븐 바투타

이슬람인은 연금술을 통해 화학을 발달시켰다. 비금속 물질을 금속으로 바꾸는 연금술은 마술과 과학이 뒤섞인 것으로, 진정한 의미의 근대적 화학이라고는 할 수 없다. 그러나 이를 통해서 승화작용이 발견되어 증류와 여과의 방법이 개발되었고, 이로 인하여 11세기에는 제약, 화학, 의학이 크게 발달하였다. 또한 829년에는 바그다드에 천문대가 세워져 항성, 일식의 관측, 경도와 위도 및 자오선을 측정하게 되었다. 이러한 천문학의 발달은 유럽은 물론, 중앙아시아 및 중국의 달력 제작에까지 큰 영향을 주었다.

동서 무역의 발달, 지리적인 지식의 확대와 메카의 순례는 지리학의 발달과 함께 많은 여행기가 저술되는 배경이 되었다. 특히 이븐 바투타는 장장 29년 동안 아프리카, 이집트, 이란, 인도, 중국을 여행하며 보고 들은 것을 기록하였다. 이것이 바로 『삼대륙 주유기』로 알려진 여행기이다. 이 저서는 마르코 폴로의 『동방견문록』과 아울러 당시의 동서양 세계를 알 수 있는 귀

이슬람사원 중에서 최대의 규모를 자랑하는 자미 마스지드 이슬람사원

중한 사료가 되고 있다.

이슬람 문학의 대표작은 단편소설집 형식으로 된 『아라비안나이트』이다. 900년경 시작하여 15세기 말에 완성된 이 작품은 인도, 페르시아, 아라비아, 이집트 등 각 지역의 설화를 집대성한 것으로, 아라비아인들의 자유분방한 생활과 화려한 풍속을 잘 표현하고 있다. 특히 『알리바바와 40인의 도적』이나 『항해자 신드바드』 등으로 유명한 이 작품은 아라비아 문학의 정수이며, 세계 각국어로 번역되어 널리 읽히고 있다.

이슬람교는 우상숭배를 금하였기 때문에 회화나 조각은 발달하지 못하였다. 그러나 건축에 있어서는 독자적인 특색을 보여주고 있다. 비잔틴 양식을 본받긴 했지만 첨탑과 아치, 화려한 내부 장식은 이슬람 건축의 특성을 잘 나타내고 있다. 모스크(사원)는 무슬람 예배를 위해 특별히 설계된 건축물로, 아라비아 건축의 가장 독특한 것이다. 이 건축의 특징인 돔은 역학적 계산에 의하여 설계되었으며, 건축물 안팎을 장식하는 도안으로 아라비아 문자나 화초, 기하학적인 문양을 화려한 색채로 장식한 소위 아라베스크 양식이 성행하였다. 아라베스크 문양이 새겨진 보석, 상아, 도기, 카펫, 피혁 제품 등은 당시의 가장 우수한 작품으로 평가되었다.

#08 봉건사회의 성립

고대 로마제국이 해체되면서 통일적인 지중해 세계가 붕괴되었다. 무질서와 혼란의 상태가 계속된 유럽 사회는 새로운 변혁을 모색해야만 했다. 그리하여 고대사회의 급격한 해체 이후 9~12세기 서유럽에서는 정부의 기능, 군사적 책임, 토지 소유를 조합한 봉건제도가 등장하게 되었다. 중세사회에서 봉건제도라는 통치구조를 지탱했던 하부구조는 장원이었다. 장원은 수세기 동안 서유럽 지역에 거주하는 사람들의 생활양식은 물론 그들의 사고방식, 가치관, 제도에 큰 영향을 주었다.

봉건제도의 기원

'봉건적' 이란 용어의 의미
중세 신분제 사회를 '봉건적'이라는 용어를 사용하여 부정적으로 평가하려는 경향이 있다. 이런 해석은 그리 타당하지가 않다. 왜냐하면, 봉건적이라는 말이 널리 쓰이게 된 것은 프랑스 혁명 시기인데, 당시 혁명의 과정에서 구체제의 폐단을 비판하고 시민사회를 미화하기 위한 정치적 수사로 봉건적이라는 말을 사용했기 때문이다.

흔히 중세를 암흑시대라고 한다. 고대문명의 쇠퇴 후, 중세의 1,000년이라는 기나긴 세월 뒤에 새로 탄생하게 될 근세라는 '빛의 아이' 가 어둡고 침침한 어머니의 태속에 있을 때라는 의미일 것이다. 실제로 중세 유럽은 수많은 이민족의 침입으로 혼란과 시련을 겪은 암흑의 시대였으며, 그 자구책으로 봉건제도라는 새로운 사회적 틀을 형성하였다.

봉건제도는 이민족들의 침입이 격심했던 9~10세기에 걸쳐 완성되었다. 당시 서유럽 사회에서는 강성했던 프랑크왕국이 분열하여 내부적인 혼란을 겪고 있었다. 이런 혼란을 틈타 북으로는 노르만족, 동으로는 마자르족, 남으로는 이슬람교도들의 침입이 이어졌다. 이러한 외적의 침입에 대해 국왕이 제대로 손을 쓰지 못하자, 각 지역의 주민들은 스스로 자신의 생명과 재산을 보호할 수 있는 방법을 찾아야 했다. 그리하여 주민들은 지방의 유력자에게 자신들의 토지를 양도하는 대신 보호를 요청하였다. 그 결과 유력자는 양도받은 토지를 봉토로 삼아 영주가 되어 다수의 기사를 거느리고, 각지

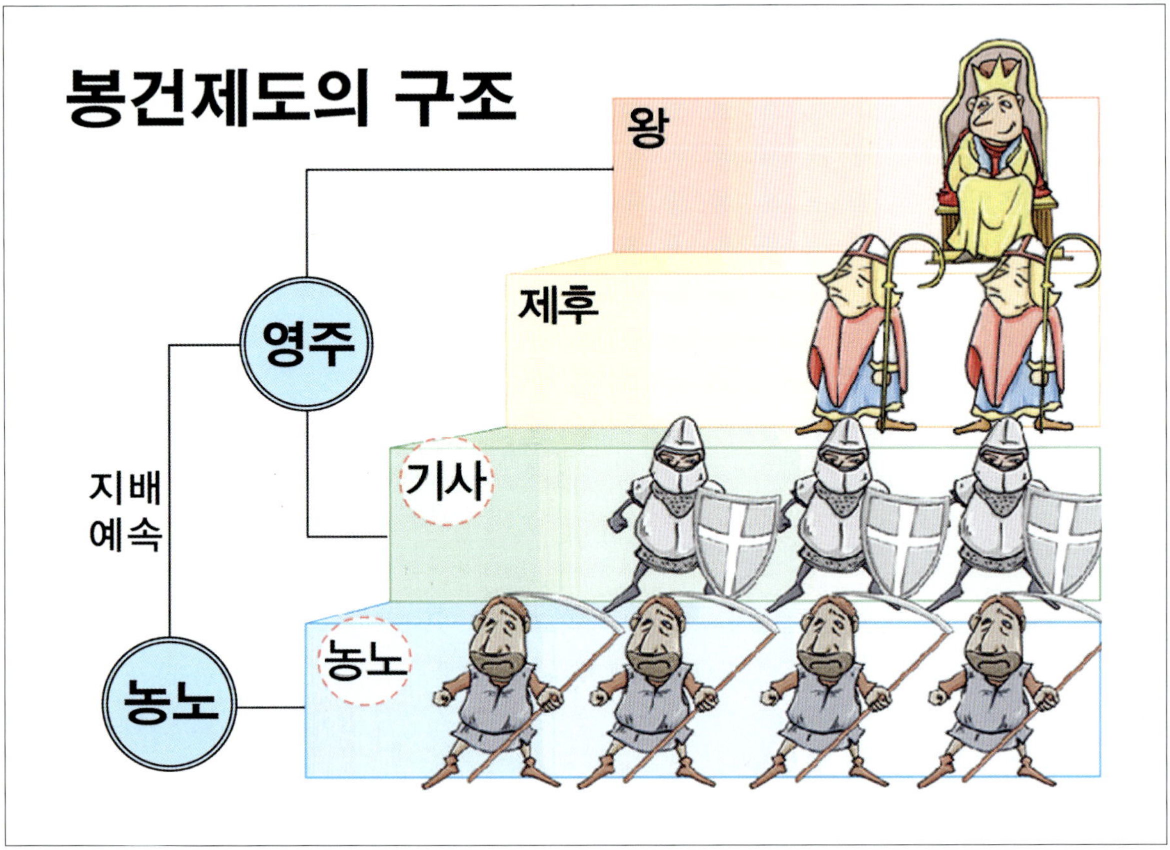

봉건제도의 구조

에 성을 쌓아 근방 주민을 실질적으로 지배하였다. 이러한 상황이 계속되자, 자연히 국왕 중심의 중앙집권적인 체제에서 영주가 중심이 되는 지방분권적인 체제로 전환되었다.

봉건제도가 성립한 데는 사회 경제적인 요인들도 한몫했다. 게르만 민족의 이동 후 이슬람 세력이 지중해의 지배권을 차지하게 되자, 서유럽의 경제 질서는 커다란 변화를 겪게 되었다. 지중해를 통한 타 지역으로의 교통망이 두절되고, 상공업이 쇠퇴하였으며, 화폐의 유통도 제대로 이루어지지 않았다. 이제 농업은 유일한 생존수단이 되었으며 토지는 중요한 재산이 되었다. 결국 전쟁에 참가하여 싸움을 하는 기사층과 토지를 가진 지주들이 사회 지배층으로 등장하였고, 일반인들은 그들의 보호 하에 토지를 경작하는 예속적인 농민으로 변해갔던 것이다. 이러한 상황에서 등장한 새로운 사회 질서가 바로 봉건제도였다. 지역마다 다르지만 봉건제도는 9~11세기 프랑스에서 처음 정착되었고, 영국에서는 11세기, 독일에서는 12세기에 보편화되었다.

주종관계의 성립과 상호 의무

봉건제도는 토지를 매개로 한 일종의 주종관계 체제였다. 이때 토지를 주는 사람을 주군, 토지를 받는 사람을 가신, 주고받는 토지를 봉토라 하였다. 가신이 될 사람이 주군에게 가신으로서의 서약과 충성을 맹세하고, 주군은 가신에게 봉토를 수여함으로써 봉건적 주종관계가 성립되었다. 이러한 충성의 서약의식을 신종선서라고 한다.

계약 의식에는 몇 가지 절차가 따른다. 우선 가신은 주군 앞에 무릎을 꿇은 후 두 손을 모아 주군의 두 손 사이로 집어넣는다. 주군의 손 사이에 자신의 손을 집어넣는 것은 주군의 처분에 자신을 맡긴다는 뜻이다. 반면 주군으로서는 자기 휘하에 들어온 사람을 받아들인다는 의미다. 이어 주군은 가신에게 자기 사람이 될 뜻이 있는지를 묻고 가신은 이에 응답한다. 이 과정에서 종종 성서에 손을 얹고 모든 의무를 충실히 수행할 것을 맹세하기도 한다. 그리고 두 사람이 서로 껴안고 입맞추는 것으로 계약이 성립된다.

주종관계에서 가장 중요한 것은 군사적인 의무였다. 가신은 주군의 영토를 방위할 의무가 있으며, 주군이 원할 때는 언제나 전쟁에 참가해야 했다.

상황에 따라 차이는 있지만, 보통 1년에 40일 정도 군사 의무를 이행하였다. 이 기간이 봄의 파종기와 추수기 사이의 쾌적한 여름철과 일치하였다는 사실은 매우 흥미롭다. 가신은 이러한 군사적 의무 외에도 주군이 전쟁 중 포로가 되었을 때 몸값을 대신 지불하거나, 주군의 자녀들이 결혼할 때 축의금을 지불했다. 또한 주군의 법정에 참여해야 하며, 주군을 수행하거나 주군의 메시지를 전달하는 일 등을 맡았다.

가신제도에 있어 주종관계는 서로 돕는 관계이므로, 주군 역시 가신에 대하여 일정한 의무를 지녔다. 가신의 생명과 명예, 재산이 침해받지 않도록 보호하는 것이 주군의 의무였다. 주군은 가신에게 수여한 봉토를 다른 사람이 빼앗지 못하도록 소유권을 보호해주었다. 특히 가신이 군사적 의무를 충실히 수행하기 위해서 주군은 가신이 생활을 유지할 수 있도록 경제적으로 배려하였다.

봉건관계는 개인적인 계약관계인 동시에 쌍무적인 관계였다. 주군이 토지를 수여하는 대신 가신은 충성을 서약하는 것이다. 여기서 쌍무계약이란 어느 한쪽이 약속을 이행하지 않는다면 언제라도 파기될 수 있음을 의미한다. 따라서 봉건관계는 신분상의 상하관계에도 불구하고 서로 계약을 준수할 의무를 지니며, 동시에 계약을 위반할 시에는 이를 해지할 수 있었다. 이렇게 봉토를 매개로 한 주종관계는 개인적 계약이어서 당대에 한해서만 유효하였다. 그러나 10세기에 이르러 주종관계는 점차 세습화되고, 장자 상속제에 의해 장자에게 계승되었다.

이러한 주종관계는 국왕과 영주, 영주와 영주, 영주와 기사는 물론 기사와 기사 간에도 맺어져 중세 특유의 피라미드식 계층 질서를 형성하였다. 영주는 자신이 소유한 봉토, 즉 장원 내에서 이른바 불수불입권을 갖고 있었다. 여기서 불수(不輸)란 국왕이 영주의 장원에 대하여 세금을 징수할 수 없다는 것이며, 불입(不入)이란 국왕이 영주 장원에 대하여 행정권을 행사할

피라미드식 신분계층
중세사회는 피라미드 형태의 신분계층을 형성하였다. 봉건사회의 인적 구성을 비유적으로 '기도하는 사람' '싸우는 사람' '일하는 사람이라고 표현하는데, 이는 각각 성직자, 기사, 농민을 가리킨다.

수 없음을 말한다. 영주는 또한 자신이 소유한 장원 안에서는 독자적인 재판권도 행사할 수 있었다. 결국 영주는 자신의 장원에서 징세와 행정, 재판권을 행사하는 절대적인 권한을 가지고 있었던 것이다. 따라서 중세의 실질적인 실권자는 영주이며, 장원은 국왕이나 제후들의 권한이 미치지 못하는 영주의 소왕국인 셈이었다. 봉건제도를 지방분권 체제라고 부르는 이유가 바로 여기에 있다.

기사와 기사도

기사 서임식

기사에게 표장, 갑옷, 창과 방패가 수여되고, 주군이나 귀부인이 그의 어깨를 칼끝으로 세 번 두드리는 예식을 거친 후 정식 기사로 서임되었다. 이때 그는 성서에 손을 얹고 용기, 의협, 명예 등을 선서하며 기사로서의 무용을 과시하게 된다.

봉건제의 주종관계는 군사적 의무를 중심으로 형성되었다. 따라서 무사 계급인 기사는 '중세의 꽃' 이라 불렸다. 기사의 존재 이유는 전투에 있었으며, 기사의 덕목은 용맹함과 무훈에 있었다. 중세인에게 동경의 대상이었던 기사는 누구나 될 수 있는 것이 아니었다. 자유 신분인 귀족의 자제로서 고된 수련과정을 거쳐야 했다.

기사의 훈련과정은 이렇다. 7세에 영주의 성에서 기숙하면서 영주 부인의 시동으로 예의범절, 악기연주, 노래 등 싸움과는 무관한 재능을 닦는다. 14세가 되면 견습 기사로서 말의 사육부터 무술 연마에 이르기까지 군사적 훈련과 사냥을 익혔다. 21세가 되면 기사 서임식을 거쳐 정식 기사로 독립하였다. 기사의 행동강령에는 ① 주군에 대한 충성, ② 교회의 재산과 성직자의 보호, ③ 하느님에 대한 헌신적인 봉사와 이교도 배척, ④ 부녀자, 미망인, 어린이 등 약자 보호, ⑤ 이웃에게 관용과 친절을 베풀 것 등이 포함되었다. 기사는 개인적으로 명예를 중시하였고, 정중한 예법과 언어를 구사하며 품위를 유지하였다.

기사는 용맹함을 추구하는 동시에 고결한 사랑도 하였다. 사랑의 대상은

기사 서임식

마상경기에서 선수들이 창으로 상대방을 힘껏 가격하고 있다.

주로 자신이 모시는 주군의 부인이었다. 기사에게 있어 지체 높은 귀족 부인에 대한 맹목적인 사랑은 그 자체로 명예이자 낭만적인 행위였다. 귀족 부인도 자신을 향한 기사의 사랑을 불쾌하게 생각하지만은 않았다. 왜냐하면 남편은 사냥이나 마상시합에 빠지거나 다른 여성에게 눈길을 줄 수 있기 때문이었다. 귀부인과 기사의 사랑은 육체적이 아닌 정신적인 것이었다. 이러한 배경은 기독교 윤리가 바탕이 된 기사도에 있다. 이것은 중세 기사들의 기독교적인 윤리관과 함께 세속적인 생활풍속을 보여주는 것이다.

기사들의 주된 의무는 전쟁이었다. 그러나 11세기 후 사회가 안정되고 상업이 부활하자 생활이 더욱 풍요로워지고 거칠었던 전투 기질도 완화되면서 생활방식 또한 점점 세련되어갔다. 이런 변화를 반영한 것이 사냥이나 토너먼트(마상시합) 등 오락적인 무예였다. 토너먼트는 갑옷으로 무장한 기사들이 말을 탄 채 긴 창으로 서로를 찌르는 경기였는데, 너무 과격하고 위험해서 죽는 사람도 적지 않았다. 이러한 경기는 국왕이나 대영주의 결혼식과 같은 큰 행사시에 벌어졌으며, 시합에서의 우승은 기사에게 최고의 명예가 되었다. 토너먼트 게임이란 바로 여기서 유래된 말로, 한 번 패하면 재대결의 기회를 가질 수 없는 것을 의미하게 되었다.

봉건제의 하부구조, 장원

앞서 살펴보았듯이 이민족의 침입으로 인한 사회적 혼란과 함께 농업의 중요성이 부각되면서, 전쟁에 참가하는 기사나 토지를 가진 영주들이 지배계층으로 군림하게 되었다. 농민들은 영주나 기사들의 도움 없이는 생활의 안정은 물론 생명조차 보장받을 수 없었다. 이런 상황에서 농민들은 자신의 안전을 위하여 자발적이거나 강제적으로 영주나 기사들의 보호 아래 들어가 토지를 경작하는 예속민이 되었다. 이러한 봉건제의 주종관계에서의 주군은 대개 장원의 영주였고, 가신이 받는 봉토가 곧 장원이었다. 그 장원은 농민에 의해 경작되었다. 장원은 봉건제도를 떠받치고 있었던 하부구조였던 것이다.

장원의 구조

장원의 크기와 구조는 지역과 시대에 따라 다양하였다. 작은 규모는 300~500에이커 정도지만, 규모가 큰 장원은 5,000에이커를 넘어서는 것도 있었다. 장원의 중심부에는 장원청이 자리 잡았다. 장원청은 영주의 저택인 동시에 행정의 중심지였다. 장원청 주변에는 농가들이 있었고, 한 장원은 대체로 40~50호의 촌락으로 형성되었다. 장원에는 농민에게 제공되는 제반 경제시설(제분소, 대장간, 방앗간, 양조장, 제빵소, 창고 등)이 있었다. 또한 장원 내에는 전체 주민의 공동 신앙 장소인 교회가 있었다.

장원 내의 토지는 영주 직영지, 농민 보유지(영주가 농민에게 대여하는 토지), 그리고 공유지로 나뉜다. 영주 직영지는 영주 소유의 토지로, 농민들의 부역노동에 의해 경작되었다. 농민 보유지는 농민들이 생계를 유지하는 생활 터전으로, 농민들은 그 생산물의 일부를 조세로 헌납하였다. 공유지는 장원 내에 있는 목초지, 황무지, 삼림으로서 농민들이 공동으로 사용할 수 있었다. 공유지에서는 가축을 방목하고 땔나무를 채취하며 동물과 물고기를 잡을 수 있었다. 따라서 공유지는 농민이 생활하는 데 부족한 부분을 메울 수 있는 일종의 안전판 역할을 하였다. 그러나 농노는 일정액의 공유지 사용세를 영주에게 지불해야 했다.

장원에서 농민(농노)의 의무

장원의 농민은 자유농민과 농노로 구분된다. 자유농민은 토지를 소유하고 신체적인 자유를 누린 반면, 농노는 토지에 예속되었다. 농민의 대다수를 차지하는 농노는 영주의 허락 없이 장원을 떠날 수 없었으며, 부당하고 과중한 의무를 떠맡아야 했다.

그러나 농노는 가축처럼 주인에 의해 마음대로 처분될 수 있는 고대의 노예보다 나은 지위에 있었다. 자신의 의무를 충실히 이행하는 한 경작지를 빼앗기지 않아도 되었기 때문이다.

영주에게 혹사당하는 농노의 고통스런 모습

농노의 의무 중 가장 부담스러운 것은 부역이었다. 부역은 영주 직영지를 무상으로 경작해 주는 것으로, 보통 일주일에 3, 4일 정도 노동을 제공하였다. 농노는 그밖에 영주가 거주하는 성을 수리하는 등 기타 잡역에 종사하였다. 직영지에서 나오는 수확물은 전부 영주의 몫이었으며, 농민 보유지의 수확물에서는 절반 정도가 세금으로 지불되었다. 농노는 예속민으로서 인두세를 바쳤고, 영주가 독점권을 행사하는 제분소, 제빵소, 양조장 등의 시설 사용료도 지불하였다. 만일 자기 집에서 밀을 빻거나, 빵이나 포도주를 만든다면 위법으로 처벌을 받았다.

농노가 딸을 결혼시킬 때는 영주의 허락을 받아야 할 뿐 아니라 영주가 임의로 정한 결혼세를 내야 했다. 왜냐하면 농노의 딸이 타 지역 사람과 결혼한다는 것은 노동력의 감소를 의미하였기 때문이다. 다시 말하자면 결혼세는 장원 내의 노동력이 밖으로 유출되는 것을 막는 수단이었다. 이러한 상황에서 영주의 특권인 초야권이 대안으로 제시되었다. 즉, 결혼세를 내지

중세 농노의 삶
농노들은 신체와 이주의 자유도 없었고, 거의 1년 내내 과중한 노역과 세금에 시달렸다. 자신들의 생사 여탈권을 쥐고 있는 영주에게 매여서 하루하루 살아갈 뿐이었다. '큰 손과 발, 넓은 어깨와 불룩한 가슴, 손바닥만 한 양미간, 넓적한 코, 누렇고 기다란 이빨, 시커먼 머리칼, 석탄처럼 그을린 얼굴…' 이것이 프랑스 한 서서시에 묘사된 가난에 찌든 농노의 모습이었다. 중세의 사회구조가 낳은 무거운 짐은 최하층인 농노의 몫이었다. 중세농민을 가리켜 '반은 노예, 반은 농민'이란 의미로 농노라 하였다.

않는 대신 신부가 결혼 첫날밤을 신랑이 아닌 영주와 보내는 것이다. 그만큼 농노들은 철저히 장원에 예속되어 비참하고 자유롭지 못한 생활을 하였다.

교회에 내는 세금인 십일조도 농노에게는 큰 부담이었다. 이것은 프랑크 왕국 때부터 전 주민이 의무적으로 내야만 하는 조세였다. 결국 교회는 영주와 함께 농민을 착취하는 봉건 지배자였다. 후일 농민반란이 일어났을 때, 농민들이 영주 못지않게 교회를 공격의 목표로 삼았던 것은 이 때문이었다.

중세의 농업혁명

장원을 중심으로 한 봉건제도가 정착되면서, 중세 중기 이후에는 유럽 전역에 걸쳐 농업의 획기적인 발전이 이루어졌다. 중세 농업의 발전에 있어 가장 중요한 것은 중(重)쟁기의 사용이었다. 물론 쟁기는 고대시대부터 사용되던 농기구였다. 그러나 로마인들은 단지 손을 사용하여 땅을 완전히 뒤집지 않고 표면을 고르는 가벼운 경쟁기만 사용하였다. 경쟁기는 땅이 건조하고 가벼운 토양을 가진 지중해 연안 지역에서는 쓸 만했으나, 토질이 무겁고 축축한 북서유럽 토양에는 큰 효과가 없었다. 따라서 가축(초기에는 소, 나중에는 말)을 이용하여 뒤에다 갈고리 장비를 달아 땅을 깊이 파서 뒤엎는 중쟁기를 도입하였다. 중쟁기는 농경지 확장, 도랑이나 배수구 정리, 노동력 절감 등의 효과를 가져와 중세 농업생산성에 커다란 진보를 가져왔다.

농민의 생활

이와 함께 중세 농업생산량을 증대시키는 데 큰 몫을 한 것이 삼포지제의 도입이었다. 원시시대에는 한곳에서 농사를 지은 후

다른 지역으로 이동하여 토지를 경작하는 이동식 농법이 이루어졌고, 고대 로마 시대에는 땅의 고갈을 막기 위하여 한 번 경작한 토지를 이듬해에는 묵혀두는 소위 2교대 농경법이 실시되었다. 그러나 중세기 1050년 후부터 북서유럽 지역에는 삼포제라는 농산물 순환경작제가 도입되었다.

농노의 4계절

삼포제는 경작지를 세 부분으로 나누어 매년 작물을 바꾸어 윤작하는 제도이다. 1/3은 추경지(가을에 씨를 뿌려 이른 봄에 수확), 1/3은 춘경지(늦은 봄에 씨를 뿌려 9월경에 추수), 나머지 1/3은 휴경지로 구분하여 경작하였다. 삼포제는 3년에 한 번씩 경지 중 1/3을 휴경시켜 작물을 교체함으로써, 지력을 회복하고 생산성을 향상시키기 위한 농법이었다. 휴경지에는 소, 말, 양과 같은 가축을 방목함으로써, 동물의 배설물이 자연 비료가 되어 토양을 기름지게 하였다.

중세의 또 다른 농업기술의 혁신은 농사 가축으로 소 대신 말을 사용한 것이다. 800년경 목에 거는 마구가 처음으로 도입되었는데, 이 장치는 말이 온몸의 무게를 이용하여 짐을 끌 수 있게 하였다. 900년경에는 말의 발톱을 보호하기 위해 쇠 말굽이 개발되었으며, 1050년경에는 2마리 말이 동시에 끄는 마차가 사용되었다. 말은 소보다 더 신속하고 지구력도 강해 장시간에 걸쳐 힘든 농사일을 할 수 있는 이점이 있었다.

1050년경에 이르러는 북부 유럽에서 물방앗간이 보급되었고, 11세기에 이르러 유럽 전역으로 확산되었다. 급류 하천이 거의 없는 네덜란드와 같은 지역에는 풍차간이 보급되었다. 중세인은 방앗간을 이용하여 곡물을 갈거나 종이나 기름, 옷을 제조하였고, 대장간의 동력으로 활용하였다.

중쟁기의 발명, 삼포지제의 농법, 말의 사용, 방아의 확산 등에 힘입어 중세의 농업생산성은 크게 증가하였다. 1100~1300년경에는 농업기술의 혁신과 함께 황무지와 늪지대가 개간되었다. 농경지가 삼림지역까지 점차 확대되어 유럽의 토지와 지형을 변화시킬 정도였다. 처음에는 농민들이 자신의 토지를 늘리기 위해 조금씩 경작을 확대하였으나, 차차 토지 귀족(영주)이나 수도원이 자신들의 소득을 올리기 위하여 농지 개간에 적극 참여하였다.

이런 일련의 농업혁명의 결과 12~13세기에 이르러서는 농업생산량이 9~10세기에 비해 3, 4배나 증가하였다. 그리고 인류 역사상 처음으로 정규적이고 안정적인 음식 공급이 가능해지면서 인구도 급격히 증가하였다. 기계의 발명과 합리적인 농경방식으로 노동력이 크게 절감되었는데, 그에 따른 잉여 노동력은 가축 사육, 포도작물 경작, 면화나 염료식물과 같은 특용작물에 투입되어 농산물이 더욱 특화되고 다양화되는 결과를 낳았다. 또한 농업생산성의 증가로 인해 유럽 인구는 1050~1300년에 3배나 급증하였다.

교황은 태양, 황제는 달

#09

봉건제도나 장원제와 함께 중세사회를 정신적으로 지배한 것은 가톨릭교회였다. 가톨릭교회의 우두머리는 교황으로, 중세에 들어 로마적 전통의 계승자로서 그 위세가 한층 높아졌다. 가톨릭교회는 서양 중세를 통하여 교리와 신학, 조직과 예배의식을 확립하였고, 정치, 경제적 제반 분야에서도 세속적 권위를 장악하였다. 교회는 세속의 각종 권리를 둘러싸고 국왕과 치열하게 대립하기도 하였으나, 궁극적으로는 세속 군주에 대하여 우월성을 유지하였다.

가톨릭교회의 발전

가톨릭교회의 발전에 중대한 계기가 된 것은 프랑크왕국과의 제휴였다. 서로마제국 멸망 후 가톨릭교회는 프랑크왕국과 손을 잡고 서유럽에 널리 기독교를 전파하였는데, 프랑크왕국의 원조에 의해 교황령이 설치되면서 위세가 더욱 강화되었다. 중세에 들어와서 가톨릭교회는 수장인 교황을 정점으로 대주교, 주교, 수도원장, 사제 등 피라미드식 계층 질서를 확립하였다. 이런 조직이 정비된 것은 11~12세기였으며, 이를 교권정치라고 한다.

동서 교회의 분열

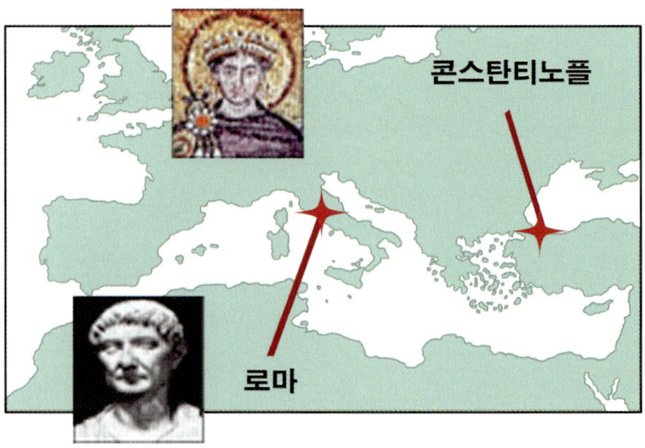

이렇듯 가톨릭교회가 통일적인 조직을 가지고 있었던 반면, 당시 유럽 각국은 왕권이 미약하여 자국민에 대한 통제마저 쉽지 않았다. 각 지역마다 실력 있는 제후가 나타나 국왕과 대립하였으며, 제후들도 서로 경쟁관계

였기 때문에 정치적 분쟁과 전쟁의 위협이 끊이지 않았다. 이와 같은 상황에서 교황은 교회 의식을 통한 영혼 구원이라는 종교적인 역할은 물론, 세속 정치에서도 막강한 권한을 행사할 수 있었다.

교회의 세속화에 반대한 수도원 운동

교회는 신앙을 통해 정신적 권위를 확립하는 한편, 각 지방의 주교와 수도원은 왕과 귀족으로부터 토지를 기증받아 광대한 영지를 지배하는 봉건 영주가 되었다. 그래서 이들 교회의 영지가 서유럽 전체의 25%를 차지할 정도였다. 특히 로마교황청은 직할지인 교황령에서 나오는 수입 외에도 신자들의 기증과 로마에서 거두어들이는 세금 등으로 다른 세속 국왕과 제후를 능가하는 유럽 제일의 재력가가 되었다. 교회의 권력과 부가 점차 증가하자, 성직자들은 더욱 사치와 낭비에 빠져들게 되었다. 또한 교회의 피라미드식 계층 제도는 성직자의 부패와 타락, 성직매매라는 폐해를 초래하였다. 이러한 교회의 세속화에 대한 반발로 일어난 것이 수도원 운동이었다.

수도원은 원래 동방에서 기독교에 대한 박해를 피해 신자들이 모여 신앙생활을 하던 곳이었다. 그러나 점차 세속생활을 벗어나 오직 기도와 명상, 노동을 통해 금욕적인 은둔생활을 하는 곳으로 자리 잡았다. 이러한 수도원의 기초를 닦은 인물은 성 베네딕트였다. 그는 529년 이탈리아 중부 몬테 카지노에 수도원을 세우고 '성 베네딕트 회칙'을 정하여 수도원이 지켜야 할 계율을 정하였다.

고전시대에 육체노동을 천시했던 것과는 달리 중세의 수도사들은 노동을 하느님에 대한 성스러운 봉사라고 여겼다. 수도사들은 토지를 경작하며 곡물, 야채, 과수를 재배하고, 생활필수품 조달을 위해 수공업에도 종사하였

베네딕트 계율

① 가난하게 살겠다는 청빈, ② 결혼하지 않고 독신으로 살겠다는 정결, ③ 명령에 절대 순종하겠다는 복종 등이 주요 내용으로 담겨 있다. 수도사들은 또한 매일 규칙적인 기도와 명상, 노동에 종사할 것을 규정하였다. 이러한 베네딕트의 규율은 9세기경 서방의 모든 수도원의 모형이 되었다.

다. 수도원의 우수한 영농방식과 수공업 기술은 세속의 모범이 되었고, 토지의 개간과 산업 진흥에도 크게 기여하였다. 또한 수도사들은 등사(필사)와 학예 연구에도 힘써 고전 고대문명의 보존과 전승에도 공헌하였다. 수도원에는 스콜라라고 불리는 부속학교가 세워져 중세 학문의 중심지 역할을 하였다. 중세 철학을 대표하는 스콜라 철학이 바로 여기서 유래된 것이다.

교회 정화를 위한 개혁운동에 앞장선 클뤼니 수도원

그러나 사회, 경제적 지위가 높아감에 따라 수도원은 차츰 세속화되어 교회처럼 부정과 부패의 온상이 되었다. 그리하여 11세기에는 초기의 베네딕트 규율로 돌아가자는 개혁운동이 일어났는데, 그 중심지가 클뤼니 수도원이었다. 개혁운동에 앞장섰던 클뤼니 교단에 속한 수도원의 수는 날로 증가하여 유럽 각지에 300개가 넘어섰다. 클뤼니 수도원장 출신의 힐데브란트가 그레고리 7세로 교황에 선출되면서 개혁운동은 더욱 무게를 더하게 되었다.

교권과 세속권의 대립

교황의 세속적 권력이 강대해지자 교황은 국왕과 우월권을 놓고 대립하게 되었다. 문제는 누가 성직자에 대한 임명권을 갖느냐에 대해서였다. 당시 성직자 임명권은 세속 군주에게 있었기 때문에, 인격에 문제가 있거나 신앙심이 없는 측근들을 성직자로 임명하는 경우가 많아 교회가 부패하는

카노사의 굴욕 사건

원인이 되었다. 그리하여 그레고리 7세는 지금까지 국왕이 가지고 있던 성직 임명권을 교황만이 가질 수 있다는 칙령을 발표하였다.

강직한 인품을 지닌 그레고리 7세는 성직 매매, 성직자의 결혼, 세속인의 성직 임명 등 많은 폐단과 부패를 과감하게 바로잡아나갔다. 그는 또한 교황청의 공식문서를 통해 하느님 외에는 그 누구도 교황을 심판할 수 없으며, 교황에게는 황제를 폐위할 권한이 있다고 주장하였다. 그러나 신성로마제국의 황제인 하인리히 4세는 이에 격렬히 반발하였다. 하인리히 4세는 왕권 역시 신이 내린 것이므로 교황이 성직 임명권을 독점할 수 없다고 주장하였다. 이로써 가톨릭교회의 주도권을 둘러싸고 교황과 황제의 결전이 벌어지게 되었는데, 이것을 성직자 서임권 투쟁이라고 한다.

하인리히 4세는 보름스에서 제국의회를 소집하여 교황 그레고리우스 7세를 폐위한다는 결의안을 통과시켰다. 이에 분노한 교황은 하인리히 4세를 파문하여 가톨릭 세계로부터 완전히 추방하였다. 이제 모든 기독교인들은 황제와 접촉하는 것이 금지되었으며, 황제에게 충성하는 제후 역시 불경한 자로 간주되었다. 황제가 마치 범죄자처럼 취급된 것이다. 그레고리 7세의 이런 조치를 틈타 독일의 제후와 성직자들은 자신들의 권력을 강화할 목적으로 하인리히 4세의 퇴위를 주장하였다.

더 이상 교황과 싸울 기반을 상실한 하인리히 4세는 교황에게 무조건 복종할 것을 맹세하고, 교황을 직접 만나 용서를 빌기로 하였다. 하인리히 4세는 교황이 머물고 있던 북이탈리아의 카노사 성을 찾아 3일 밤낮을 눈 속에서 무릎을 꿇은 채 용서를 빌고 나서야 파문을 면제받을 수 있었다. 이것이 그 유명한 카노사의 굴욕 사건(1077)이다. 이것은 당시 교황의 권위가 얼마

카노사의 굴욕

하인리히 4세는 왕비와 왕자를 대동한 채 얼어붙은 라인 강을 건너고 눈 덮인 알프스를 넘어 카노사 성에 도착하였으나, 교황은 면회를 거절하였다. 하인리히 4세는 하는 수 없이 3일 밤낮을 눈 속에서 눈물을 흘리며 교황의 면회를 간청하였다. 그때서야 교황은 접견을 허락하였고, 교회에 복종할 것을 서약 받은 다음 파문을 취소해주었다.

나 막강하였는지를 단적으로 보여주는 사건이었다.

이후 서임권을 둘러싼 교황과 황제의 싸움은 계속되었다. 1080년에는 굴욕적인 사건에 앙심을 품은 하인리히 4세가 군대를 이끌고 로마로 진군하여 그레고리 7세를 폐위하고 클레멘트 3세를 교황으로 선출하였다. 결국 하인리히 4세와 그레고리 7세의 싸움은 일단 황제의 승리로 끝났다. 그러나 당시 신성로마제국은 지방 제후들의 할거로 인해 통일이 이루어지지 않아 왕권이 강력한 힘을 발휘하지 못하였다. 그리하여 1122년에 하인리히 5세와 교황 칼릭스투스 사이에 대타협이 이루어져 보름스 협약이 체결되었다. 이로써 성직 임명권은 교황이, 정치적 권리는 국왕이 각각 담당하게 되었다. 이는 프랑크왕국 이후 국왕이 가졌던 성직 임명권을 포기한 것으로, 교황에게 기독교 최고 수장의 지위를 확실히 보장해주었다.

역사상 최강의 교황이었던 이노센트 3세의 모습

그 뒤 교황권은 13세기 초 이노센트 3세에 이르러 절정에 이르렀다. 이노센트 3세는 교황이란 신과 예수의 대리자로서 신의 아래에 있지만 인간보다 높은 존재이기 때문에 세속 군주를 심판할 수 있다고 주장하였다. 그는 또한 '교황은 태양이며 황제는 그 빛을 빌려 반짝이는 달'이라고 표현하여 교황의 우월권을 과시하기도 하였다. 이노센트 3세에서 보니파키우스 8세에 이르는 13세기는 명실상부한 교황권의 전성시대였다.

#10 중세 기독교 문화

중세문화는 기독교의 교리와 가치관이 지배한 신 중심의 문화였다. 모든 것이 신의 섭리와 교리로 설명되었기 때문에 인간과 자연에 대한 자유로운 해석이 허락되지 않았다. 또한 인간성이나 개성의 창조성에 대해서도 무관심하였다. 중세에는 기독교적 전통과 신의 권위를 강조하는 신학이 최고 학문이었으며, 건축이나 미술, 문학 등은 기독교적인 바탕 위에서 발전할 수 있었다.

성 아우구스티누스

철학은 신학의 하녀

중세 기독교 사회의 가장 중심적인 학문은 신학이었다. 고대만 해도 철학은 최고의 가치를 인정받았으나, 중세에 들어서는 단지 신학적인 교리와 체계를 세우는 보조 학문으로 전락하였다. 그리하여 '철학은 신학의 하녀' 라는 말이 등장하였다.

중세 신학의 발전은 크게 두 시기, 즉 10세기까지의 교부철학 시기와 11~13세기의 스콜라 철학 시기로 나눌 수 있다. 교부철학은 로마교회가 기독교 교리와 권위를 확립하던 시기에 성립되었다. 교부철학은 플라톤의 이데아론에 입각한 초월적인 세계관과 교회의 우월성을 주장하였는데, 그 대표자가 성 아우구스티누스였다.

아우구스티누스는 『신국론』에서 원죄, 은총설, 예정설 등을 설명하였다. 그는 하느님이 인간에게 자유의지를 주었으나 아담이 죄를 범하여 인간이 원죄를 받게 되었다며, 신에게 의탁함으로써 구제받을 수 있다고 하였다. 여기서 인간은 신에 절대 복종해야 하며, 교회는 지상에서 신의 구원을 받을 수 있는 유일한 기관이라고 주장하였다. 아우구스티누스는 인간 역사의 과정을 '신의 나라'와 '지상의 나라'의 대립으로 보았고, 지상의 나라는 신의 나라를 실현하기 위한 수단에 불과하기 때문에 교회는 세속의 정치기관보다 우월하다고 주장하였다.

스콜라 철학은 11세기 이후 아리스토텔레스의 철학이 이슬람을 거쳐 유럽에 소개되면서 성립되었다. 스콜라 철학의 주제는 신앙과 이성, 실재론과 명목론의 사상적 대립의 문제였다. 실재론은 이성보다 신의 존재에 대한 신앙이 우선한다는 것이며, 명목론은 맹목적인 신앙을 배격하고 이성을 중시하는 것이었다. 이러한 스콜라 철학의 대립된 견해를 집대성하여 신앙과 이성의 조화를 꾀한 인물이 바로 토마스 아퀴나스였다.

아퀴나스는 자신의 저서 『신학대전』에서 이성적인 인식과 초이성적인 신앙의 교리는 다 같이 신의 지혜에서 나온 것이기 때문에 결코 모순되지 않는다고 주장하였다. 그리고 삼위일체, 최후의 심판 등의 교의는 이성으로는 증명되지 않지만 유추에 의해 설명될 수 있다고 보았다. 아퀴나스는 기독교 교의를 철학적으로 이해하고 기독교 신앙을 이성과 조화시켜 신학의 과학성을 강조하였다.

일반적으로 서양 중세에는 자연과학이 발전하지 못하였다. 이것은 교회의 권위가 사상의 자유를 억압하

토마스 아퀴나스의 시신이 토막 난 까닭은?

유명한 성자치고 사지가 온전하게 묘에 묻힌 자는 거의 없었다. 로마가톨릭교회에서 가장 뛰어난 철학자이자 신학자로 추앙받던 토마스 아퀴나스가 죽자 제자들은 그의 유골을 토막 내어 나누어 가졌다. 왜 이런 흉측한 일이 벌어졌을까? 중세 유럽인들은 성인을 단순한 종교 지도자로 생각하지 않고, 자신들의 모든 문제를 해결해주는 초능력자라고 믿었다. 따라서 유명한 성인의 유골이나 유품을 마치 주술적인 힘을 가진 귀한 보물인 양 생각하였다. 이 성유물은 악귀를 물리치는 부적이나 병을 고치는 데 사용되었다.

중세 스콜라 철학을 집대성한 토마스 아퀴나스

책을 읽고 주석을 다는 교수와 그것을 받아 적는 학생들의 모습

파리 대학은 북방지역의 대학인 영국의 옥스퍼드, 케임브리지, 독일의 하이델베르크 등의 모형이 되었다. 중세 말에 이르러 80여 개의 대학이 유럽 각지에 설립되어 학문과 연구의 중심지로 발전하였다.

대학에서는 공식적으로 라틴어를 사용하였다. 귀족이나 성직자는 물론 일반인도 대학에 등록할 수 있었는데, 입학과 자퇴가 비교적 쉬워 학생들은 저명한 교수의 강의를 청강하기 위해 이리저리 장소를 옮겨 다녔다. 초기에는 시설이 매우 부족하여 보통 교회 건물을 주로 이용하였다. 교수가 교재를 천천히 읽고 주석을 달아 설명하였고, 강의 후 토론과 논쟁을 벌이곤 하였다.

대학의 교과과정은 7개의 교양과목으로, 문법, 수사, 논리의 3교과와 산수, 기하, 천문, 음악의 4교과로 구성되었다. 3교과를 수료하면 문학사학위를 받았다. 이후 5~6년간의 수업 연한을 거쳐 4교과를 이수하면 문학석사학위를 받았고, 교사나 행정가로 진출하였다. 석사학위를 받은 다음 법률, 의학, 신학 등 전문 과정에 입학할 수 있었다. 이 과정은 최소한 7~8년의 기간이 필요하나, 보통 10년이 훨씬 넘는 기간이 소요되었다. 그중 신학은 가장 정통성이 있고 이수하기가 어려워 그 어떤 학문보다도 사회적 명망이 높았다.

학생들은 대개 고향을 멀리 떠나 유학을 하였기 때문에 학자금 조달이 어려웠다. 또한 교통이 불편하여 졸업할 때까지 고향으로 돌아가지 못하는 경우도 허다했다. 저녁에는 촛불조차 구하기 어려워 많은 학생들이 주점으로 몰려들었다. 그래서 학생들은 주색에 젖어 자유분방하고 난폭해졌으며 고

성방가에 싸움도 서슴지 않았다. 특히 파리 대학가에는 '달집' '별집' '마리아의 집'과 같은 이색적인 이름을 가진 주점들이 등장하였다. 학생들은 이곳에서 먹고 마시며 유흥을 즐기기도 하였으며, 교회의 거룩한 분위기를 세속적인 쾌락으로 바꾸는 일도 흔했다.

대학은 학문의 중심지로서 중세의 문화 발전에 커다란 공헌을 하였다. 대부분의 저명한 학자들은 대학에 속해 있었고, 각 학부는 그 분야 최고의 권위를 인정받았다. 대학 졸업자는 교사, 법률가, 관리, 고위 성직자 등 전문직에서 활약하였다. '중세문화의 꽃'인 대학은 자유정신을 고취시켜 게르만의 침입 이래 침체된 중세문화를 일으키는 견인차 역할을 하였다.

중세의 건축물

신학과 함께 중세 기독교의 이념을 가장 뚜렷하게 표현한 것은 교회와 수도원의 건축양식이었다. 중세의 건축은 전기의 로마네스크 양식과 후기의 고딕 양식으로 나눌 수 있다.

10~12세기에 걸쳐 발달한 로마네스크 양식은 로마식 아치를 갖춘 장중한 모습을 지녔다. 이런 건축물은 남부 유럽에서 성행하였는데, 평면도가 장십자형이며 천장은 반원형의 무거운 돌로 만들어졌다. 따라서 상층부의 무게를 지탱하기 위해 큰 기둥을 세우고 벽을 두껍게 하였으며 창문을 되도록 작게 하였기 때문에 내부가 어둡다는 단점이 있다. 이탈리아의 피사 교회와 밀라노 교회가 대표적인 건축물이다.

12~15세기에 유행한 고딕 양식은 기둥은 가늘게, 지붕은 높게 설계되었으며, 지붕 위에는 뾰족한 첨탑을 갖추었다. 벽은 얇고 창문이 많았는데, 창문은 화려한 문양과 색상으로 장식하였다. 고딕 양식은 로마네스크 양식과

는 달리 밝고 명랑한 인상을 주었다. 특히 유리창에 장식된 스테인드글라스는 어두운 교회 내부를 화려하게 비추어 종교적 신비스러움을 더하였다. 하늘 높이 솟은 첨탑은 천국을 향한 중세인의 종교적 열망을 표현한 것이었다. 고딕 양식의 대표적인 건물로는 프랑스의 노트르담 성당, 독일의 쾰른 성당, 이탈리아의 시에나 성당 등이 있다.

위_ 세느 강 가운데 섬에 위치한 노트르담 성당(고딕 양식)
아래_ 피사 대성당(로마네스크 양식)

중세 유럽 사회의 변화

#11

봉건제도와 가톨릭교회라는 두 기반을 축으로 성장한 중세사회는 12세기에 접어들면서 십자군원정, 상공업의 부활, 자치도시의 성장, 흑사병과 농민반란 등 커다란 변화와 시련을 겪게 되었다. 이러한 일련의 역동적인 변화를 통해 중세의 봉건체제는 서서히 그 한계를 드러냈고, 근대라는 새로운 세계로 접어들게 되었다.

십자군
십자군이란 말은 그리스도를 본받아 '십자를 진다' 는 말에서 유래되었다. 원정을 떠나는 사람들은 가슴이나 어깨에 십자의 표지를 달았고 돌아올 때에는 등에 십자를 달았다.

십자군원정

십자군원정이란 11세기 말부터 13세기 후반까지 기독교가 이슬람교에 대항하여 성지 회복을 벌인 '성전' 을 의미한다. 중세 교황권의 전성기에 시작된 십자군원정은 결국 교황권의 몰락으로 귀결되었으며, 중세 가톨릭교회의 운명에 결정적인 영향을 미치게 된다.

중세 기독교인들은 성지인 예루살렘을 순례하는 것을 최대의 덕행으로 생각하였다. 그러나 1071년 셀주크 투르크인들은 예루살렘을 점령하고 성지 순례자들을 박해하여 기독교인들을 격분시켰다. 십자군원정의 직접적인 계기는 11세기 후반 셀주크 투르크가 콘스탄티노플을 위협하자 비잔틴제국의 황제 알렉시우스 1세가 교황 우르반 2세에게 군사적 원조를 요청한 데서 시작되었다. 교황은 1095년에 프랑스 중부의 클레르몽에서 회의를 개최하여 성지 탈환을 위한 십자군 파병을 제창하였다.

십자군원정은 결코 단순한 성전이 아니었다. 위로는 교황과 제후, 기사, 그리고 밑으로는 상인과 농민에 이르기까지 모든 세력이 각기 다른 의도를 품고 참여하였다. 교황은 동서로 갈라진 교회를 다시 통합하여 자신이 수장이 될 수 있는 절호의 기회로 보았다. 당시 군주나 제후들은 점령지에 식민

성지순례
순례란 '교회의 허가 하에 수행하던 여행이나 사명'을 의미한다. 순례는 그리스도의 발자취를 더듬어봄으로써 천국에 갈 수 있다는 믿음에서 시작되었다. 십자군원정은 무장 순례라는 점을 제외하고는 일반 순례와 그 성격이 동일하였다. 순례는 죄를 씻어내어 영혼의 안식을 꾀하는 면죄 수단으로, 현실의 고민들을 해결하는 기복의 방법으로, 일상생활에서 벗어나 즐거움을 맛볼 수 있는 여행의 기회로서 중세 기독교인들에게는 하나의 대중적 관습이었다.

국가를 세우고, 동방으로부터 많은 보물과 전리품을 획득하여 부와 권력을 강화하려고 하였다. 기사들은 원정에서 용맹성과 전투정신을 발휘하여 자신의 신분과 위상을 드높이려 하였다. 또한 상인들은 동방 무역의 거점을 확보하여 상업적 이익을 취하려고 하였다. 따라서 십자군원정을 모든 사회계층이 참가한 '중세식 식민 활동'이라고 볼 수 있다.

십자군원정은 약 200년간 수차례에 걸쳐 계속되었으나 그 성과는 거의 미미하였다. 1차 원정(1096~1099) 때 십자군은 예루살렘을 탈환하였으나, 이슬람교도들의 반격으로 1187년 다시 그들의 수중에 들어가고 말았다. 그 후 줄곧 성지 회복의 목적은 달성되지 못한 채, 성전이란 미명 아래 약탈과 만행, 적에 대한 무자비한 학살이 자행되었다.

교황 우르반 2세의 클레르몽에서의 연설
웅변술이 뛰어났던 우르반 2세는 "성지 예루살렘은 젖과 꿀이 흐르는 땅"이며 "이 전쟁은 성전으로, 전사자는 모두 천국에 가서 보상을 받을 것"이라며 열변을 토했다.

성지 회복의 실패는 교황의 권위와 교회의 위상을 떨어뜨렸다. 원정에 주도적인 역할을 한 제후들과 기사들은 몰락한 반면, 국왕과 상인들의 세력은 눈에 띄게 증강되었다. 국왕은 정복비의 명목으로 세금을 거두어들이고, 원정 중 사망한 귀족의 영지를 차지하였다. 또한 국왕은 교황과 제후들을 누르고 왕권을 강화하기 위해 원정 중 거대한 부를 축적한 상인들과 손을 잡았다. 이는 지방분권적인 봉건사회가 무너지고 중앙집권적 국가체제가 대두하는 계기가 되었다. 또한 십자군원정은 동방 무역의 길을 열어 원거리 무역을 촉진시키고, 서유럽의 도시와 상공업 발달에도 크게 기여하였다. 그리고 이로 인한 화폐경제의 발달은 자급자족 체제였던 중세 장원경제를 무너뜨린 요인으로 작용하게 되었다.

십자군원정의 탈선 행위

1차 십자군원정은 프랑스인을 중심으로 약 5,000명의 기병과 3만 명의 보병으로 이루어졌다. 십자군은 1099년 예루살렘을 함락했으나 도저히 성전이라고는 할 수 없을 정도로 학살과 약탈이 자행되었다. 이슬람교도인 주민 5만 명이 살해되었으며, 5,000명이나 되는 종군위안부도 따랐다고 한다. 이후 수차례 계속된 원정은 성전이라는 미명 아래 탈선 행위로 일관하였다.

1212년에는 신의 계시를 받았다는 프랑스의 한 양치기 소년이 중심이 되어 소년 십자군을 결성하였다. 이들 소년들은 프랑스의 남부 마르세이유에서 7척의 배를 타고 원정길에 나섰다. 그러나 폭풍을 만나 배 2척이 난파되

십자군원정이 거듭되면서 기사와 제후들은 자신들의 신분 향상과 재물 획득에 집착하게 되었다.

고, 나머지 5척에 타고 있던 700명의 소년들은 악덕 상인과 선주의 농간에 넘어가 이집트의 알렉산드리아로 끌려가 이슬람 상인에게 노예로 팔리기까지 하였다.

십자군 병사들은 통과하는 지역마다 약탈과 방화, 그리고 무자비한 살육을 서슴지 않았다. 특히 기사 십자군은 소아시아와 시리아를 거쳐 성지에 도달하여 수많은 이슬람교도와 유대교도들을 무자비하게 학살하였다. 1187년 이슬람교도들이 다시 예루살렘을 탈환하였을 때, 기독교인들에게 살육으로 보답하지 않고 관용적인 자세를 취한 것과는 매우 대조적이었다.

'예루살렘의 거리나 광장은 시체로 산더미를 이루었다. 십자군 병사들은 시체를 딛고 전진하였다. 신전이나 벽은 물론 기사의 말고삐까지 피로 물들었다. 오랫동안 성지 순례를 방해했던 이방인들로 더럽혀진 성지가 그 이방인의 피로 씻겨져야 한다는 신의 심판은 정당하고 찬양할 만한 것이다.' 이것은 십자군원정에 직접 참가하였던 프랑스의 한 성직자가 기록한 것으로, 잔혹한 학살이 신의 심판으로 정당화되었음을 말해주고 있다.

아비뇽 교황 시대

십자군원정의 실패로 인해 교황의 권위는 크게 떨어졌고, 교황에 대한 민중의 신앙심도 점차 식어갔다. 또한 봉건제후와 기사들의 세력이 약화되어 왕권이 강화됨에 따라, 교황의 권위는 그 존립 기반을 상실하면서 세속적인 왕권의 도전을 받을 수밖에 없었다. 이러한 과정에서 중세 유럽인들의 생활과 문화에 강력한 지배권을 행사하였던 가톨릭교회의 세력은 점차 쇠퇴해 갔다.

교황의 영향력 약화와 세속 군주들의 세력 강화는 14세기 초 교황 보니파키우스 8세와 프랑스의 필립 4세의 분쟁에서 입증되었다. 이전의 싸움에서는 교황이 승리하거나 유리한 타협을 이끌어내곤 하였다. 그러나 이 분쟁에서 교황은 프랑스 왕에게 수치스럽고도 완벽하게 패배하였다.

1295년에 프랑스의 필립 4세는 영토 분쟁으로 인해 영국의 에드워드 1세와의 전쟁을 준비하고 있었는데, 전비를 마련하기 위해 사제 계층에도 세금을 부과하였다. 이에 보니파키우스 8세는 어느 나라의 사제이건 교황의 동의 없이 군주에게 세금을 내지 못하도록 금지하는 칙령을 공표하여 필립 4세와 과세권을 둘러싸고 맞섰다. 이에 필립 4세는 프랑스에서 금과 은이 유출되는 것을 막아 교황청으로 돈이 흘러 들어갈 수 없도록 조치하였다. 결국 1297년 봄, 교황은 프랑스 영토의 수호와 같은 비상사태가 발생할 경우에는 왕이 사제에게 과세할 수 있는 권한을 인정하기에 이르렀다. 그러나 필립 4세와 보니파키우스 8세 사이의 화합은 그리 오래가지 못하였다.

1301년에 필립 4세가 프랑스 남부의 주교였던 세세를 이단으로 몰아 강제로 투옥하자, 프랑스 교회의 독립성이 위기에 처했다고 판단한 교황은 재판권 문제를 둘러싸고 또다시 필립과 다투었다. 1303년 교황은 "세속권은 교황권에 종속되어야 한다"고 선언한 후 필립 4세를 파문하였다. 이에 필립 4세는 파문을 피하기 위해 삼부회 소집 등 기반을 확보한 후 교황을 이단으로 몰아 체포하였다. 이것이 소위 아나니 사건이다. 80세 고령의 교황 보니파키우스는 온갖 학대를 받은 뒤에 석방되었지만, 너무나 큰 충격과 수치를 이기지 못해 수개월 뒤 세상을 떠나고 말았다.

그 뒤를 이어 교황으로 선출된 클레멘트 5세(그가 새로 임명한 28명의 추기경 가운데 25명이 프랑스인이었음)는 1309년 필립 4세의 강요로 교황청을 남프랑스의 아비뇽으로 옮겼다. 이때부터 약 70년간 교황은 프랑스 왕의 간섭을 받게 되어 그 권위가 크게 실추되었다. 이 시대를 고대 유대인들의 바빌론 유수에 비유하여 '아비뇽 유수(1309~1377)'라고 불렀다.

아나니 사건

교황의 권위는 보니파키우스 8세(1294~1303) 치세에 심각하게 실추되었다. 교황 보니파키우스 8세는 성직자의 납세 문제와 교황의 재판권 문제를 둘러싸고 프랑스 국왕 필립 4세와 대립하였다. 이 대립의 핵심은 과거 그레고리우스 7세와 하인리히 4세 사이의 투쟁에서와 마찬가지로, 교황권과 세속권 중 무엇이 더 우위에 있느냐 하는 것이었다. 결국 1303년에 교황 거주지인 아나니에서, 당시 80세를 넘긴 보니파키우스는 필립 4세의 지지자들에게 체포되어 모진 학대를 받다가 지역민에 의해 겨우 풀려났다. 늙은 교황은 기력이 더욱 쇠진해져 결국 숨을 거두고 말았다. 소위 아나니 사건으로 불리는 이것은 과거 교황권의 우위를 확보한 카노사 굴욕 사건과는 정반대의 결과를 가져왔다. 이후 왕권은 건실하게 성장한 반면, 교황권은 점점 쇠락하여 프랑스 세속 권력의 지배를 받게 되었다.

교회의 대분열과 개혁 종교회의

교황청은 70년간의 '아비뇽 유수' 시대를 거친 후 1377년에 마침내 로마로 복귀하였다. 교황 그레고리 11세가 다음 해에 로마에서 사망하자 로마는 또다시 혼란에 빠졌다. 로마 시민들은 추기경단이 프랑스인 교황을 선출하여 다시 교황이 아비뇽으로 되돌아가지나 않을까 염려하였다. 로마 시민들은 "우리는 로마인을 원한다. 아니면 적어도 이탈리아인을 바란다"며 추기경들을 위협하였다. 결국 이탈리아 출신 우르반 6세가 교황에 선출되었다.

우르반 6세는 즉위 후 교황청을 철저하게 개혁하겠다고 선언하고, 이를 위해 추기경들을 거짓말쟁이와 반역자로 몰아세워 탄핵하였다. 이에 추기경들은 프랑스인 교황 클레멘트 7세를 새로 선출하고 교황청을 다시 프랑스의 아비뇽으로 옮겼다. 그리하여 교황청은 로마와 아비뇽으로 갈라져, 이른바 '교회의 대분열'로 알려진 기독교 세계의 양분 현상이 나타나게 되었다. 이로써 가뜩이나 약화된 교황의 권위는 한층 더 떨어지게 되었다. 40년간 양측의 교황들은 서로 자기가 진정한 베드로의 후계자임을 주장하며 싸웠기 때문에 가톨릭교회의 위신은 물론 일반인들의 신앙심도 점차 식어갔다.

로마와 아비뇽으로 갈라진 교회의 대분열

교회의 통합과 자정을 위한 여러 방법들이 실패로 돌아가자, 가톨릭교회는 1409년 피사 종교회의를 열어 교회의 분열을 종식시키고 교회의 세속화와 부패를 시정토록 하였다. 이 회의에서 로마와 아비뇽 양측의 추기경들은 분열의 책임을 물어 양측 교황을 즉각 폐위시키고 알렉산더 5세를 새로운 통일 교황으로 선출하였다. 그러나 유감스럽게도 기존의 두 교황 모두 물러서기를 거절하여 어처구니없게도 3명의 교황이 등장한 꼴이 되고 말았다. 결국 콘스탄스 종교회의를 통해 고질적인 분열은 종말을 고했으나, 이러한 일련의 사건들은 교황청의 대외적 위신을 크게 떨어뜨렸다.

상업의 부활과 도시의 발달

중세 유럽 사회는 장원을 기반으로 한 폐쇄적인 농업경제에 의존하였다. 그러나 인구가 증가하고 농업생산력이 증대되면서 상업 활동이 활기를 띠기 시작하였다. 11세기경에는 화폐가 유통되고 교통과 상업의 요지에 도시들이 들어섰다. 이들 도시는 처음에는 비교적 좁은 범위 내에서 교역을 하였으나, 십자군원정을 계기로 통상의 범위가 확대되어 원거리 무역도 늘어났다. 그러한 계기가 된 지역은 베네치아, 피렌체, 제노아 등과 같은 이탈리아의 북부 도시들이었다.

이 도시들은 십자군을 따라 아시아와 유럽의 특산물을 교환하는 지중해 무역을 장악하여 번영하였다. 뒤를 이어 발트 해와 북해를 거점으로 한 무역이 발달하여 북부 독일과 프랑스의 많은 도시들이 발전하였다. 그리고 이 두 무역권의 연결로에 위치한 다뉴브 강 상류와 독일 남부의 라인 강 주변에도 많은 도시들이 성장하였다. 이들 중 독일 북부의 여러 도시들이 한자 동맹을 결성하여 북유럽 지역의 무역을 주도하였다.

그렇다면 이들 도시들은 어떻게 형성되었을까? 처음에 도시들은 영주와 봉건적 계약을 맺고 있었기에 영주의 통제 하에 있었다. 영주는 도시의 행정권과 사법권을 장악하고, 화폐 주조권을 비롯한 각종 이권을 독점하였다. 영주는 또한 일부 도시민에게 부역을 강요하였고, 도시를 마음대로 분할하거

동방 무역의 중심지였던 '물의 도시' 베네치아의 모습

나 양도할 수도 있었다. 이에 도시민들은 자치권을 확보하기 위해 끊임없는 투쟁을 전개하였다.

대부분 도시들은 영주에게 일정한 금액을 지불하고 특허장을 받아서 자치권을 행사하였으나, 때로는 영주와의 무력 대결을 통해 자치권을 획득하기도 하였다. 이로 인해 12세기에는 유럽 대부분의 도시들이 영주의 지배로부터 벗어나 자치권을 확보하게 되었다. 그 결과 도시는 정치적으로 자유롭게 되어, 도주한 노예라 할지라도 도시에서 1년 1일을 거주하면 자유인으로 인정하는 관습이 생겼다. '도시의 공기는 자유를 낳는다' 는 말이 있듯이 자유는 도시민의 신분적 특징이자 특권이었다.

도시민들 간에는 빈부의 격차가 심했다. 원거리 무역을 하는 대상인이나 은행가 혹은 법률가는 도시귀족으로서 시정을 장악하였다. 도시의 상류계급을 흔히 부르주아(Bourgeois)라고 부르는데, 이것은 독일어의 성(burg)에서 유래된 것이다. 외부의 적에 대비해서 도시는 높은 성을 쌓았는데, 아무래도 성 안이 바깥보다 훨씬 안전하였다. 문제는 임대료의 차이가 너무 현격해서 웬만한 재력이 없으면 성 안에서 살 수 없다는 것이었다. 따라서 성 안에 사는 사람을 의미하는 부르주아는 경제적으로 부유한 자를 의미하였다. 신분상으로 볼 때 그들은 평민이지만 지향하는 바는 귀족과 같은 특권계층이었다.

상인 길드와 수공업자 길드

상공업의 발달과 함께 새로운 조직인 길드가 결성되었다. 길드는 상인 길드와 수공업자 길드가 있는데, 대체로 상인 길드가 먼저 조직된 후에 수공업자 길드가 직종별로 등장하였다.

길드는 원래 조합원 간의 평등을 바탕으로 동업자 상호간의 공동이익과 안전을 도모하기 위한 공제 조합적인 단체였다. 자체 자금을 조성하여 재해나 해적으로 인한 상업상의 손실을 보상해주고, 조합원의 사망시 그 가족의 생활을 보살피기도 하였다. 현대와는 달리 치안 상태가 불안하였던 당시에 이러한 상호부조는 상인의 생존과 번영을 보장하는 유일한 수단이었다. 그러나 길드는 점차 통제적이며 규제적인 성격으로 변해갔다. 즉, 영업시간, 매매 가격, 제품의 양과 질에 대한 통제와 규제를 통해 경쟁을 배제하고 이윤을 보장하기 위한 기준과 규칙을 제정하였다. 이러한 규칙을 위반할 시에는 벌금을 부과하는 등 제제를 가하였다.

중세 시장의 모습

상인 길드보다 약 50년 뒤에 형성된 수공업 길드는 본래 특정한 산업에 있어서 노동 조건을 보호하기 위하여 조직되었다. 수공업 길드는 상인 길드와 달리 계층적 신분, 즉 도제, 직인, 장인 등 3계층으로 구분되었다. 이들 3계층은 각기 신분에 따라 훈련 기간과 자격 요건, 자격 심사 등을 엄격히 규정하였다.

수련공격인 도제는 장인과 함께 생활하면서 견습비를 내며 일을 배웠다. 장인은 도제의 작업뿐만 아니라 도덕과 규율까지 감독하였으며, 도제는 장인의 명령에 절대 복종하였다. 도제는 보통 7년 정도의 견습 기간이 지나면 직인이 되는데, 이때부터 장인에게 급료를 받으며 본격적으로 기술을 연마하거나 각지를 다니면서 일거리를 찾기도 하였다.

5~6년 정도의 직인 생활을 마치고 장인이 되기 위해서는 자신의 기술을 증명할 작품을 조합에 제출하여 인정을 받아야 했다. 바로 이 작품을 '마스터피스(masterpiece)' 라고 하는데, 장인의 작품이라는 뜻이다. 이 단어는 후

에 걸작 혹은 명작의 의미로 변형되어 쓰이게 된다. 그러나 장인 계층은 자신들의 기득권을 유지하기 위해 새로운 장인을 인정해주지 않는 경향이 있었다. 이와는 달리 장인의 아들이 제출한 작품은 어렵지 않게 인정받는 일이 비일비재하였다. 실력보다는 배경과 신분이 합격 여부를 좌우한 것이다. 이러한 상황에 대처하기 위하여, 직인들은 따로 직인조합을 결성하여 장인들의 횡포에 맞대응하기도 하였다.

길드는 동전의 양면과 같은 역할을 하였다. 우선 폐쇄적인 장원경제를 붕괴시키고 일정 수준의 기술이나 품질을 향상시키는 데 크게 기여하였다. 그러나 길드에 소속되지 않은 상인이나 수공업자들의 활동을 엄격히 통제하여 자유로운 경쟁을 방해하였다. 또한 조합원에 대한 일률적 통제와 특권 부여로 말미암아 생산력을 발전시키기보다는 후퇴시켰다. 일종의 집단이기주의인 셈이다. 그리하여 길드가 발달하지 못한 지역에서 오히려 기술 발전과 자본의 축적이 이루어지는 경향이 있었다. 다시 말하면, 길드 조직의 획일적인 통제가 사라지고 자유경쟁이 허용될 때 비로소 자본주의적인 근대 산업이 발생할 수 있었던 것이다.

흑사병의 공포

14세기 초 유럽을 휩쓴 한발과 홍수는 곡물 생산에 타격을 주어 심각한 식량난을 초래하였다. 곳곳에 굶주림과 전염병이 만연하여 사회적 혼란이 가중되었다. 이런 경제적 어려움을 더욱 가중시킨 것은 14세기 중엽 전 유럽을 강타한 흑사병이었다. 흑사병이 언제 어디서 발생했는지는 정확히 알 수 없으나, 아시아나 이집트에서 발생하여 무역항로를 통해 지중해를 건너 1347년 이탈리아에 상륙한 것으로 추정된다. 흑사병은 놀랄 만큼 빠른 속도

흑사병
페스트의 일종인 흑사병은 쥐에 붙어사는 벼룩을 매개로 전염되는 질병이다. 일단 감염되면 고열이 나고 피를 토하며 호흡곤란을 일으켜 정신을 잃는다. 대개 발병한 지 2~3일 내에 사망하는 무서운 질병이다. 흑사병이라고 불린 이유는 사망 직전에 환자의 피부가 흑색이나 자주빛으로 변하기 때문이었다. 페스트균은 19세기 말에 와서야 파스퇴르에 의해 발견되었다. 따라서 당시 의학으로는 예방하거나 치료할 수 없는 불치의 병이었다. 예방책이라야 환자를 집에 가두거나 환자가 살던 집을 태워버리는 것이 고작이었다. 그것은 공포와 저주의 대상이었다.

로 퍼져나갔다. 3년도 채 되지 않는 기간에 이탈리아, 에스파니아, 프랑스, 영국 그리고 북부 유럽을 거쳐 아이슬란드와 러시아까지 크게 확산되었다.

흑사병은 당시 유럽 인구의 1/3 정도인 3,000만 명을 감소시킨 인류 역사상 최악의 재난이었다. 16세기 말이나 17세기 초에 와서야 그 인구가 흑사병 이전의 수준으로 회복되었을 정도다. 아비뇽에서는 추기경의 절반이 병으로 쓰러졌다. 특히 교회에 거주하는 성직자들의 사망률이 높았는데, 거기에는 이유가 있었다. 아직 흑사병에 전염되지 않은 사람은 공포감에 휩싸인 채 교회로 달려갔다. 환자와 감염되지 않은 사람들이 뒤섞인 가운데 성직자들은 하느님에게 구원을 청하였다. 결국 모두 질병에 감염되고 말았다. 페스트는 귀족도, 성직자도, 평민도 가리지 않았기 때문에 사회적 공포는 이루 말할 수 없었다.

날로 더해가는 공포 분위기 속에서 남프랑스와 독일의 라인 강 연안 지방에서는 유대인이 우물에 독을 뿌려서 흑사병이 생겼다는 소문이 돌았다. 주민들의 집단적인 광기 속에서 수많은 유대인들이 생매장 당하거나 불속에 던져지기도 하였다. 그러나 진짜 이유는 평소 기독교인이 유대인들을 이교도라며 미워한 것과 유대인들이 이재에 밝아서 돈을 잘 벌었던 데 있었다. 멸시와 증오가 '마녀 사냥' 이라는 광기로 나타난 것이다.

흑사병의 전파

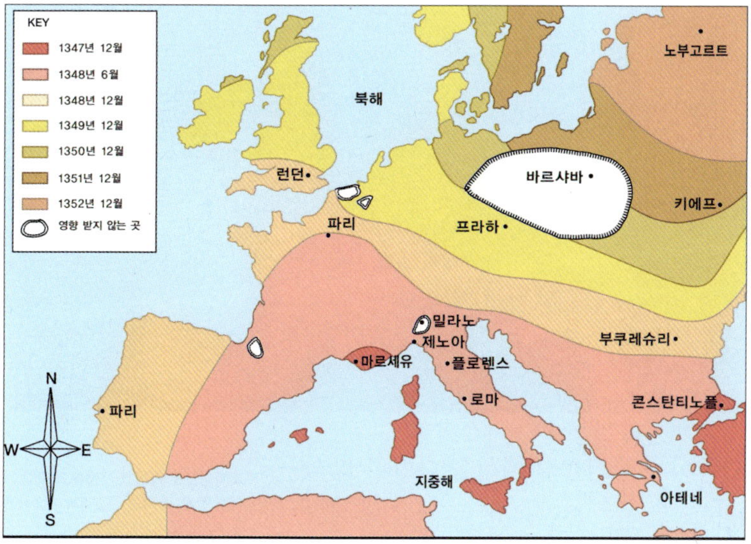

흑사병으로 인한 죽음의 공포로부터 살아남기 위한 인간의 본능은 기존의 가족관계나 인간관계를 철저히 파괴하였다. 또한 죽음에

대한 공포는 다양한 미신과 신비주의적인 색채를 띤 종파나 의식을 만들기도 하였다. 사람들은 죽음을 가져오는 병을 신의 분노로 보고 몸 안의 악을 내쫓기 위해 서로 채찍질을 하였다. 나체나 반나체로 머리를 풀어헤친 채 찬송가를 부르며 거리를 행진하기도 하였다. 당시 예술작품에는 최후의 심판이나 지옥과 같은 소재가 채택되기도 하였다. 또한 성직자들은 고통받는 사람들을 구제하기보다 자신들도 흑사병에 전염될까 두려워 피신했으며, 이로 인해 교회는 불신의 대상이 되었다.

흑사병으로 죽어간 사람들의 모습
마차 뒤에 서 있는 검은색의 저승사자는 흑사병을 상징한다.

인구가 밀집된 도시들의 피해는 더욱 커서 도시 인구의 절반이 감소하였다. 요행히 살아남은 사람들은 죽은 귀족이나 상인들의 재산을 다양한 방식으로 차지하였다. 새로운 사람들이 텅 빈 도시로 유입되고, 도시의 운영권도 이 과정을 통해 재산을 획득한 사람들에게 넘어갔다. 한마디로 도시의 질서와 권위가 구조적으로 뒤바뀌게 된 것이다.

농촌의 경우 도시에 비해 사망률은 낮았지만 인구비가 높았기 때문에 실제 사망자 수는 더욱 많았다. 농촌의 마을도 사람들이 죽거나 피신을 하여 폐촌이 된 곳이 많았다. 유럽 전역에서 1,000개 이상의 마을이 폐허로 변하였다. 인구의 감소는 식량 수요의 감소를 가져왔고, 이는 결국 곡가의 하락과 노동 임금의 상승을 초래하였다. 더욱이 많은 농민들이 죽거나 피난을 떠나 농촌에서는 일손이 부족하여 많은 토지가 경작되지 않은 채 방치되었다.

흑사병으로 인한 인구의 급격한 감소는 노동력 부족 현상으로 이어졌다. 그리고 이것은 역설적으로 농민에 대한 사회적 대우가 높아지는 결과를 가져왔다. 농민들은 부자유스런 신분이었지만, 더 좋은 노동 조건을 찾아 다른 촌락이나 도시로 빈번히 이동하였다. 이런 상황에서 영주들은 노동력 확보를 위하여 농민들에게 과거 봉건제에서 행해지던 부역 노동 대신 임금을 지불하거나 토지를 대여해주는 새로운 방식을 채택하였다. 다시 말해, 과거 장원에 예속된 농노의 신분에서 차츰 독립적인 자영농민의 신분으로 변화된 것이다.

자크리 반란은 프랑스 왕실과 영주들의 가혹한 수탈에 반발하여 일어났다.

농민반란

중세 말, 사회·경제적 혼란과 갈등이 이어지자 유럽 각지에서 전국적인 규모의 농

와트 테일러 반란 시 농민군을 지도하는 개혁사상가 존 볼의 모습

민반란이 잇달아 일어났다. 흑사병 유행 이후 농노 해방의 움직임이 일자 영국 등에서는 농민들을 다시 토지에 예속시키고 무거운 봉건적 부담을 강요하려는 '영주 반동' 이 나타났다. 농민들이 곳곳에서 조직적으로 거세게 반발하였는데, 프랑스의 자크리(당시 귀족이 농민을 통칭하여 부르던 말) 반란이나 영국의 와트 테일러 반란이 바로 그것이다.

1358년 프랑스 농민들은 100년전쟁과 흑사병, 그리고 봉건 귀족의 착취에 대항하여 반란을 일으켰다. 농민들은 농노제의 폐지와 함께 부역과 지대에 대한 부담을 줄여줄 것을 요구하였다. 순식간에 10만이 넘은 반란 농민들은 영주의 성을 파괴하고 파리까지 진격하였다. 그러나 프랑스 농민항쟁은 3개월 만에 진압되고 말았다.

영국에서도 흑사병으로 인구가 줄어들어 노동력이 부족해지자 영주들은 다시 예전의 부역제로 돌아가 농민들에게 봉건적 부담을 강요하였다. 영국 정부도 노동자의 이동과 임금을 억제하기 위하여 입법 조치(대표적인 예로는 1315년 제정된 노동자 조례)를 취하였다. 영국 농민은 이런 조치들에 반발하여 성직자 존 볼과 연와공 와트 테일러를 지도자로 삼아 반란을 일으켰다(와트 테일러 반란). 존 볼은 "태초에 아담이 밭을 갈고 이브가 베를 짤 때 누가 귀족이고 누가 농민이었는가?"라는 연설로 농민을 선동하였다. 영국 동남부에서 시작된 반란은 순식간에 전국으로 퍼져나갔다. 농민군은 런던까지 진격하여 국왕을 만나 농노제 폐지, 농민을 탄압하는 입법의 철폐, 교회 소유의 토지 몰수와 무상 분배 등을 요구하였다. 그러나 테일러가 체포되어 처형된 후 농민군은 급속히 와해되었다.

농민반란은 영주들의 조직적인 탄압으로 결국 실패하고 말았다. 그러나 농민들이 주장하였던 농노제 폐지와 농민 해방은 거스를 수 없는 시대적 흐름이었음을 잘 보여주는 사건이었다. 중세 말 유럽 사회를 뒤흔들었던 농민반란은 결국 유럽이 봉건사회에서 벗어나 근대사회로 발전하기 위해 치러야 했던 출산의 고통이었다.

발명과 기술 혁신

중세 말에 이루어진 발명과 기술적 혁신은 역사를 변화시킨 또 하나의 원동력이 되었다. 그 대표적인 것이 중세의 전쟁 양상을 변화시킨 대포와 소총의 발명이었다. 중세 말 연이은 국가나 지역 간 전쟁은 새로운 무기의 발명을 촉진시켰다. 화약은 중국인들이 발명하였으나, 대포는 중세 말기 유럽에서 처음 사용되었다. 초기의 대포는 불발율이 높아, 때로는 대포 앞에 서 있는 것보다 뒤에 서 있는 것이 더 위험할 정도였다.

그러나 대포는 점차 개량되어 중세 말 전쟁의 양상을 혁신적으로 바꿔놓았다. 1453년 한 해 동안 대포와 중화기는 두 번의 중요한 전쟁의 결과를 결정짓는 데 큰 역할을 하였다. 오스만 투르크는 대포를 사용하여 당시 유럽에서 가장 막강하였던 콘스탄티노플을 함락하였다. 프랑스는 중화기를 사용하여 보르도를 점령, 100년전쟁을 승리로 이끌었다. 또한 유럽 국가들은 선상에 대포를 탑재하여 보다 쉽게 식민

새로운 전쟁무기 대포의 사용

활판인쇄술을 발명한 구텐베르크

지를 개척하였다. 소총은 보병의 전력을 크게 증대시켜 중세 기사계급의 몰락을 촉진시켰다. 또한 소총은 국내반란을 진압하거나 식민지 정복을 용이하게 해주어 유럽이 역사상 처음으로 세계를 지배하는 계기를 마련하였다.

중세 말 발명된 안경과 시계는 삶의 질을 높여주었고 효율적으로 일할 수 있도록 도와주었다. 지리와 천문학 지식의 확대, 조선술의 발달, 나침반이나 망원경 같은 도구의 발명은 원양 항해를 가능하게 하였다. 이로 인하여 북부유럽은 물론 멀리 아프리카나 아메리카로 나가는 신항로가 개척되었고, 무역로가 확대되었다.

또한 활판인쇄술의 발명으로 활자 인쇄가 가능해져 종전의 필사본을 대체하게 되었다. 종이 인쇄로 인해 노동력이 크게 감소되었고, 가격도 과거 양피지 필사본의 1/5~1/6 수준으로 떨어졌다. 1500년 후부터는 많은 유럽인들이 저렴한 가격으로 손쉽게 책을 접할 수 있게 되었다. 서적이 대중화되면서 정보와 사상이 널리 보급될 수 있었으며, 문화적 민족주의를 고양시키는 계기가 되었다. 서적의 보급은 또한 표준어를 보급, 전달함으로써 지역 간의 의사소통을 원활하게 하였다.

중앙집권적 국민국가의 등장: 영국과 프랑스

중세 말에 있었던 십자군원정의 실패, 교황권의 쇠퇴, 상업과 도시의 발달, 흑사병과 농민반란, 발명과 기술 혁신 등 일련의 사건들은 국왕의 권력을 상대적으로 강화시켜 국민국가가 성립하는 배경이 되었다. 그러나 근대적 국민국가의 형태가 이 시기에 성립된 것은 아니었다. 또한 당시 시민계층과 왕권의 제휴로 인해 봉건제후들의 세력이 완전히 몰락한 것도 아니었다.

이때 성립된 국가 형태는 16세기 이후에 절대주의 국가가 성립될 때까지의 과도기적 형태였다. 이른바 신분제 국가였던 것이다. 국왕은 성직자, 봉건귀족, 도시민 등으로 구성된 신분제 의회를 통해 봉건제후의 세력을 누르고 도시 시민계층(상공업자)을 지원함으로써 전국적인 규모의 과세권을 확보하려 하였다. 따라서 신분 의회의 성립은 권력의 일원화가 이루어지는 방향으로 진행되어 근대적 통일국가의 길을 열어놓았다.

국민국가의 성립에 앞장선 나라는 영국이었다. 영국에서는 1066년 노르망디 공 윌리엄의 정복 이래, 노르만 왕조의 지배하에 강력한 왕권을 수반한 예외적인 봉건제가 발달하였다. 그러나 13세기에 존 왕은 프랑스 영내의 영국령 문제를 두고 프랑스와 다투다가 많은 영토를 상실하고, 다시 교황과 충돌하여 파문당하는 실정을 거듭하였다. 또한 그는 국내 제후들에게 과중한 세금을 부과하는 고압적인 지배로 귀족들의 반항에 부딪치게 되었다. 이에 봉건제후들은 상인계급과 힘을 합쳐 국왕에 대항하여 1215년 대헌장(Magna Carta)을 승인토록 하였다.

대헌장은 봉건귀족의 특권을 국왕에게 확인시킨 것에 지나지 않았지만, 국왕이라 할지라도 법

대헌장

이 문서에서 귀족들은 국왕에 대한 충성의 서약을 파기하고 63개조의 요구사항을 제시하였다. 핵심 조항은 12조와 39조에 있었다. 12조는 관습상 인정된 것 이외의 과세나 봉건 부조는 국민의 공통된 합의에 의해서만 징수될 수 있으며, 39조는 국법이나 재판에 의하지 않고는 자유민은 누구든지 연행, 투옥, 연행, 재산 몰수, 추방 등의 불이익을 당하지 않는다고 규정하였다. 17세기 절대군주와의 투쟁에 있어서 12조는 '대표 없이 과세 없다' 라는 원칙으로, 39조는 배심 재판의 보장으로 해석되었다.

대헌장을 승인하는 존 왕의 모습

영국군에게 포위된 오를레앙을 구한
프랑스 영웅 잔 다르크

을 준수해야 한다는 근본원리를 보여주는 것이었다. 이것이 비록 봉건적 권리를 옹호하는 문서라 할지라도, 그 속에는 통치 대상자의 생명과 재산을 보호하고 권리를 보장하는 정신이 담겨 있어 후일 입헌정치의 기초가 되었다.

그 뒤 에드워드 1세는 프랑스와의 전쟁에 대비하기 위한 자금 확보를 목적으로, 선거를 통해 귀족, 성직자, 각 주의 기사와 시민 대표를 소집하였다. 영국의 모든 계급의 대표들이 참여했기 때문에 '모범의회'라고 부르는 이것은 영국 의회의 기원이 되었다. 14세기 후반에는 성직자와 귀족들이 의회에서 이탈하여 독자적 기구를 구성함으로써 양원제의 기초가 마련되었다.

프랑스에서 근대적인 통치를 시작한 인물은 필립 4세였다. 그는 1302년 성직자(제1신분), 귀족(제2신분), 평민(제3신분) 등 세 신분으로 구분된 삼부회를 소집했는데, 이는 곧 프랑스 의회의 시초가 되었다. 삼부회는 신분에 따라 각기 독립적인 회의를 가져 신분별로 국왕에 의해 소집되었다.

영국과 프랑스 양국이 중앙집권적인 국민국가로 발전하는 데 획기적인 역할을 한 것은 100년전쟁(1339~1453)이었다. 양국은 프랑스 내의 영국령 문제와 플랑드르 지방의 모직물공업에 대한 지배권을 둘러싸고 첨예하게 대립하였다. 때마침 프랑스의 왕위 계승권에 대한 영국 왕의 간섭을 계기로 양국 간에 전쟁이 일어났다. 이 전쟁은 처음에는 봉건적 전쟁으로 시작되었으나, 점차 두 국민 사이에 민족의식이 높아져 민족, 국가 간의 전쟁으로 변해갔다.

100년전쟁은 프랑스의 발전에 2가지 변화를 가져왔다. 하나는 영국으로부터의 영토 회복이었고, 다른 하나는 잔 다르크로 상징되듯이 새로운 국민의식이 싹튼 것이다. 그 결과 프랑스는 민족국가의 형성에 중요한 기틀을 마련하였다.

100년전쟁이 끝난 직후 시작된 장미전쟁(1455~1485)은 영국의 왕권을 더욱 강화시키는 결과를 가져왔다. 장미전쟁은 랭카스터 가문과 요크 가문 간의 왕위 쟁탈전이었다. 두 전쟁 이후 기사의 몰락, 영주 세력의 약화로 인해 왕권은 점차 강화되었다. 영국과 프랑스의 왕권 강화는 결국 봉건제도의 붕괴를 촉진시킨 요인이 되었다.

Theme 4

근대세계로의 새로운 변화

르네상스

#12

르네상스
르네상스는 14~16세기에 걸쳐 유럽에서 일어난 고전, 고대문화의 부흥운동으로서, 중세에서 근대로의 이행기라는 시대적 의미를 가진다. 일반적으로 르네상스는 중세의 황금기인 동시에 근대의 출발점으로 간주되고 있다.

르네상스는 그리스와 로마의 고전 문학, 예술, 학문에 대한 관심의 부활로부터 시작된 신문화운동이었다. 르네상스는 14세기경 상업 자본주의가 가장 발달한 이탈리아에서 시작되어, 16세기 중반부터는 알프스를 넘어 북유럽으로 전파되었다. 이탈리아의 르네상스는 주로 귀족이나 부유한 상층계급에 의해 문예 방면에 치중되었으나, 북유럽의 르네상스는 종교개혁적인 성향을 띠었다. 르네상스는 신 중심의 내세적 세계관으로부터 인간 중심의 세속적 세계관에 눈을 돌리게 하였으며, 무엇보다도 인간과 자연에 대한 새로운 인식과 태도를 발생시켰다.

르네상스의 의미와 시대 평가

르네상스란 말은 원래 이탈리아어 '레나시타(Renascita)' 에서 비롯되었다. 16세기 이탈리아의 미술사가 바자리는 14~16세기 유럽에서 일어난 그리스, 로마의 고전미술의 부활을 '레나시타' 라고 불렀는데, 이 말은 '재생' 이나 '부활' 을 의미하였다. 그 후 19세기에 프랑스 역사가 미슐레는 그의 저서 『프랑스사』에서 그것을 단순히 미술뿐 아니라 고전, 고대문화 전체의 부활을 의미하는 개념으로 사용하였다. 그러나 오늘날의 르네상스 개념, 즉 르네상스를 근대문화의 출발점으로 인식한 인물은 19세기 스위스 역사가인 부르크하르트였다. 그는 르네상스 시대를 역사 발전 속에서 따로 분리하여 하나의 독립적이고 독특한 시대로 파악하였다.

그렇다면 역사가들은 르네상스기를 어떻게 평가하는가? 부르크하르트는 르네상스기를 중세와 단절된 근대의 출발점으로 보았으며, 중세와 관계없이 또는 중세문화의 죽음 위에서 이룩된 것이라 하였다. 그러나 이에 반박하여 르네상스와 중세의 연속성을 강조하는 의견들이 나타났다. 이런 입장을 대표한 네덜란드의 역사가 호이징가는 르네상스란 근대의 시작이 아니라 중세의 가을, 즉 중세문화의 결실기라고 주장하였다.

이 두 역사가의 대조적인 견해에도 불구하고, 이들 모두는 르네상스를 하나의 시대에서 다른 시대로 넘어가는 커다란 과도기였다는 데 의견을 같이 하였다. 따라서 르네상스에 대한 가장 적절한 견해는 르네상스와 중세와의 연속성을 인정하는 동시에 르네상스의 근대적인 성격도 중시해야 한다는 것이다. 즉 르네상스는 중세의 황혼기인 동시에 근대의 여명기라고 보는 것이 타당하다.

르네상스가 이탈리아에서 발생한 이유

넓은 의미에서 볼 때 르네상스의 배경이 된 것은 중세사회의 붕괴였다. 14, 15세기에는 전 유럽에 걸쳐 중세가 서서히 붕괴되고 있었기 때문에 르네상스는 유럽 어느 곳에서나 일어날 가능성이 있었다. 그럼에도 불구하고 르네상스가 14세기 이탈리아에서 가장 먼저 일어난 이유는 무엇일까?

첫째, 이탈리아만큼 고대의 전통을 간직한 국가는 없다는 것이다. 이탈리아는 고대 로마제국의 수도로서 고대문화의 옛 터전이었으며, 고대 유물과 유적이 풍부하게 잘 보존되어 있었다. 그리하여 이탈리아인들은 조상의 전통을 중시하며 강한 긍지를 가지고 살았다. 따라서 이탈리아인에게 있어 고전 고대의 부활은 게르만족에 의해서 파괴된 옛 전통을 되살리는 일이었다.

둘째, 12, 13세기에 이르러 상업의 부활과 화폐 경제의 발전, 도시의 발달은 괄목할 만한 것이었다. 특히 이탈리아는 동방과의 무역뿐만 아니라 지중해, 더 나아가 북부 유럽과의 무역을 통하여 경제적 번영을 누렸으며, 베네

르네상스의 발상지 피렌체

치아, 제노아, 피렌체, 밀라노와 같은 여러 상업도시들이 부흥하였다. 이 도시들에서는 경제적 번영은 물론 시민계급의 성장으로 자유로운 인간정신이 존중되는 분위기가 형성되었다. 따라서 14세기에 이르러 이탈리아의 여러 도시들이 경제적인 풍요 속에 문화적 재생 운동의 중심지가 되었다. 이들 도시 가운데 모직물 공업과 금융업이 크게 번성했던 피렌체에서 가장 먼저 르네상스 인문주의 운동이 일어났다.

셋째, 이탈리아는 지리적인 조건으로 인해 비잔틴과 이슬람 문화의 직접적인 영향을 받았다. 그리하여 그들은 신학이 아닌 의학이나 법률학 같은 세속 학문을 연구하는 대학을 세울 수 있었다. 더욱이 문화유산이 풍부하였고, 비잔틴제국 멸망 후 많은 그리스 학자들이 고전을 가지고 이탈리아로 망명했기 때문에 그리스 고전에 대한 연구가 활발하였다.

마지막으로, 이탈리아의 르네상스는 세속적인 후원자들(통치자나 부유한 상인들)의 경쟁적인 지원에 의해 가속되었다. 특히 피렌체의 메디치(의사라는 의미) 가문과 밀라노의 스포르자 가문은 대표적인 르네상스의 후원자들이었

메디치 가문

메디치라는 이름은 메디코(의사)에서 왔는데, 아마도 조상 중에 민간 요법사가 있었던 것으로 추정된다. 메디치 가문은 피렌체의 금융업을 장악하고 유럽에 16개의 지점망을 두었으며, 한때 피렌체 시의 세입 중 65%를 납부하면서 시정을 좌우하였다. 특히 메디치 가문은 차남과 셋째아들을 로마교황으로 추대하고 딸을 프랑스 왕비로 만들 정도로 막강한 세력을 과시하였다. 가히 왕족과 어깨를 견줄 만한 유럽 최고의 세도가였다.

다. 이러한 후원자들은 부유한 상인들로서 그들이 살고 있는 도시 공화국의 지배자였다.

그들은 자신의 지위를 유지하기 위해 음모, 모략, 암살 등 수단과 방법을 가리지 않았다. 신변에는 언제나 위험이 떠나지 않았으며, 그들로 하여금 마음속 깊이 고독을 느끼게 하였다. 따라서 그들은 가문이나 혈통과 관계없이 탁월한 재능을 가진 예술가들과 교제하기를 즐겼다. 또한 문예 후원을 통해 불안정한 자신의 지위를 높이려 하였다. 그래서 신분을 불문하고 유능한 인재에게 출세의 기회를 보장하였고, 학자와 예술가를 보호하였다. 그들 스스로 예술이나 학문에 관심을 보이기도 했지만, 당시 시대적으로 유행했던 문예 애호를 따르는 것이 자신의 명성을 유지하는 가장 효과적인 방법이라고 생각하였던 것이다.

16세기 초에는 율리우스 2세, 레오 10세 등 이른바 '르네상스 교황'이 나타나 예술가들과 문학가들을 적극적으로 후원함으로써 르네상스의 발전에 크게 기여하였다. 이밖에도 중세의 윤리 도덕이 축재의 죄악을 강조하였기 때문에, 도시의 신흥 부르주아들은 자신의 신분적인 약세를 극복하기 위해 예술가들의 문예활동을 기꺼이 후원하였던 것이다. 결론적으로 이탈리아의 르네상스는 도시의 신흥 부르주아 계층의 부를 바탕으로 성장하였고, 도시국가의 전제적 지배자의 후원 하에 발전하였다.

인문주의(휴머니즘)
인문주의는 르네상스를 규정하는 가장 중요한 사고라 할 수 있다. 인문주의는 본래 그리스, 로마의 고전 작품을 수집, 정리, 연구하는 동시에 가르치고 배우는 르네상스 시기의 학풍이었다. 인문주의는 인문학을 강조하기 위해 또는 인간의 존엄성과 양립할 수 있는 학문을 칭하기 위해 키케로가 처음 사용한 용어이다.

르네상스의 정신, 인문주의

이탈리아 도시민들은 도시경제의 번영과 자유로운 분위기 속에서 새로운 사고와 생활태도를 갖게 되었다. 그들에게는 신, 영혼, 금욕, 내세를 강조하는 신 중심적 사고방식과는 다르게, 인간, 물질, 쾌락, 현세를 강조하는 세속주의 정신이 강하게 나타났다. 즉 인간이 살아가는 유일한 목적이 내세에서의 구원이라고 강조한 기독교적 사고와는 달리, 지상의 삶 그 자체가 의미 있는 것이라는 현세 중심적 사고가 나타난 것이다.

또한 종교나 신분, 계급, 혈통 그리고 길드와 같은 조직체의 속박을 강조하는 공동체주의적 사고와는 다르게, 개인의 존엄성과 개성의 발전을 강조하는 개인주의 가치관이 강하게 나타났다. 르네상스 시대의 사람들은 인간이 신의 창조물 가운데 천사 다음으로 뛰어난 존재이며, 지구상의 모든 피조물 가운데 유일하게 신에 관한 지식을 얻을 수 있는 존재라고 여겼다. 이러한 낙관적 인간관은 자신의 운명을 스스로 개척하고, 인간이 행복하게 살 능력을 지니고 있다는 주장으로 이어졌다.

이처럼 인간중심적인 사고를 지닌 채 인간적이고 현세적인 고대문화를 연구하며, 그 정신을 부활시키려고 한 사람들이 인문주의자로 불린 학자 겸 문인들이다. 이들은 현세적이고 인간중심적인 사상이 그리스와 로마의 고전에 담겨 있다고 생각하여 고대 작가의 작품을 수집하고 정리하고 연구하는 데 몰두하였다. 르네상스 시기의 이러한 학풍을 인문주의라고 한다.

인문주의자들은 그리스와 라틴 고전을 연구하여 중세 이래 신학만 연구하던 학풍에서 벗어났다. 인문주의는 점차 인간의 개성과 능력을 존중하고 인간의 가치와 존엄성을 높이 평가하는 사상으로 발전하였다. 이는 인간중심주의적인 현실생활에 대한 긍정적 의미를 내포하는 것으로 근대 의식의 기초를 형성하였다. 이처럼 인간의 개성과 가치를 뜻하는 인문주의가 형성되기 시작한 것은 르네상스 시대였으나, 그 의미가 오늘날처럼 구체적으로 정착한 것은 18, 19세기에 이르러서였다.

중세와 르네상스 시기의 시대 · 사회적인 특징 비교

중세시기	르네상스 시기
자급자족의 장원경제	상업과 도시의 부흥
가문과 태생의 영주 계급	재력과 교양을 갖춘 신흥자본가
신 중심의 공동체의식	개인주의와 세속주의
금욕적이며 경건한 종교성 강조	인간의 본능과 육체의 숭상
최고의 학문은 신학	미적 감각을 중시하는 예술의 발달
교리적인 스콜라 철학	인본주의(휴머니즘)의 발달

르네상스의 문학

이탈리아에서 가장 큰 상업도시 피렌체는 15, 16세기에 막강한 금융가인 메디치 가문의 지배 하에서 페리클레스 시대의 아테네처럼 번영을 누렸다. 당시 피렌체는 수많은 학자와 문인, 예술가가 배출되고 활동하던 르네상스의 중심지였다. 대표적인 작가로는 피렌체 출신의 페트라르카, 보카치오, 마키아벨리 등이 있다.

'인문주의의 아버지' 라고 불리는 페트라르카는 당시 최고의 서정 시인이었다. 그는 아버지의 뜻에 따라 볼로냐 대학에서 법률을 전공하였으나 문학에 더 많은 흥미를 가졌다. 그래서 모국어인 이탈리아어로 자연의 아름다움과 인간의 사랑을 주제로 한 서정시를 썼으며, 라틴 작가의 작품들을 수집하고 연구하였다. 페트라르카의 대표작으로는 그가 23살 때 사랑하는 애인인 라우라에게 보낸 아름다운 서정시가 있다. 이 시는 13세기 음유시인들의 기사도적인 애정시와 같은 풍미를 지니고 있다.

페트라르카와 그의 연인 라우라

보카치오는 페트라르카의 뒤를 이어 인문주의 활동을 착실히 전개하였다. 그의 단편소설 『데카메론(10일 일화)』은 근대소설의 시초로 여겨지고 있다. 이 작품은 당시 유행하던 흑사병을 피해 피렌체 교외의 화려한 별장에 모인 7명의 부유한 젊은 여성과 3명의 젊은 남성들이 10일 동안 함께한 이야기를 100편의 짧은 일화로 구성한 것이다. 매우 풍

보카치오의 소설 『데카메론』을 묘사한 한 장면

자적인 이 작품은 세속적인 생활을 솔직히 표현하였으며, 당대에 해이했던 성도덕을 적나라하게 묘사하고 있다. 동시에 교회나 수도사의 위선에 대해 날카롭게 꼬집고 있다. 『데카메론』은 이탈리아의 산문 양식을 제공하였을 뿐만 아니라 북유럽의 르네상스 작가들에게 지대한 영향을 주었다.

마키아벨리는 르네상스가 낳은 가장 위대한 정치 철학자다. 마키아벨리처럼 정치에 있어서 도덕과 윤리성을 무시한 정치 사상가는 없었다. 마키아벨리의 사상은 당시 이탈리아의 불행한 시대를 반영한 것이었다. 15세기 말엽에 이탈리아는 국제적 분쟁지가 되었고, 프랑스와 스페인은 이탈리아를 침입하여 패권을 다투고 있었다. 당시 이탈리아는 내적인 반목과 분쟁을 겪고 있었기 때문에, 국제적 분쟁의 손쉬운 희생양이 되었다.

1498년 마키아벨리는 피렌체공화국에서 고위 관료로 있었다. 그는 외교관으로 로마에 거주하는 동안 교황 알렉산더 6세의 아들인 케사레의 정치적 수완에 매료되었다. 그는 케사레가 강력한 국가를 형성하기 위해 야비함과

마키아벨리

무자비한 수단을 이용하고, 정치적 목적을 달성하기 위해서 도덕까지 무시하는 행태를 직접 목격하였다. 이러한 정치 성향에 깊은 영향을 받은 마키아벨리는 분열과 전쟁으로 얼룩진 조국 이탈리아를 통일해줄 뛰어난 군주의 출현을 갈망하면서 『군주론』을 저술하였다.

마키아벨리는 『군주론』에서 군주에게 필요한 것은 오직 권력뿐이며, 지도자의 가장 큰 의무는 국가의 권력과 질서를 유지하는 것으로 보았다. 또한 국가를 유지하기 위해서라면 군주는 때에 따라 종교와 도덕성을 무시하고, 정치적 목적을 달성하기 위해 수단과 방법을 가리지 않는 권모술수적인 지도력을 갖춰야 한다고 주장하였다. 그는 『군주론』에서 다음과 같이 언급하였다.

> 만일 정치에 있어서 사랑과 공포 중 하나를 선택한다면 군주가 백성에게 자기를 사랑하게 하는 것보다 자기를 무서워하게 하는 편이 안전하다. 모든 인간은 본래 이기심, 특히 권력욕과 물질 추구의 본능을 지니고 있기 때문에 국가 지도자들은 백성에게 충성이나 애정을 기대해서는 안 된다.

마키아벨리는 지도자에게 사자와 같은 용맹스러움과 여우 같은 잔인함과 술수가 있어야 하며, 특히 권력과 국가를 유지하기 위하여 이런 것들이 정당화될 수 있다고 보았다.

마키아벨리즘
어떤 목적을 달성하기 위해 수단과 방법을 가리지 않는 것으로, 권모술수를 의미한다. 이러한 현실주의 정치론은 근대 유럽의 정치사상에 큰 영향을 끼쳤다.

르네상스의 회화와 조각

마사치오의 '아담과 이브의 낙원 추방'

르네상스 시기에 문학이 크게 발전하였지만, 무엇보다 이탈리아 르네상스 정신이 가장 두드러지게 나타난 분야는 회화였다. 중세를 대표하는 예술이 건축이라면, 르네상스 미술을 대표한 것은 회화였다. 즉 중세 미술은 교회건축을 주로 하고 회화와 조각이 그 부속물에 지나지 않았으나, 르네상스 시대에 들어와 회화와 조각은 독립적인 영역을 구축하였다. 르네상스 시기의 회화는 종교적 편견이나 구속에서 벗어나 자연 그대로의 아름다움을 발견하고 이를 표현하려 하였을 뿐만 아니라, 인체의 아름다움과 육체적 본능을 여과 없이 묘사하였다.

르네상스 회화에서는 유채화의 발달, 이즐의 사용, 원근법과 해부학의 도입, 명암법의 사용, 사실적인 묘사 등 여러 가지 특징들을 찾아볼 수 있다. 그 가운데서도 원근법은 사물의 3차원적 묘사를 가능하게 하여, 근대 회화에 깊은 영향을 끼쳤다. 15세기에는 유화 물감이 도입되어, 물감에 오일을 첨가하여 굳지 않게 장시간 사용할 수 있었다. 이것은 프레스코 안료와는 달리 쉽게 마르지 않기 때문에 작품의 섬세한 부분을 완성하는 데 필요한 시간을 확보할 수 있었으며, 작업 도중이라도 수정을 할 수 있었다.

치마부에, 지오토와 같은 선구자들을 거쳐 15세기의 이탈리아 회화는 마사치오, 보티첼리 등에 의해 기초가 확립되었다. 이렇게 발전해온 이탈리아 르네상스의 회화는 16세기에 레오나르도 다빈치, 미켈란젤로, 라파엘로 등과 같은 거장들이 나타나 절정을 이루었다.

르네상스 미술에 있어서 최초의 현실파 화가로 여겨지는 마사치오는 27

보티첼리의 '비너스의 탄생'

살이라는 나이로 요절했음에도 불구하고, 거의 1세기 동안 이탈리아 화가들에게 지대한 영향을 미쳤다. 그는 르네상스 예술에 있어서 최초의 현실파 화가로 간주되었으며, 입체감을 주기 위하여 원근법과 명암법을 사용한 것으로 유명하다. 그의 대표작 '아담과 이브의 낙원 추방'은 성서의 이야기 중 아담과 이브가 선악과를 따먹은 후 낙원에서 추방될 때의 죄의식과 부끄러움을 묘사하고 있다.

보티첼리는 자연에 대한 감각적인 감정은 물론 영혼의 정신적인 아름다움에 깊은 관심을 지니고 있었다. 그의 '봄의 풍유'와 '비너스의 탄생'은 고대신화에 기초했으며, 고대 그리스와 로마의 영광에 대한 낭만적인 갈망과 인생에 대한 열광적인 기쁨을 제시하였다.

피렌체 출신 중 가장 유명한 화가는 레오나르도 다빈치이다. 그는 천재적인 화가일 뿐 아니라 조각가, 음악가, 건축가이며 해부학에도 능통한 다재다

능한 인물이었다. 그의 걸작은 '최후의 만찬'과 '모나리자'를 들 수 있다. '최후의 만찬'은 심리적인 묘사가 뛰어난 작품이다. 평온한 예수는 십자가 처형이라는 무서운 운명을 기다리며 제자들에게 그중 한 사람이 자신을 배신할 것이라고 발표하였다. 이 작품은 예수가 한 말의 의미를 깨닫게 된 12제자들이 보인 다양한 반응, 즉 놀라움과 두려움, 죄의식이

위_ 레오나르도 다빈치의 '최후의 만찬'
아래_ 레오나르도 다빈치의 '모나리자'

모나리자의 미소와 그 수수께끼

모나리자는 그 미소와 함께 수많은 수수께끼에 둘러싸인 명작이다. 모델이 되었던 여성은 피렌체의 대부호 프란체스코 델 조콘드의 세 번째 부인이었던 엘리자베스라고 전해지고 있다. 레오나르도 다빈치는 모나리자를 4년이라는 세월에 걸쳐 그렸다고 하는데, 작은 작품에 그만큼 공을 들였다는 것은 놀랄 만한 일이다. 한편 모나리자의 입언저리가 굳어진 듯한 수수께끼의 미소도 다각도로 해석되고 있다. 고대 그리스 조각에서 볼 수 있는 고풍스러운 미소로 보는 견해도 있고, 당시 아이를 잃고 상복을 입고 있었던 엘리자베스의 근심어린 표정을 미소 속에 집어넣어 그린 것이라는 견해도 있다.

미켈란젤로 '아담의 탄생'
하느님이 최초의 인간인 아담에게 생명을 불어넣는 순간으로 두 손에 맞닿는 부분이 화면의 중심이 되어 시선을 끌고 있다.

혼재된 감정의 상태를 잘 드러내고 있다.

'모나리자' 는 인간 영혼의 내면까지 완벽하게 묘사하려고 고민한 흔적을 엿볼 수 있는 그림이다. 이해 가능한 메시지를 전달하고자 한 대부분의 르네상스 화가들과는 달리, 레오나르도는 모나리자의 수수께끼 같은 미소를 통해 자신도 설명할 수 없는 미스터리를 창출해내었다. '모나리자' 는 단순한 초상화 이상의 작품으로, 극단적인 사실주의는 물론 영원의 아름다움을 추구하였다.

15세기에 있어 르네상스가 낳은 또 하나의 거장은 피렌체 출신의 미켈란젤로이다. 미켈란젤로의 가장 뛰어난 업적은 교황 율리우스 2세의 요청으로 시스틴 성당의 천장에 그린 벽화였다. 그는 이 벽화를 완성하기 위하여 4년

반 동안이나 높은 천장 위에 거꾸로 매달려 400명의 인물을 그렸다. 천지창조에서부터 노아의 대홍수까지 거대한 서사시를 화폭에 옮긴 것이다. 시스틴 성당에 있는 벽화의 주제는 기독교적이지만, 분위기는 나신과 근육질의 인물에서 보이는 것처럼 이교적이다.

16세기에 이르러 이탈리아 르네상스의 중심은 피렌체에서 로마로 이동하였는데, 이 시기에 활약한 화가는 우르비노 출신의 라파엘로였다. 그의 화풍은 강렬한 인문주의에 바탕을 두었으며, 인간을 고통 받는 생물체가 아니라 현명하고 위엄 있는 존재로 묘사하였다. 라파엘로는 '마돈나의 화가' 라고 불릴 만큼 수많은 마돈나를 그렸는데, 그의 작품은 따뜻함과 부드러움, 고요한 분위기를 자아낸다. 대표작으로는 바티칸의 궁전벽화 '아테네 학당' '시스틴의 마돈나' '성모상' 등이 있다.

북유럽의 르네상스

15세기 말부터 신대륙의 발견과 신항로의 개척으로 세계 상업과 무역의 중심이 지중해에서 대서양으로 이동하기 시작하였다. 그러자 이탈리아의 도시들은 급속하게 쇠퇴의 길을 걸었다. 또한 정치적으로 분열된 이탈리아는 15세기 말부터 프랑스, 스페인 등의 계속된 침략으로 사회적 혼란이 가중되고 경제적으로도 쇠퇴하였다. 이에 따라 화려했던 이탈리아 르네상스는 16세기 이후 점차 퇴락의 길을 걷기에 이르렀다.

그 후 르네상스의 중심지는 북서유럽으로 이동하였다. 북유럽의 르네상스와 이탈리아 르네상스는 많은 점에서 달랐다. 이탈리아 르네상스가 도시적이고 귀족적인 것에 반해 북유럽 르네상스는 궁정을 중심으로 전개되었다. 알프스 이북 지역은 이탈리아의 도시들보다 더욱 종교적이고 고대 그리스, 로마의 전통이 강하지 않았기 때문에, 주로 성경 원전에 관한 해석 등 기독교적 인문주의가 발전하였다. 따라서 북유럽의 르네상스는 종교적이고 실용적인 문학과 철학의 연구에 집중되었다.

북유럽의 르네상스는 무역의 중심지로서 일찍부터 경제적인 번영을 누리고 있던 네덜란드를 중심으로 활발히 전개되었다. '자각한 최초의 유럽인'이라 불리는 16세기 최고의 인문주의자인 에라스무스는 『우신예찬』이라는 글에서 교회의 부패와 형식주의, 성직자 계급의 부도덕성을 비판하였다. 그의 주장은 종교개혁의 필요성을 제기한 것이나 루터의 종교개혁을 지지한 것은 아니었다.

영국이 낳은 대표적인 인문주의자는 토머스 모어였다. 그는 변호사, 하원 의장 그리고 대법관으로 봉직하면서 수장령을 받아들이지 않았기 때문에 헨리 8세에 의해 단두대에서 처형되었다. 모어는 영국의 국왕보다는 가톨릭에 더 충성하였던 것이다. 모어의 철학은 1516년 출판된 『유토피아』에 잘 묘사되어 있다. 그는 이 저서를 통해 당시 영국사회에 팽배했던 빈곤, 가혹한 형벌, 사회적 불평등, 종교적 박해, 전쟁의 잔인함을 고발하고, 태초의 기독교적 공산사회로 돌아갈 것을 주장하였다.

에라스무스

문학에서는 14세기 말 초서가 『캔터베리 이야기』를 통해 세속적인 국민문학을 소개하였고, 엘리자베스 여왕 시기에는 극작가 셰익스피어가 등장하여 영국 르네상스 문학의 전성기를 구가하였다. 셰익스피어는 『한여름 밤의 꿈』이나 『베니스의 상인』과 같은 희극을 저술하였으나, 중기 이후에는 인간 본성에 대한 회의를 갖고 『햄릿』이나 『리어왕』과 같은 고뇌에 찬 비극적인 명작을 남겼다.

종교개혁

#13

종교개혁은 중세 유럽인들의 정신세계를 지배한 가톨릭교회와 교황의 권위를 부정하고 신앙과 성서의 우위를 확립하려는 운동이었다. 초기에는 기독교 사회에 만연된 부패에 항거하는 개혁운동으로 시작되었으나, 점차 중세 교회와 봉건적 구속으로부터 벗어나려는 거대한 세속운동으로 발전하였다. 이러한 이유 때문에 종교개혁은 르네상스와 더불어 근대의 여명을 알리는 가장 중요한 사건의 하나로 간주되고 있다.

가톨릭교회의 부패와 도덕적 타락

중세 말기 가톨릭교회는 엄청난 재산을 소유하였다. 교회에 속한 토지가 서유럽 전체의 1/3에 달했으며, 교황은 유럽 최고의 재산가였다. 가톨릭교회는 교회 소유의 토지에 부과하는 조세 이외에도 십일조를 비롯한 각종 세금과 수수료를 징수하였다. 고위 성직자들은 부도덕한 행위를 자행하였으며 사치와 향락에 빠져들었다. 또한 성직자들은 금욕에 대한 규율을 어기고 첩까지 두었으며, 교회 근처에 술집이나 여관, 심지어 도박장까지 운영하여 재산을 축적하였다. 교회의 관심은 이제 예수의 가르침이나 인간 구원보다는 돈과 사치, 권력에 쏠려 있었다.

이처럼 부와 사치를 누리던 교회도 교황청의 확대된 행정체제를 유지하기 위한 지출이 점차 증가함에 따라 심각한 재정난에 시달리게 되었다. 그리하여 교황청은 부족한 재정을 충당하기 위해 각종 비정상적인 방법을 동원했는데, 그중 대표적인 것이 성직 매매와 면죄부 판매였다. 성직은 공공연히 매관매직되었는데, 실례로 교황 레오 10세는 매년 2,000여 성직을 팔아 약 150만 달러의 수입을 올리기도 하였다. 높은 대가를 지불하고 성직에 오른 성직자들은 자신들의 손실을 채우기 위해 교구민들에게 높은 세금을 징수하였다.

또한 이름만 성직자로 등록해놓고 세속생활을 하면서 급여만 타가는 부재 성직자가 속출했으며, 유년 성직서임 즉, 나이 어린 아동에게 고위 성직을 준 후 거기서 나오는 급여를 교회가 관리하는 일도 흔했다. 성직이 재산을 축적하기 위한 손쉬운 방법으로 인식되었던 것이다. 이와 같은 상황에서 교회는 더욱 형식적이고 권위적으로 변질되어갔다. 교회 의식은 갈수록 성대해졌지만, 신앙은 점점 겉치레뿐인 행사로 변해 일반 대중이 교회를 불신하는 상태에 이르렀다.

이러한 분위기 속에서 종교개혁은 불가피하였다. 문제는 개혁이 가톨릭 교회 내부에서 자발적으로 일어나느냐, 아니면 외부로부터의 도전적인 형태로 나타나느냐 뿐이었다. 그러나 교회 내부에서의 자발적인 개혁 가능성은 매우 희박하였다. 15세기 전반기에 일련의 종교회의에서 교회 내부의 폐해를 제거하려고 했으나, 이 시기의 교황과 교회는 그 어느 때보다 부패하고 타락해 있었다. 따라서 외부로부터의 개혁은 거의 필연적이었다.

종교개혁의 선구자들

14세기 말에 옥스퍼드 대학의 존 위클리프 교수는 교회가 재산을 소유하는 것을 반대하고, 성직자의 말보다 성서를 더 중요시하여 성서를 영어로 번역하였다. 그는 1384년에 출판된 구약성서의 서문에서 '이 성경은 반드시 국민을 위한, 국민의 의한, 국민의 정부를 만들 것이다' 라고 기술하였다. 그가 영어로 번역한 성서는 기독교를 민중에게 침투시키는 데 크게 이바지하였다. 프라하 대학의 총장을 역임했던 존 후스도 종교개혁을 부르짖었다. 그가 사람들에게 교회의 행사나 기적에 의존하지 말고 성서 속에서 신을 찾으라고 주장하다가 이단으로 몰려 화형을 당했다. 그러나 이러한 개혁사상은 후일 마르틴 루터에 의해 주도된 종교개혁으로 그 결실을 맺게 되었다.

종교개혁이 독일에서 시작된 이유

종교개혁이 독일에서 제일 먼저 일어난 이유는 무엇인가? 당시 독일은 중앙집권화가 이루어지지 않고 여러 영방(왕권으로부터 독립된 지방국가)으로 분열된 상태였다. 독일 황제 칼 5세는 분열된 독일을 통일하여 거대한 제국을 건설하겠다는 야심을 품고 있었으며, 이 목적을 달성하기 위해 친교황적인 태도를 보였다. 하지만 독일 내의 영방군주들은 자신들의 독립성이 침해될 것을 우려하여 황제와 대립하였기 때문에 독일의 정치적 분열 상태는 지속되었다.

영국이나 프랑스와 달리 독일은 정치적으로 여러 개의 영방으로 분열되어 있어 교황에 대한 저항이 매우 약하였다. 이로 인해 독일은 교황청의 착취가 가장 심한 곳이었다. 당시 교황청의 착취를 빗대어 '독일은 로마교황의 젖소' 라느니 '우리는(독일인) 뿔이 없는 암소라네. 우리가 씨를 뿌리면 성직자들이 가지고 가네' 라는 노래가 유행할 정도였다. 따라서 가톨릭교회로부터 착취가 가장 심했던 독일에서 종교개혁이 먼저 일어난 것은 지극히 당연한 일이었다.

선행보다 믿음

마르틴 루터는 독일의 작센에서 가난한 농부의 아들로 태어났다. 루터는 성격이 꼼꼼하고 열정적이며 자기의 신념을 행동으로 옮길 수 있을 만큼 적극적인 성품을 지녔다. 아버지 한스 루터는 원래 농부였으나, 구리 제련소를 운영하면서 상당한 재산을 모은 사람이었다. 그는 아들 루터가 명예와 부, 권력을 얻을 수 있는 변호사가 되길 원하였다. 루터는 아버지의 간절한 권유로 1501년 에르푸르트 대학에 입학하여 학사학위를 받고, 1505년에 석사학위를 받았다. 이어 1505년 5월에 법학부에 입학하였으나, 2개월 후 갑자기 자퇴하고 수도사가 되었다.

마르틴 루터

왜 루터가 수도사가 되었는지는 불분명하다. 다만 훗날 루터가 쓴 『식탁담화』에 의하면, 그는 1505년 부모를 방문하고 돌아오는 길에 천둥을 동반한 폭풍우를 만나

루터의 아내 카타리나 폰 보라

번개를 맞고 쓰러졌다고 한다. 이때부터 루터는 언제 닥칠지 모를 죽음에 공포를 느꼈고, 죽은 후 지옥으로 떨어지는 형벌을 받을까 두려워하였다. 루터는 이런 영적인 체험을 겪은 후 법률 공부를 포기하고 수도사가 되기로 결심하였다. 그래서 에르푸르트에 있는 어거스틴 수도원에 들어가 신학을 공부하였다.

수도원에서 죄악의 강박관념에 사로잡힌 루터는 철야기도와 금식을 통해 정신적인 평안을 얻기 위해 노력하였다. 그러나 기도와 금식을 감행하고 자신을 학대하면 할수록 고통은 더해만 갔다. 루터를 괴롭혔던 커다란 고민거리는 '인간의 영혼은 어떻게 구원받을 수 있는가' 하는 문제였다. 루터가 가톨릭교회에 반기를 든 가장 큰 이유는 이러한 영혼 구원 문제에서 정통 가톨릭교 교리와 견해를 달리했기 때문이다.

정통 가톨릭 교리는 '인간이 구원을 받으려면 예수를 믿기만 해서는 안되고 선을 행해야 한다' 고 말한다. 그런데 영혼 구제의 문제로 고민하던 루터는 성경을 읽다가 로마서 1장 17절에 서술된 '의인은 오로지 믿음으로 살리라' 는 구절에서 실마리를 얻었다. 그는 "선행이란 신앙의 결과이며 외적 증거일 뿐이다. 선행을 행하는 것은 구원의 문제에 있어서 부차적이며, 오직 믿음에 의해서만 의로워지고 구원을 받을 수 있다" 고 주장하였다.

루터와 결혼한 카타리나

카타리나 폰 보라는 독일의 시토회 수녀원에서 실질적으로 감옥에서와 같은 생활을 하였다. 그녀는 몰래 루터의 저서들을 읽고 새로운 삶을 원하기 시작하였다. 1523년에 그녀와 11명의 수녀들은 루터의 도움으로 수녀원에서 탈출하였다. 루터는 이 수녀들 모두에게 남편감을 찾아주었는데, 카타리나의 남편감만 찾아주지 못했다. 카타리나는 고집 세고 빨간 머리의 여인이었다. 결국 루터는 자신이 그녀의 남편이 되어주기로 결심하였다. 카타리나는 개신교 최초의 사모로서 자신의 역할을 충실히 이행했으므로, '종교개혁의 퍼스트레이디' 라고 알려져 있다. 그러나 유럽 전역의 가톨릭계에서는 루터의 결혼을 거세게 비난하였다. 에라스무스는 그것을 하나의 코미디라고 조롱하였고, 헨리 8세는 죄악이라고 말했다. 그러나 루터는 "프랑스와 베니스를 준다고 해도 나는 그녀를 내놓지 않겠다. 그녀는 하느님께서 내게 보내준 사람이기 때문이다" 고 일축해버렸다.

95개조 반박문

바로 이 무렵에 루터는 면죄부 문제에 부딪치게 되었다. 1513년 교황에 즉위한 레오 10세는 성 베드로 성당의 건축에 필요한 비용을 마련하기 위해 면죄부를 발행하고, 그 판매고의 대부분을 독일에 의존하였다. 때마침 마인

마르틴 루터가 35년 동안 목회활동을 하였던 비텐베르크 교회
루터는 이곳에 95개조의 반박문을 내걸어 면죄부 판매의 부당함을 제기하였다.

츠의 대주교로 임명된 알브레히트는 대주교 임명의 대가로 교황에게 엄청난 돈을 지불해야 했으나, 마련할 길이 없자 독일의 금융 재벌인 후거가로부터 돈을 빌렸다. 그리고 이를 갚기 위해 교황과 홍정을 벌여 교구 내에서의 면죄부 판매권을 얻어냈다. 이 홍정에 따라 면죄부 판매 수입금의 절반은 성 베드로 성당의 건립을 위해 로마로 보내졌고, 나머지 절반은 후거 가의 빚을 갚는 데 사용되었다.

루터는 알브레히트의 부정한 거래 내용을 상세히 알지는 못하였다. 그러나 알브레히트의 면죄부 판매를 책임진 도미니쿠스 수도회의 탁발수도사 테첼이 독일 북부에서 무지한 사람들을 기만하며 면죄부를 판매하고 다닌다는 것을 알게 되었다. 테첼은 매우 유능한 면죄부 판매원이었다. 곡예사를 앞세워 사람을 모으고, 면죄부를 구입하기만 하면 자신의 죄뿐 아니라 부모나 친지의 죄도 면죄 받을 수 있다고 선전하였다. 마치 면죄부가 천국에 이르는 통행증인 양 일반 민중들에게 떠들어댔다. 루터는 테첼의 홍행사

면죄부
원래 면죄부는 교회에 특별한 공적이 있는 사람에게 그가 범한 죄를 면죄해 주는 증서였다. 그러나 십자군원정 이후 교회 재정이 궁핍해지자 이를 해결하기 위한 수단으로 악용되었다. 면죄부 판매는 점점 도가 지나쳐 구매자의 죄뿐만 아니라 부모나 친지의 영혼까지 구제할 수 있다고 과대 선전되었다.

위_ 루터는 145일 동안 무려 195번이나 열정적으로 설교하였으나, 항상 두려움을 느꼈다고 고백하였다.
아래_ **면죄부 판매 장면**
면죄부란 교회가 발행한 양피지 한 장으로 된 증서이다. 이 면죄부를 구입하면 교회에 선행을 한 것이 되어 사후에 천국에 갈 수 있다고 선전하였다.

빰치는 면죄부 판매 행위에 분개하였다. 루터의 입장에서는 그것만으로도 비판해 마땅한 일이었다. 왜냐면 테첼의 면죄부 판매는 행위가 아닌 믿음에 의해서 구원 받을 수 있다는 자신의 신념에 정면으로 배치되기 때문이었다.

루터는 면죄부 판매에 정면 도전하여, 1517년 10월 31일 비텐베르그 교회 정문에 95개조의 반박문을 내걸었다. 여기서 루터는 면죄부 판매의 부당성을 주장하고, 교황을 통해서만 구원받을 수 있는 것이 아니라 참회하는 마음이 있다면 원죄로부터 해방될 수 있다고 강조하였다. 면죄부 판매에 대한 루터의 반박문은 교황의 권위와 가톨릭교회에 대한 정면적인 도전 행위였다.

루터의 논제와 가톨릭교회와의 결별

루터의 반박문은 처음에 라틴어로 발표되었다. 그러나 곧 일반인들이 읽을 수 있는 독일어로 번역되어, 때마침 발명된 활판인쇄술 덕분에 독일 전역에 빠른 속도로 퍼져나갔다. 이것을 계기로 지금까지 이름이 알려지지 않았던 한 수도사가 일약 유명인사가 되었다. 1519년 루터는 가톨릭교회의 입장을 대변하는 유명한 신학 교수인 요한 에크와 면죄부를 포함한 가톨릭 교리에 대한 공개 토론회를 갖게 되었다. 수많은 청중 앞에서 에크는 루터가 이단으로 몰려 화형을 당했던 후스와 같은 생각을 갖고 있다며 공격하였다. 후스는 민중에게 성사나 기적에 의존하지 말고 성서 속에서 신을 찾으라고 주장하다 이단으로 몰려 화형당한 인물이었다.

그러자 루터는 에크에게 콘스탄츠 종교회의가 후스를 이단으로 단정한 것은 잘못이라며 맹렬한 기세로 응수하였다. 루터는 대담하게 교황과 성직자들도 오류를 범할 수 있는 인간에 불과하며, 한 개인의 양심을 지배하는 최고의 권위는 성경뿐이라고 주장하였다. 처음에 루터는 자기의 신학적 견해를 밝혔을 뿐 가톨릭교회나 교황에 대적할 의사는 없었다. 그러나 시간이 지나면서 교황과 가톨릭교회와 결별할 수밖에 없다는 인식을 하게 되었고, 이에 대처하기 위하여 자신의 입장을 밝히는 논제를 발표하였다.

인쇄기술의 발달
유럽에서 1447~1660년에 발행된 약 25만 권의 책 가운데 75%가량이 종교에 관한 것이었다. 종교개혁 및 그에 대한 가톨릭의 대응은 이와 같은 인쇄물 출판이 없었다면 불가능했을 것이다. 만약 이러한 인쇄술의 도움이 없었다면 루터의 종교개혁은 성공하지 못했을 것이고, 그 역시 후스처럼 순교자가 되었을 것이다. 『독일 기독교 귀족에게 고함』 초판은 4,000부나 발행되었고, 그나마 며칠 만에 모두 매진될 정도였다.

1520년 루터는 '종교개혁의 대헌장'이라고 할 수 있는 일련의 책자를 제작하였다. 특히 『독일 기독교 귀족에게 고함』이란 글은 큰 반향을 일으켰다. 과격한 구어체 독일어로 쓰인 이 글에서 루터는 '추기경들은 이탈리아를 다 빨아먹고 이제 독일로 오고 있다. 적그리스도가 통치를 해도 이보다 더 나을 것' 이라며 교황청을 신랄히 비판하였다. 또한 성직자들의 부정과 부패를 개탄하면서, 독일 귀족들은 교회의 재산과 토지를 몰수하여 독일을 로마의 지배로부터 해방시키라고 촉구하였다.

요한 에크와 벌인 라이프치히 논쟁

루터는 또한 성직자의 특권을 부인하며, 모든 평신도들도 사제가 될 수 있는 영적 신분을 가지고 있다는 '만인사제설' 을 내세웠다. 『교회의 바빌론 유수』에서는 가톨릭의 의례적인 성사제도를 비판하고, 『기독교인의 자유』에서는 선행과 성사가 아니라 내면적 신앙생활, 즉 명상과 기도를 통해 하느님과 영적으로 교류함으로써 구원받을 수 있다고 주장하였다.

루터의 만인사제설
루터는 "우리는 모두가 성직자이며, 하나의 믿음과 복음, 동일한 형식의 성사를 시행하고 있는데, 왜 우리에게는 믿음에 대해 진실과 거짓을 평가하고 판단할 능력이 없단 말인가?" 라며 교황만이 성서 해석권을 가졌다는 주장을 부인하고 평신도들도 사제가 될 수 있는 영적 신분을 가지고 있다는 만인사제설을 주장하였다.

보름스 제국의회에 소환된 루터

루터의 사상이 급속히 전 독일로 퍼져나가자 당황한 교황은 그 해 말에 루터의 주장을 이단설로 규정하였다. 또한 60일 내에 루터가 주장을 철회하지 않는다면 이단으로 파문할 것이라는 내용의 칙서를 보냈다. 그러나 루터는 칙서를 공개적으로 불살라버림으로써 교황과 맞섰다. 당시 독일 주재 교황청 대사는 "독일인의 90%가 루터라고 외쳐대고 나머지 10%는 교황을 죽이라고 외쳤다"고 교황에게 보고하였다.

사태가 이렇게 악화되자 신성로마제국의 황제인 칼 5세가 개입하였다. 칼 5세는 제국을 지켜야 한다는 명분으로 1521년 봄에 보름스 제국의회를 소집하여 루터를 소환한 후 주장을 철회하라고 요구하였다. 루터는 군대의 살벌한 위협 속에서도 "나는 성경과 신앙, 양심을 어기면서 나의 주장을 번복할 수 없다. 신이 나를 도우실 것이다"라며 확고부동한 의지를 보였다. 루터는

루터가 독일어로 번역한 성경

결국 보름스 칙령에 의해 무법자로 낙인찍혀 공민권을 박탈당하고 말았다.

그러나 신변이 위험해진 루터를 도와주는 사람들이 있었다. 당시 독일 제후들은 교황에 적대적이었기 때문에 교황에 의지하여 자신의 권력을 유지하려는 칼 5세에게 반감을 가지고 있었던 것이다. 위기에 처한 루터는 작센 지방의 선제후(황제선거에 자격을 가진 제후) 프레드리히의 도움을 받아 발트부르크 성에서 약 1년간 머물며 성경을 독일어로 번역하였다. 성격 번역은 루터가 자신의 복음주의를 널리 알리기 위한 작업이었는데, 근대 독일어 발전에도 크게 공헌하였다.

루터의 종교개혁은 기존 가톨릭교회의 교리와 성격을 혁명적으로 바꾸어 놓았다. 그는 전통적인 라틴어 대신 독일어를 사용하며 목회 활동을 하였으며, 교황, 대주교, 주교 등의 성직제를 폐지하였다. 즉, 성직자와 평신도를 갈라놓은 장벽을 허물고 성직자가 지상에서 누렸던 특권과 지위를 폐지하였던 것이다. 그는 또한 수도원 제도를 폐지하고 목회자에게도 결혼을 용인해야 한다고 주장하였다. 루터는 구원에 이르는 방법으로 선행보다는 믿음을 강조하였기 때문에 금식, 순례 여행, 성물숭배 등을 무시하였다. 루터는 교회가 국가 위에 존재한다는 것을 부정하고, 교회를 국가의 통제와 관리하에 두었다.

농민봉기와 루터의 반응

1522년에는 농민, 도시민, 하급 기사, 봉건제후들로부터 지지를 받은 루터파 교회가 세워졌다. 당시 농민들은 루터가 제창한 복음의 자유를 농노로부터의 해방을 의미하는 것으로 확신하였으며, 이에 힘입어 루터의 종교개혁은 더욱 확산되어 사회운동으로 발전하였다. 1524~1525년에 독일 전역에서 봉건적인 착취에 항거하여 농민봉기가 발생한 것이다.

루터와 종교개혁. 16세기 스테인드 글라스

루터의 종교개혁이 농민봉기의 직접적인 원인이 되었다고는 볼 수 없으나, 그의 복음주의 사상이 많은 영향을 준 것만은 틀림없는 사실이었다. 예컨대 루터의 『기독교인의 자유』가 비록 순수한 종교적 개념이었다고 하더라도, 농민들은 그 뜻을 확대 해석하여 농노의 해방을 의미하는 것으로 받아들였고, 그의 만인사제주의는 곧바로 세속적 평등주의로 해석되었다. 루터의 교회 재산에 대한 공격과 고리대금업자와 금융가에 대한 비난은 농민들의 광범위한 공감을 얻을 수 있었다.

독일에서의 농민운동을 실질적으로 이끈 사람은 작센 지방 출신의 신학자이자 사제인 뮌처였다. 뮌처는 루터의 복음주의를 일찍부터 받아들였다. 그러나 그는 더 급진적인 주장을 내세워 루터로부터 점점 멀어져갔다. 뮌처는 신 앞에서 만인의 평등, 사회계급과 사유재산 부정, 신자들의 공동노동과 이익의 공동분배 등 급진적인 주장을 하며 농민운동을 부추겼다. 이에 힘입은 농민들은 농노제 폐지, 봉건적 부담의 경감, 십일조 착취의 금지 등을 주장하며 봉건영주에 대항하였다.

농민의 아들임을 자랑하던 루터는 처음에 농민반란에 호의적인 태도를 보였다. 그러나 약탈과 파괴가 자행되는 등 그 성격이 과격해지자 반대 입장으로 돌아섰다. 루터는 그 누구라 할지라도 합법적인 권위 외에 무력을 사용하는 것은 질서를 파괴하는 행위로 보았다. 루터는 1525년에 『강도, 살인자 무리인 농민들을 반박함』이라는 독설적인 글을 통해 농민을 강도와 같은 폭도로 규정하며 '그들을 미친개를 때려잡듯 목매달아 죽여라' 라고 극단적인 적대감을 표시하였다. 루터는 제후들 편으로 완전히 돌아서 수천 명의 무고한 농민들이 처형되는 데 반대하지 않았다.

루터가 농민봉기를 탄압한 이유는 기독교인의 자유란 세속적인 평등주의에 있지 않고 오로지 개인적인 믿음의 자유에 있다고 믿었기 때문이다. 즉, 그는 기존 권위와 권력에 대한 시민적 순종이 기독교인의 미덕이라고 여겨 제후들에게 농민을 탄압할 것을 요구하였다. 루터의 이러한 태도 변화로 제후들은 용기를 얻어 농민봉기를 진압할 수 있었다. 이처럼 루터가 농민 학살에 개입함에 따라 농민층의 지지를 상실해갔다. 농민전쟁 후 루터의 종교개혁은 민중을 떠나 영방군주에 의존하게 되었으며, 이는 후에 루터파교회를 국가에 종속시키는 결과를 초래하였다.

프로테스탄트
오늘날은 대체로 루터교, 장로교, 성공회, 감리교, 침례교 등의 교파를 가톨릭 교회와 구분하여 프로테스탄트로 부르고 있다.

프로테스탄티즘의 확산

루터의 종교개혁 이후 독일에서는 가톨릭파와 루터파로 나뉘어 서로 싸우게 되었다. 루터파 제후들과 자유도시는 슈말칼덴 동맹을 맺고 가톨릭을 지지하는 칼 5세의 구교파와 대립하였다. '항의하는 사람들' 이라는 뜻의 프로테스탄트라는 명칭도 이때 생겨난 것이다. 처음에 프로테스탄트는 루터파에 적용되었지만, 나중에는 가톨릭도 아니고 그리스정교에도 속하지 않는 모든 기독교인을 일컫는 말이 되었다. 루터파는 1520년대에 공식 칙령에 의해 독일 북부를 중심으로 스웨덴, 덴마크, 노르웨이의 국교가 되었고, 현재에도 스칸디나비아 반도 국가의 종교로 남아 있다.

가톨릭파와 루터파의 대립은 내란 상태로까지 치달았으나, 1555년에 칼 5세의 양보로 아우크스부르크 종교회의를 개최함으로써 일단락을 맺게 되었다. 이 회의에서 칼 5세는 '한 사람의 지배자가 있는 곳에는 하나의 종교만이 존재한다' 는 원칙을 내세워 각자의 제후와 자유도시가 가톨릭과 프로테스탄트(루터파) 중 어느 한쪽을 선택하도록 하였다. 이로써 루터파는 종교 선택의 자유를 얻게 되었다. 그러나 가톨릭과 루터파 중 어느 쪽을 선택할 것인가 하는 문제는 영방제후만이 결정할 수 있으며 주민은 그 결정에 따라야 했다. 이것은 비록 루터파 외의 다른 신교에는 신앙의 자유를 엄격히 금지한다는 한계를 지녔으나, 중세 이래에 기독교의 통일성이 깨졌다는 점에서 의미 있는 일이었다.

확산되는 종교개혁 운동

• •
프랑스의 리옹 교회에서 설교하는 칼뱅
'각자가 맡은 직업에 충실한 것이 구원에 이르는 길' 이라고 설파한 칼뱅의 교리는 신흥시민계급의 지지를 받았다.

루터파교회는 독일 제후들의 강력한 보호 아래 유럽 전 지역으로 확산되었다. 그중에서도 스위스에서 루터의 영향은 지대하였다. 스위스는 수세기 동안 독립전쟁을 치르는 과정에서 일찍이 자유주의 정신이 발달하였고, 중세 상공업의 요지로 도시가 번영하였으며, 부패한 성직자들이 많은 곳으로 유명한 지역이었다.

스위스의 종교개혁은 16세기에 츠빙글리에 의해 시작되었다. 츠빙글리는 루터의 영향을 받아 교회 의식과 교황의 권위에 도전하여 개혁을 주장하였다. 루터보다 더 철저하게 성경주의를 내걸었던 그는 1531년 가톨릭 세력과 싸우다 전사하였다.

츠빙글리의 뒤를 이어 스위스에서 종교개혁을 일으킨 사람은 존 칼뱅이었다. 프랑스의 중산계급 출신의 칼뱅은 루터의 영향을 받아 프랑스에서 개혁운동을 추진하였다. 그는 프랑스와 1세에 의하여 이단자로 낙인찍혀 박해를 받다가 스위스로 망명하였다. 칼뱅은 제노아에 정착하여 적극적인 종교활동을 전개하였는데, 많은 동조자를 얻어 정부와 종교를 장악하였다.

1536년에 출판된 칼뱅의 저서 『기독교인의 강요』는 커다란 반향을 불러일으켜, 그는 일약 신교의 이론적 지도자로 떠올랐다. 칼뱅 주장의 핵심은 예정설이었다. 예정설은 인간의 구원은 신에 의해 예정된 일이며, 인간의 어떠한 덕행으로도 신의 뜻을 바꿀 수 없다는 것이다. 따라서 기독교인은

구원에 확신을 갖고 주어진 직업에 힘쓰며, 재산과 시간을 낭비하지 말고, 합리적이고 금욕적인 생활을 해야 한다는 것이다. 이러한 칼뱅의 교리는 근면, 정직, 금욕, 절약 등을 강조하는 신흥 시민계급(상공업자)의 생활정신과 일치하였다. 이러한 칼뱅의 주장은 시민계급의 전폭적인 지지를 받았을 뿐만 아니라, 근대 자본주의를 발전시킨 하나의 요인이 되기도 하였다.

칼뱅의 학설은 곧 스위스에서 독일 남부지방을 거쳐 네덜란드, 프랑스, 스코틀랜드와 영국 등 유럽 전역에 퍼져나갔다. 스코틀랜드와 영국의 칼뱅주의자들은 스스로를 '청교도'라고 불렀는데, 이들 가운데 상당수가 훗날 아메리카로 이주해 미국의 발전 과정에 많은 영향을 끼치게 되었다.

스위스의 종교개혁가 존 칼뱅

절대주의 시대의 유럽

#14

유럽에서 절대 권력을 행사하는 전제군주가 등장한 것은 16~18세기였다. 이 시기에 유럽에서는 이미 교황권이 쇠퇴하고 봉건영주가 몰락함으로써 각 나라마다 중앙집권화가 상당히 진행되었다. 절대주의는 왕권신수설에 의한 강력한 절대군주, 중앙집권적인 행정체제, 중상주의 정책, 관료제와 상비군 등을 특징으로 한다. 절대주의는 봉건사회에서 벗어나 근대 시민사회로 옮아가는 과도기적인 정치 형태였다.

절대주의
절대주의란 국왕이 행정, 사법, 군사 등 거의 모든 분야에서 봉건영주들의 제약을 받지 않고 절대적으로 왕권을 행사할 수 있는 정치체제를 말한다.

절대주의의 사회구조

중세 말 봉건사회 질서가 약화되자 귀족(영주)들은 농민을 지배하기 어려워졌다. 그리하여 왕권에 의지하여 자신들의 봉건적 특권을 계속 유지하고자 하였다. 왕권은 이를 이용해 귀족들이 갖고 있던 군사권, 재정권, 사법권을 박탈하고, 그들을 관료제로 편입해 왕권을 강화하였다.

당시 시민계급을 대표하던 대상인들은, 지역적으로 할거하여 경제적 특권을 누리고 있던 봉건영주들이 자신들의 자유로운 경제활동을 제약한다고 보았다. 그리하여 국가의 통일과 영토 확장을 목표로 내세운 왕권을 지지하였다.

한편, 상비군과 관료제를 유지하기 위하여 많은 돈이 필요하였던 국왕은 대상인들의 경제적 활동을 보장하는 대가로 상납금과 특허료 등을 받았다. 다시 말해서 대상인들은 국왕의 중앙집권에 필요한 비용을 부담하고, 국왕은 이들의 경제활동을 보호, 육성하는 식으로 양자 간의 결합이 이루어졌다.

또한 민중의 대부분을 차지하고 있던 농민들도 봉건영주로부터 착취당하

왕권신수설
절대군주 권력의 정당한 신성불가침을 주장하는 정치 이데올로기로서, 영국의 제임스 1세와 홉스, 프랑스의 보당 등이 주장하였다.

고 있었기 때문에 왕권강화에 반대하지 않았다. 국왕 또한 상비군 병사의 공급원으로서, 그리고 과세 대상으로서 농민을 보호할 필요가 있었다.

종교개혁을 통해 유럽의 거의 모든 국가에서 교회에 대한 국왕의 지배권도 한층 강화되었다. 국왕은 가톨릭교회로부터 분리된 프로테스탄트 교회에 대해서도 과세권을 행사하였다. 이렇게 교회가 국가에 종속되고 교황의 종교적 권위가 상실되었기 때문에, 각국의 왕들은 강력한 중앙집권적인 통치체제를 확립할 수 있었다.

다시 말해 절대주의는 귀족, 대상인, 농민, 교회 등 서로 이해관계가 다른 집단들의 균형 위에 성립된 새로운 정치 질서였다.

홉스의 『리바이어던』 속표지. 그는 성경에 나오는, 절대 죽지 않는 바다 괴물인 리바이어던을 절대왕정에 비유하였다.

절대주의의 정치와 경제

절대주의는 국왕이 절대적인 권력을 행사하는 정치체제였다. 이를 위해 국왕들은 왕권의 절대성을 정당화하기 위해 '왕권신수설'을 주장하였다. 왕권은 신으로부터 직접 부여받은 것이기 때문에, 국왕은 오직 신에 대해서만 책임을 지고 국민에게는 책임을 지지 않는 자유로운 존재라는 것이다.

이러한 왕권의 절대성을 뒷받침한 사상가가 영국 청교도 혁명 시기에 활동했던 토마스 홉스였다. 홉스는 자신의 저서 『리바이어던』을 통해, 자연 상태에서의 인간은 '만인에 대한 만인의 투쟁'이 벌어지는 약육강식의 상태에 있기 때문에 이를 피하기 위해 계약에 의해 국가를 만들었다고 주장하였다. 그리고 각 개인은 태어날 때부터 가지고 있는 자연법적인 권리를 주권자인 군주에게 위임했기 때문에 국가의 명령에 절

중상주의가 절정일 때인 1638년 프랑스의 항구 모습

대 복종해야 한다고 주장하였다. 홉스는 이렇게 사회계약설과 왕권의 신성불가침을 주장하며 절대왕정을 옹호하였다.

절대왕정은 관료제와 상비군을 유지하고 국가를 효율적으로 통치하기 위하여 많은 화폐를 필요로 하였다. 그리하여 조세제도를 마련하고 국가의 재원을 늘리기 위해 중상주의로 알려진 일련의 경제정책을 실시하였다. 중상주의는 국가의 경제활동에 대한 간섭과 통제, 국내 산업의 보호와 육성을 주요 내용으로 하며, 국가의 통일과 국가권력의 증대에 그 목적을 두었다. 초기에는 금과 은이 국가의 부를 상징하는 것으로 생각하여 보다 많은 금을 확보하려고 노력하였는데, 이를 중금주의라고 한다. 당시의 열강들이 경쟁적으로 식민지 개척에 나선 것도 이런 이유 때문이었다.

그러나 금, 은의 매장량에는 한계가 있기 때문에 지속적으로 많은 양을 확보하기가 어려웠다. 이리하여 유럽 각국은 높은 보호관세를 부과하여 수입을 억제하고 수출을 적극 장려하여 국가재정을 증대시키려 하였다. 다시 말해, 국가의 부를 축적하기 위하여 수입을 억제하고 수출을 장려하여 그 차액을 얻고자 하였다. 이를 무역차액주의라고 한다.

무역차액을 증대하기 위해서는 무엇보다도 국내 산업의 육성이 시급한 과제였다. 그 결과 유럽 각국은 국내 산업을 보호하기 위하여 높은 보호관세를 채택하였다. 또한 수출을 증대하기 위하여 자국 산업을 발전시킬 필요가 있었다. 따라서 영국에서는 모직물산업이, 프랑스에서는 견직물과 포도주 산업이 국가 차원에서 적극 장려되었다.

국가는 제조업자나 수출업자에게 보조금 지급을 실시하였고, 나아가 그들에게 융자와 면세의 혜택을 부여하였다. 또한 원료와 제품의 품질과 가격을 통제하였다. 영국의 동인도회사의 경우에서처럼 절대왕정은 상인들에게 독점적인 특권을 부여하였고, 상공업을 통제하는 여러 법안을 제정하였다. 최고 임금제, 최저 노동 시간제, 취업 강제 제도 등이 바로 그것이다.

중상주의 발전과 관련하여 중시된 것이 해외 식민지였다. 지리상의 발견으로 유럽인들은 아메리카와 아시아로 진출하여 식민지 획득에 열을 올리게 되었다. 그리고 일단 식민지가 확보되면 본국의 공업이나 상인들에게 유리한 방향으로 식민지 산업을 통제하였다. 절대주의 시대의 식민지 통치법은 일방적인 약탈의 방식이었다. 이 시기의 식민지는 일종의 상업 식민지 형태로서, 자본투자와 산업개발을 위주로 진행된 19세기 식민주의(제국주의)와는 큰 차이를 보이고 있다.

절대주의의 선두주자 에스파니아

에스파니아(스페인)는 이슬람 세력과의 계속되는 싸움에서 왕과 제후 세력의 효과적인 연합을 이루어 유럽에서 가장 먼저 중앙집권 체제를 갖추었다. 또한 에스파니아 왕실은 신성로마제국의 제위를 계승하던 오스트리아의 합스부르크 왕가와 혈연관계를 맺어 외교적으로도 유럽에서 중심적인 국가로 부상하였다.

15세기 말 에스파니아는 유럽에서 가장 강대한 국가가 되었으며, 펠리페 2세에 이르러 전성기를 맞게 되었다. 펠리페 2세는 네덜란드, 밀라노, 나폴리, 시칠리아, 멕시코, 페루, 필리핀 등 해외 식민지를 지배하였다. 에스파니아는 당시 유럽의 최대 식민지 보유국으로서 막대한 양의 은을 식민지로부터 들여왔다.

에스파니아를 최 전성기로 이끈 펠리페 2세

유럽 최강의 해군력을 보유하고 있던 에스파니아는 1571년 지중해로 진출해온 오스만 투르크를 레판토 해전에서 격파하여 이슬람 세력을 몰아내고 지중해에서 패권을 확보하였다. 1580년에는 포르투갈을 합병하여 그 위세를 더욱 과시하였다.

이 시기에 에스파니아는 역사상 보기 드문 경제적 호황을 누렸는데, 그 번영은 모직물공업과 신대륙으

영국에 의한 스페인 무적함대의 패배는 해상 왕국이었던 스페인의 몰락을 알리는 서곡이었다.

로부터 유입된 막대한 귀금속에 기초한 것이었다. 펠리페 2세 시대에는 전체 인구의 1/3이 직물공업과 관련이 있을 정도로 에스파니아 산업의 중요한 부분을 차지하였다.

그러나 펠리페 2세 시대는 에스파니아의 전성기인 동시에 쇠퇴기이기도 하였다. 에스파니아의 직물공업은 주로 특권 매뉴팩처 방식으로 운영되는 약점을 가지고 있었으며, 정부의 보호 육성책의 부재와 기술의 후진성으로 영국과 네덜란드산 모직물과의 경쟁에서 패하여 점차 쇠퇴하였다. 또한 신대륙으로부터 들어오는 귀금속도 생산적인 부문에 재투자되기보다 과도하게 비대해진 관료제의 유지, 귀족과 왕실의 사치, 그리고 끊임없는 전쟁비용

매뉴팩처
자본가가 공장을 짓고 거기에 노동자를 고용해 분업에 의해 생산하는 공장제 수공업을 말한다.

으로 지출되었다.

펠리페 2세는 광대한 영토를 통합하기 위하여 가톨릭 주의에 입각한 강압적인 종교정책을 폈다. 이는 결국 불행한 결과를 초래하였다. 가톨릭 신앙의 획일적인 강요는 부유한 영토였던 네덜란드를 상실하게 만들었다. 이어 1688년에는 신교도였던 영국의 엘리자베스 1세 여왕을 응징하기 위해 무적함대를 파견하였으나, 영국에 패배함으로써 제해권마저 상실하였다. 이후 에스파니아는 급속도로 쇠퇴하였고, 유럽에서의 우월적인 지위는 다른 신흥 절대주의 국가로 넘어가게 되었다.

네덜란드의 독립과 발전

에스파니아 지배에 대항하여 네델란드의 독립을 이끈 오라네 공 빌렘

중세부터 북유럽 무역의 중심지였던 네덜란드에서는 13세기경부터 모직물공업이 발달하여 도시가 번영하고 시민계급이 성장하였다. 또한 종교개혁 이후에는 북부지역에서 칼뱅의 신교가 널리 신봉되었다. 그러나 에스파니아의 펠리페 2세는 네덜란드의 독특한 지역적 특성을 무시하고 강압적인 전제통치와 종교정책을 실시하였다. 그는 종교재판을 통해 네덜란드의 신교도들을 탄압하였고, 에스파니아의 군대를 네덜란드에 주둔시켜 군사적 위협을 가하였으며, 마음대로 세금을 부과하였다.

이에 네덜란드인들은 펠리페 2세의 절대주의적 통치정책에 반발하여, 1568년 오라네 공 빌렘을 지도자로 하여 에스파니아 지배에 대한 저항운동을 전개하였다. 가톨릭 신자가 많은 남부의 10개 주는 에스파니아에 항복하였으나, 신교도가 우세한 북부의 7개 주는 유트레히트 동맹을 결성하고 독립선언(1581년)을 천명하면서 항쟁을 계속해나갔다. 에스파니아의 무적함대가 영국에 대패한 후 전세는 네덜란드에 유리하게 돌아갔다. 결국 1609년에 휴전조약이 체결되었고, 이후 베스트팔렌 조약에서 네덜란드의 독립이 국제적으로 승인되었다.

독립 후 네덜란드는 유럽 국제무역의 중심지로 번영을 누렸다. 1602년에는 독점권을 가진 특권 회사인 네덜란드 동인도회사가 설립되어 영국과의 경쟁을 물리치고 아시아 무역을 지배하게 되었다. 그러나 고급 제품을 생산했던 네덜란드의 모직물공업은 염가의 대중적 제품을 주로 생산한 영국 모직물공업에 뒤처져 경쟁력을 상실해갔다. 또한 영국의 항해조례 등의 규제로 중개무역에도 큰 타격을 받았으며, 여기에 식민지 경쟁에 뛰어든 프랑스의 도전 등과 맞물려 17세기 후반부터 급속히 쇠퇴의 길을 걷게 되었다.

영국의 절대주의

영국의 절대주의를 완성한 헨리 8세

영국의 절대주의는 15세기 말 튜더 왕조를 개창한 헨리 7세 때 시작되었다. '영국의 솔로몬' 이라 불린 헨리 7세는 영국 절대주의의 기초를 세웠다. 당시 영국에서는 장미전쟁으로 인해 봉건귀족 세력이 크게 약화되어 있었고, 일반 국민들도 오랜 무질서에서 벗어나 왕권이 안정되기를 바라고 있었다. 이러한 시대적 분위기에 편승하여 헨리 7세는 왕권을 강화할 수 있었다. 그는 귀족의 영토를 몰수하고 봉건영주의 사병 조직인 봉건 가신단을 해체하여 귀족 세력을 제압하였다. 헨리 7세는 또한 정치범 형사재판소인 성실청을 설치하여 관료기구를 강화하였고, 해운산업을 보호, 장려하는 등 중상주의 정책을 실시하였다.

영국의 절대주의는 헨리 8세 시대에 완성되었다. 그는 왕비와의 이혼 문제를 계기로 수장령을 발표하여 국왕 주도의 종교개혁을 단행하였고, 수도원을 해산시켜 그 토지를 자신의 지지자들에게 분배하여 왕권을 더욱 강화하였다.

엘리자베스 1세
영리했던 그녀는 국민에게 사랑을 받는 방법이 무엇인지 잘 알고 있었다. 그녀는 평생 독신을 고집하며 "짐은 영국과 결혼했다"는 말을 공공연하게 해 국민들의 신망을 얻었다.

영국 절대주의의 최고 전성기는 처녀 왕 엘리자베스 1세에 의해 이루어졌다. 그녀는 통일령을 발표하여 영국국교회를 확립하였고, 화폐 통일과 특허회사 설립 등 중상주의 정책을 통해 자본 축적을 이루었다. 엘리자베스는 또한 1588년에 에스파니아의 무적함대를 격파하여 해상에서 영국의 우위를 확보하였다. 그리하여 영국은 인도에 동인도회사를 설립하여 아시아 지역으로 적극적으로 진출하고, 북아메리카에 식민지를 건설하는 등 '해가 지지 않는 나라'로 성장하는 기틀을 확립하였다.

프랑스의 절대주의

앙리 4세가 낭트 칙령을 공표하고 있는 장면

프랑스에서는 16세기 말 이후 부르봉 왕조 시대에 절대왕정이 성립하였다. 위그노(칼뱅파 신교도)였던 부르봉 가문의 앙리 4세는 왕위에 올라 가톨릭으로 개종하였고, 1598년에는 위그노들에게 신앙의 자유를 인정하는 낭트 칙령을 공표하여 30여 년에 걸친 위그노

전쟁을 종결지었다. 이후 앙리 4세는 농업을 진흥하고 견직물공업을 육성하여 절대왕정의 기틀을 마련하였다.

앙리 4세의 뒤를 이어 즉위한 루이 13세 시기에는 국가체제가 정비되고 왕권이 크게 강화되었다. 루이 13세는 각 지방에 관리를 파견하는 등 관료제의 확립을 통해 귀족 세력을 약화시키고, 밖으로는 30년전쟁에 개입하여 독일의 신교도를 지원함으로써 합스부르크 왕가를 견제하며 프랑스의 국익을 증진시켰다.

프랑스 절대왕정의 전성기는 루이 14세에 의해 이루어졌다. 다섯 살이라는 어린 나이에 즉위한 루이 14세는, 이탈리아 추기경 출신으로 재상에 임명된 마자랭의 보좌를 받아 귀족들의 반란인 '프롱드의 난'을 진압하여 왕권을 더욱 강화하였다. 마자랭이 사망한 후 성년에 달한 루이 14세는 재상을 두지 않고 친정을 시작하였다. 이후 그는 왕다운 위엄, 예지, 체격을 갖추고 프랑스의 절대군주를 대표하는 인물이 되었다. '짐이 곧 국가'라고 말한 루이 14세의 치세는 프랑스의 위대한 시대를 이루었고, 자신을 태양에 비유하여 '태양 왕'으로 불리게 되었다.

재무장관 콜베르

루이 14세는 중앙과 지방의 행정제도를 개편하여 강력한 중앙집권 체제를 강화하였고, 콜베르를 재무장관으로 기용하여 중상주의 정책을 활발하게 추진하였다. 콜베르는 재무 외에도 상업, 농업, 식민지 문제 등에 걸쳐 광범위하게 국정을 총괄하며, 국왕의 충실한 신하이자 관리로서 국왕을 보필하였다. 콜베르는 농업의 진흥과 함께, 낙후된 프랑스 공업과 상업을 육성하였으며 적극적인 해외 진출을 통한 국제무역의 증진과 식민지 획득에 노력하였다. 그 결과 17세기 후반 프랑스의 국부와 국력은 크게 증대되었다.

이러한 국가의 번영을 배경으로 루이 14세의 치세는 프랑스 문화의 황금기를 구가하였다. 대표적인 건축물로는 남북으로 뻗은 날개를 합쳐 약 580m에 달하는 호화스런 베르사유 궁전이 있다. 문학에서는 조화와 균형을 중시하는 고전주의가 유행하였는데, 비극 작가 코르네유와 라신, 희극 작가 몰리에르가 활동하였다. 루이 14세의 호화롭고 세련된 궁정생활은 유럽 각국 군주들의 본보기가 되었으며, 프랑스어는 당시 유럽 외교계와 사교계의 주요 언어로 사용되었다.

프랑스 절대주의의 전성기를 이룬 '태양 왕' 루이 14세

루이 14세는 군사력 양성에도 힘써 프랑스를 유럽 제일의 군사 강국으로 만들었다. 그는 '자연국경론(자연적인 경계를 국경으로 삼는다는 이론)'에 따라 동쪽으로는 라인 강, 서쪽으로는 피레네 산맥까지 영토를 확장하기 위하여 에스파니아 왕위 계승 전쟁 등 수차례 전쟁을 벌였다. 그러나 이러한 침략전쟁은 바라던 성과를 거두지 못하였다. 연이은 전쟁으로 국가 재정은 고갈되었고, 절대왕정의 모순이 부각되었다. 또한 루이 14세는 종교적 통합을 꾀한다는 이유로 낭트 칙령을 폐지했는데, 이로써 5만 명에 이르는 상공업자와 기술자들인 위그노들이 네덜란드, 영국, 신대륙으로 빠져나가 프랑스 산업은 큰 타격을 입게 되었다. 이리하여 루이 14세가 사망할 무렵에는 프랑스의 영광은 기울고 절대주의의 모순은 더욱 표면화되었다.

베르사유 궁전

베르사유 궁전은 바로크 양식의 대표적인 건축물로서, 사치스러운 왕실 생활의 상징물이다. 이 궁전을 짓기 위해 무려 3만 명의 노동자가 동원되었고, 공사기간만 40여 년이나 걸렸다. 루이 14세 시대는 프랑스 궁정문화가 가장 화려한 시대로, 세련된 프랑스 궁정문화는 당시에 유럽 각국 궁정의 동경과 모방의 대상이 되었다.

프로이센과 오스트리아의 절대주의

독일은 중세 이래 영방 분할 체제가 계속되어 정치적으로 후진성을 면치 못하고 있었다. 이러한 상황에서 발생한 30년전쟁(아우크스부르크 종교회의 이후 최대의 종교전쟁)은 독일의 통일을 결정적으로 가로막았고, 국토를 거의 황폐화시켰다. 이 전쟁은 독일 내 신, 구교 간의 종교적 대립으로 시작되었지만, 다른 나라들이 개입하면서 유럽 열강간의 패권 쟁탈전의 성격을 지닌 국제분쟁으로 발전하였다.

30년전쟁은 근대 유럽 최초의 대규모 국제회의였던 베스트팔렌 조약이 체결됨으로써 종결되었다. 조약 결과 독일 내의 신교도들은 종교의 자유를 얻게 되었다. 그러나 독일은 신교도를 지원한 프랑스와 스웨덴에 많은 영토를 빼앗겼고, 스위스와 네덜란드의 독립이 승인되었다. 30년전쟁을 계기로 독일 제후들이 자신들의 관할 영토에 대해 완전한 주권을 인정받아 독일은 각 영방국가를 중심으로 발전하게 되었다. 특히 영방국가 가운데 프로이센과 오스트리아는 비교적 전쟁의 피해가 적어 이후 강대국으로 성장할 수 있었다. 18세기 초에 프로이센의 프리드리히 1세는 급속히 중앙집권화를 추진해 관료제를 정비하고 군대를 강화하여 절대주의 체제를 확립하였다.

프리드리히 1세의 뒤를 이은 프리드리히 2세의 시대에 프로이센은 더욱 성장하여 유럽 최대 강국으로 발전하였다. 프리드리히 2세는 프랑스에서 도망해온 위그노들에게 종교적인 관용정책을 펴는 등 그들을 이용하여 경제발전을 도모하였다. 또한 그는 잘 정비된 관료조직과 상비군을 바탕으로 오스트리아 왕위 계승 전쟁을 통해 섬유공업이 발달하고 철과 석탄이 풍부한 슐레지엔 지방을 점령하였다.

한편 합스부르크 왕가가 지배한 오스트리아는 게르만인, 보헤미아인, 헝

프리드리히 대왕
프리드리히 2세 지배하의 프로이센은 여러 차례 전쟁을 통해 영토가 거의 2 배로 늘었고, 국가 재정도 5배나 증가하였다. 이런 업적 때문에 국민들은 그를 '프리드리히 대왕' 이라고 불렀다.

가리인 등 다양한 민족구성으로 인해 통일국가로서의 발전이 부진하였다. 그러나 이러한 취약성에도 불구하고 오스트리아는 제1차 세계대전 때까지 중부 유럽의 강대국이었다. 합스부르크 왕가를 계승한 마리아 테레지아는 오스트리아 왕위 계승 전쟁에서 프로이센에게 슐레지엔 지방을 빼앗기는 아픔을 겪기도 했지만, 그 뒤 국내 산업의 육성과 농민 보호에 노력한 계몽 군주로 널리 알려졌다.

그의 아들 요제프 2세는 적극적인 개혁정치를 추진하였다. 그는 농노 해방을 통해 영주 세력을 억제하는 한편, 교육의 보급, 고문과 사형제도 폐지 등 계몽정책을 실시하였다. 그러나 이러한 개혁들은 독일인을 중심으로 전 국토를 통합하여 중앙집권을 강화하려는 것이었기 때문에, 봉건귀족의 반발과 다른 민족의 저항에 부딪혀 결국 실패하고 말았다.

러시아의 절대주의

오랫동안 몽고족의 지배를 받았던 러시아는 15세기 말 모스크바대공국의 이반 3세 때 독립을 이루었다. 16세기에는 이반 4세가 처음으로 황제라고 칭하며 중앙집권 체제를 강화함으로써 근대 러시아의 기틀을 닦았다. 이반 4세는 지방에 관리를 파견하고 상비군을 창설하여 귀족 세력을 제압했으며, 교회의 토지를 빼앗아 황제의 직할지를 늘렸다. 그는 또한 영토 확장에도 노력하여 러시아 남부지방과 시베리아를 손아귀에 넣었다.

근대 러시아의 기틀을 닦았던 이반 4세

이반 4세가 후사 없이 죽자 제위 계승을 둘러싼 혼란이 가중되고 각종 반란이 일어났다. 그러나 17세기 초 미하일이 로마노프 왕조를 열자 러시아는 다시금 안정을 되찾았다. 특히 표트르 대제는 러시아의 후진성을 극복하고 근대화를 이루기 위해서 서유럽의 기술과 문화가 필요하다고 생각하여 적

극적인 서구화 정책을 추진하였다. 표트르는 또한 서유럽으로 나아가는 통로를 확보하기 위해 스웨덴과 충돌하여 발트 해를 얻었고, 상트 페테르부르크를 건설하여 러시아의 새로운 수도로 삼았다. 그밖에도 중앙관제의 정비, 국내 산업의 육성, 상비군과 함대의 강화 등에도 관심을 기울여 러시아의 절대왕정을 완성하였다.

왼쪽_ 러시아의 '계몽군주' 예카테리나 2세
오른쪽_ 러시아의 절대왕정을 완성한 표트르 대제

표트르 대제가 죽은 뒤로 한동안 궁정의 음모가 잦아 37년 동안 6명의 황제가 교체되는 혼란이 있었다. 결국 표트르 3세의 황후였던 예카테리나 2세가 제위를 계승하여 혼란을 수습하였다. 그녀는 스스로를 '계몽군주' 라고 자처하면서 법전 편찬, 학교와 병원 설립 등 내정개혁을 단행하였다. 예카테리나 2세는 오스만 투르크와의 전쟁으로 흑해 연안 일대와 크림 반도를 획득하였으며, 서유럽 방향으로도 진출하여 폴란드를 분할 통치하였다.

그러나 예카테리나 2세는 충실한 신하에게 막대한 토지를 주어 신흥귀족을 양성하였지만 농민에게는 거주 이전의 자유를 박탈하고 극심한 착취를 자행하였다. 이 시기에 러시아의 절대주의는 농노제를 강화하는 방향으로 나아갔다. 이러한 전근대적인 농노제는 러시아 사회의 가장 큰 모순으로 남게 되어 국가발전을 저해하는 요인이 되었다.

프랑스 대혁명

#15

서양사에서는 중요한 의미를 갖는 연대가 여럿 있지만, 그 가운데서도 프랑스 혁명이 있었던 1789년이야말로 가장 상징적인 해라고 할 수 있다. 왜냐하면 프랑스 혁명 이후에야 비로소 자유와 평등이 정치적으로 실현되었기 때문이다. 프랑스 혁명의 결과 절대왕정은 무너지고 시민계급이 권력을 장악하였다. 또한 귀족과 성직자의 특권이 폐지되었으며, 신분적 불평등이 타파되었다. 이는 서양 근대 시민사회의 기초가 확립된 일대 사건이었다.

구제도의 모순과 재정 위기

프랑스 혁명이 일어난 가장 큰 원인은 앙시앵 레짐(구제도)이라 불리는 사회의 구조적 모순에 있었다. 프랑스는 당시 유럽인 5명 가운데 한 명이 자국민일 정도로 인구가 많았다. 또한 대부분의 유럽인들이 프랑스를 유럽문명의 중심부로 인식하고 있었을 만큼 유럽에서 가장 번영한 국가였다. 그러나 근대사회로 변모해가는 상황에서 프랑스에는 여전히 중세의 봉건적인 신분사회 체제가 존재하였다. 당시 프랑스 사회는 제1신분인 성직자, 제2신분인 귀족, 제3신분인 평민으로 나뉘어 있었으며, 각 신분 사이의 불평등과 갈등이 매우 심각하였다.

성직자와 귀족들은 전체 인구의 2%에 불과했지만 전국 토지의 40%나 되는 광대한 영토를 소유하고 있었다. 성직자들은 전국에 많은 토지를 소유한 교회를 바탕으로 농민으로부터 조세를 징수하였으나, 정작 자신들은 면세를 비롯한 여러 가지 특권을 누리고 있었다. 귀족들 역시 국가의 고위 관직을 독점하며 막대한 수입을 올리고 있었으며 면세의 특권을 누렸다.

반면 제3신분인 평민들은 철저한 수탈과 착취의 대상이었다. 도시에서는 노동자, 소상인, 직공, 영세 수공업자, 농촌에서는 소작농, 빈농, 농업 노동자들이 평민계층에 속하는 사람들이었다. 평민의 대다수를 이루는 농민은 여전히 봉건적 구속에서 벗어나지 못하고 비참한 생활을 하였다. 농민들은 토지세, 소득세, 인두세 등 각종 세금의 대부분을 부담하였고, 교회에서는 십일조를 바쳐야 했으며, 귀족으로부터 봉건적 부담과 각종 세금에 시달려야 했다.

그러나 평민계층은 교육 수준과 재산 소유에 있어서 천차만별이었다. 평민 가운데 부르주아라 불리는 시민계급은 귀족 못지않은 경제력을 갖추고 있었다. 부르주아에는 도시의 부유한 상인, 은행가, 상점 주인도 있었고, 변호사나 자유 직업인도 있었으며, 자영업에 종사하는 기술자도 있었다. 평민 중에서도 상층부에 속했던 부르주아 계층은 자신들의 능력과 부에 걸맞은 권리를 바라고 있었지만, 봉건적 신분제에 의해서 거부된 것에 강한 불만을 품고 있었다. 이처럼 동일한 제3신분임에도 서로 다른 위치에 있었던 평민계층을 하나로 묶는 끈이 있었다. 그것은 바로 특권계급인 성직자와 귀족을 향한 분노였다.

프랑스는 18세기를 통하여 물가가 65%나 상승하였으나, 임금은 단

제3신분이 특권계급(제1, 2신분)을 짊어지고 고통스러워하는 모습

지 20% 정도밖에 오르지 않았다. 영국으로부터 값싼 섬유와 금속제품이 대량 유입되어 프랑스 국내의 많은 공장이 문을 닫자 도시 노동자들은 일자리를 잃게 되었다. 더욱이 1787~1788년에 연이은 흉작으로 농촌은 물론 도시도 큰 피해를 입었다. 가뜩이나 낮은 임금에다 빵 가격마저 치솟아 생계를 위협하였다. 당시 빵 값은 소시민들의 생활비에서 무려 80% 이상을 차지할 정도였다.

배고픔보다 더한 고통이 있을까? 가격이 치솟을 것을 대비해서 일시적으로 가게를 열지 않는 빵집 주인이 살해되는 일도 있었다. 흉작으로 인해 제조상품에 대한 수요도 뚜렷이 감소했는데, 이는 각 가정이 식량 외에 다른 것을 구입할 능력이 없었기 때문이다. 이러한 상황에서 막대한 토지를 소유하면서도 아무런 세금도 내지 않고 온갖 권위를 부리는 성직자와 귀족층이 증오의 대상이 된 것은 당연한 일이었다.

혁명의 근본적인 원인은 구제도의 모순이었으나, 혁명의 직접적인 계기가 된 것은 왕실의 재정위기였다. 루이 14세 때부터 이미 누적되기 시작한 재정난은 루이 15세와 16세에 이르러 더욱 심화되었다. 특권계층에 대한 면세 혜택, 전쟁으로 인한 군비 지출, 왕실의 호화스런 궁정생활 등으로 국가 재정은 파산 지경에 이르렀다. 특히 프랑스가 상당한 물자와 군대를 동원하여 미국의 독립전쟁을 지원하자 재정궁핍은 절정에 이르렀다.

프랑스는 미국 독립전쟁에 약 20억 루블이라는 엄청난 전쟁비용을 지출했는데, 당시 연간 세입이 약 5억 루블 정도였으니 어느 정도인지 짐작할 수 있다. 이러한 막대한 전비 지출은 프랑스 정부를 극심한 재정난에 시달리게 하였다. 더욱이 미국 독립혁명이 내세운 이념인 자유, 평등, 행복 추구의 권리 등은 절대왕정에 대한 반감을 더욱 고취시키는 역할을 하였다.

루이 16세

혁명수단으로 사용된 포르노

앞서 언급하였듯이, 프랑스 혁명이 일어난 원인은 구제도의 모순과 왕실의 재정위기이다. 그러나 이 두 요인만으로 프랑스에서 혁명이 발생하였던 필연적인 상황을 설명할 수는 없다. 왜냐하면 정도의 차이만 있을 뿐 프랑스 주변의 국가들에도 그런 문제들이 엄연히 존재했기 때문이다. 프랑스는 오히려 러시아를 비롯한 동유럽 국가에 비해서 경제적으로나 정치적으로 나은 입장이었다. 바꿔 말해서 구제도의 모순과 재정위기로 인하여 혁명이 일어날 수밖에 없었다면 프랑스보다 훨씬 열악한 환경이었던 동유럽 국가에서 먼저 혁명이 발생했어야 했다. 그렇다면 왜 프랑스에서 먼저 혁명이 일어났으며, 국왕과 왕비의 목이 잘려나가는 사태가 벌어졌을까?

프랑스 혁명을 더욱 부채질한 것은 당시 프랑스 지배층의 위선과 부도덕성이었다. 그리고 이를 민중에게 널리 알리기 위한 수단으로 포르노가 사용되었다. 린 헌트가 『포르노그래피의 발명』에서 밝혔듯이, 프랑스의 계몽주의자들은 혁명을 일으키는 수단으로 포르노그래피(pornography)를 활용했던 것이다. 혁명 주도세력의 하나인 미라보와 생쥐스트는 포르노를 통해 구제도의 모순과 지배층의 위선적 행위를 비판하였다. 1789년에 출간된 『아레티노 연대기』에는 당시 사회의 부도덕과 퇴폐적 분위기의 원흉을 고위 귀족 여성에게서 찾았다. 다른 작품에서도 귀족을 발기부전증 환자나 성병 환자로 취급하고, 이들의 방탕한 생활을 묘사하였다.

사회 비판적인 포르노 소설의 백미는 왕정을 소재로 한 것이었다. 특히 왕비 마리 앙투아네트가 주요 공격 대상이 되었다. 일련의 포르노에서 그녀는 신분과 체면에 아랑곳하지 않는 '섹스의 노예'나 '동성애자'로 묘사되었다. 그렇다면 왕비는 포르노의 내용처럼 실제로 음탕한 여인이었을까? 물

'적자부인' 이라 불린 앙투아네트

마리 앙투아네트는 심한 낭비벽과 사치벽으로 인해 세인들로부터 '적자부인' 이라는 빈축을 샀다. 앙투아네트의 낭비벽을 보다 못해 그의 어머니이자 오스트리아의 왕비였던 마리 테레지아는 딸에게 낭비하는 버릇을 고치라고 타일렀다. 그러자 앙투아네트는 자신의 낭비벽은 '따분함을 풀어주는 오락'이라고 변명했다. 인생의 유일한 즐거움이 낭비이므로 프랑스의 왕비로서 그 정도의 지출은 당연한 일이라고 주장한 것이다. 그러나 국민들은 세금 인상의 근본 이유가 루이 16세의 왕비인 그녀의 낭비 때문이라고 믿었다.

루이 16세의 왕비 마리 앙투아네트

론 정확한 증거는 없다. 확실한 점은 프랑스 국민정서가 그녀를 왕비로 인정하고 싶지 않았다는 것이다. 앙투아네트는 프랑스인이 아닌 오스트리아 공주로서, 온갖 사치를 일삼고 국민의 고통에는 아랑곳하지 않았다. 가뜩이나 왕실에 대한 분노로 가득 찬 상황에서 왕비는 집중적인 공격 대상이 될 수밖에 없었다.

왕비를 소재로 한 포르노는 프랑스 혁명과 민주화 개혁에 큰 공헌을 했다고 볼 수 있다. 왕비가 권위의 대상이 아닌 성적 대상으로 전락한 포르노의 내용은 왕의 권위를 깎아내리기에 충분하였다. 더욱이 이러한 포르노는 분명히 루이 16세와 왕비를 처형하는 데에도 큰 역할을 했을 것이다. 아무리 왕실이 분노의 대상이라 할지라도 절대왕정 시대에 수많은 군중이 모인 광장에서 왕과 왕비를 처형하고, 그들의 죽음에 환호성을 질러대는 경우가 프랑스 말고 어느 나라에 있었던가?

왕비의 형제였던 조세프 웨버의 주장도 새겨볼 만하다. 그는 프랑스 혁명이 루이 16세가 아닌 루이 14세 때 일어났다면 과연 어떻게 되었을까 반문하였다. 루이 16세는 권위적이며 결단력 있는 국왕이 아니라 우유부단하고 심약한 인물이라는 것이다. 이러한 견해는 상당히 설득력이 있다. 러시아 혁명이 국민에게 폭정을 일삼던 전임 황제 니콜라스 1세 때가 아니라, 온순하며 결단력 없고 남의 말에 휘둘리는 알렉산더 2세 때에 일어난 것을 생각해본다면 말이다.

삼부회의 개최

재정난에 처하게 된 루이 16세는 부족한 세수를 늘리기 위해 모든 토지 소유자에 대하여 신분에 관계없이 공평하게 과세한다는 조치를 내렸다. 그

제3신분 대표 구성

변호사 226명, 판사 및 검사 119명, 지주 72명, 대상인 57명, 기타 자유직(의사, 토지 감정인) 116명, 자영농 6명, 소상점주 4명, 사제 3명 등 모두 603명으로 하층민은 완전히 배제되었다. 또한 상인이나 산업가의 비중이 크지 않았다는 사실에 주목해야 한다. 즉 제3신분의 대표 상당수가 자본적 부르주아가 아닌 관료와 전문직 부르주아에서 선출되었다.

동안 면세 혜택을 누려왔던 귀족들이 루이 16세의 조치에 반발한 것은 당연한 일이었다. 귀족들은 삼부회(성직자, 귀족, 평민의 대표로 구성되는 회의)만이 새로운 세금을 결정할 권한이 있다고 주장하면서 삼부회 소집을 강력히 요구하였다. 루이 16세는 조세 인상으로 인한 귀족의 불만을 해소하기 위해 175년 동안 열린 적이 없었던 삼부회 소집을 허락하였다.

1789년 5월에 소집된 삼부회의 구성을 보면 제1신분이 308명, 제2신분이 285명이었으나, 제3신분 대표는 603명이었다. 원래 각 신분별 수는 동일하였으나, 시민 대표들은 국왕과의 오랜 협상 끝에 평민 대표자의 수를 2배로 늘리는 데 성공하였다. 그러나 삼부회는 동상이몽의 자리였다. 왕은 재정위기를 타개하기 위해서, 귀족은 과거의 귀족정치를 부활시키기 위해서, 그리고 평민(제3신분 대표)은 봉건적 구제도의 폐지를 촉구하기 위해서 모였던 것이다.

삼부회 첫 회의에서 당장 논란거리가 된 것은 각 신분 집단별로 동등한 결정권을 부여할 것인가, 아니면 참석한 개인 모두에게 동등한 투표권을 부여할 것인가 하는 문제였다. 신분별로 투표를 한다면 귀족과 성직자들은 같은 편이기 때문에 표결은 하나마나 평민측이 2:1로 지게 되어 있었다. 따라서 귀족과 성직자 대표들은 투표를 신분별로 진행할 것을 주장한 반면, 평민 대표들은 사람 수에 따라 표결로 할 것을 주장하였다. 신분별 투표가 아닌 사람 수에 따라 투표를 한다면

1789년 5월 5일 베르사유 궁전에서 개최된 삼부회

제3신분인 평민들이 근소한 차이로 승리할 수 있기 때문이었다. 그러나 루이 16세는 1인 1표 방식을 거부하고 신분별 표결을 명령하였다. 평민 대표들은 이에 강력하게 반발하고 나섰다.

이때 제3신분에게 용기를 주고 독자적인 행동을 취하게 만들었던 것이 시에예스가 쓴 『제3신분이란 무엇인가』였다. 시에예스는 원래 성직자였으나 삼부회 선거에서 제3신분으로 당선된 사람이었다. 시에예스는 "특권계급이 돈과 명예를 차지할 수 있는 지위를 모두 가로챈다면, 대다수 국민에게 분노를 안겨줄 뿐만 아니라 공무에 대한 반역"이라고 하였다. 그는 국민이란 하나의 입법기관에 의해 대표되는 공동체이며, 따라서 절대다수를 차지하는 제3신분만이 국민 전체의 의사를 대표한다고 주장하였다. 이것은 결코 허세를 부리기 위한 소리가 아니었다. 시에예스의 말대로 제3신분은 '무엇이 되기 위하여' 마침내 궐기를 시작하였다.

시에예스, 『제3신분이란 무엇인가』

1. 제3신분이란 무엇인가? 모두를 말한다.
2. 지금까지 제3신분의 지위는 어떠하였는가? 아무것도 아니었다.
3. 제3신분은 무엇을 요구하는가? 무엇인가가 되는 것이다.

국민의회 결성

1789년 6월 17일 마침내 평민 대표들은 행동에 나서 단독으로 국민의회를 소집하였다. 진보 성향의 성직자와 귀족들도 이에 동조하였다. 국왕은 베르사유 회의장 앞에 군대를 집결시켜 국민의회의 소집을 저지하려 하였다. 그러자 국민의회 의원들은 베르사유 궁정 안에 있는 테니스코트에 모여 헌법이 제정될 때까지 절대로 해산하지 않겠다는 테니스코트 선언(6월 20일)을 발표하였다.

이에 당황한 루이 16세는 직접 평민 대표들 앞에 나타나 그들의 행동을 불법으로 규정하고 해산할 것을 명령하였다. 그러나 국민의회는 자신들의 행동에 대하여 국왕으로부터 어떠한 명령도 받을 이유가 없다고 응수하였

라파예트
그는 직접 배를 구입하여 미국 독립전쟁에 의용군으로 참전하고 거실 벽에 독립선언서를 걸어놓을 정도로 자유주의자였다.

인권선언 채택과 입법의회

전국에서 혁명의 불길이 빠르게 퍼져나가자 국민의회는 신속히 대처하여 8월 4일 봉건제 폐지를 선언하였다. 이로써 농민들을 착취하고 예속했던 농노제, 영주 재판권, 교회에 내는 십일조 등이 폐지되었다. 이어 8월 26일 국민의회는 혁명의 이념을 분명히 하기 위하여 '인간과 시민의 권리선언', 즉 인권선언을 채택하였다.

진보적 귀족인 라파예트 등이 중심이 되어 기초한 인권선언은 프랑스 혁명이 지향해야 할 기본이념과 원리를 표명한 것이었다. 이는 당시의 자연권 사상과 계몽사상을 반영한 것으로, 인간의 자연적 평등, 국민주권, 언론 · 출판 · 신앙의 자유, 국민 의사에 따른 법 제정, 재산권의 신성함, 압제에 대한 저항권 등을 담고 있다. 인권선언은 사실상 전제 통치의 '사망증명서' 인 셈이었다.

위 _ 성난 파리 시민들이 바스티유 감옥을 습격하는 장면
아래 _ 베르사유 궁전으로 향하는 파리의 부녀자들

그러나 루이 16세는 인권선언을 인정하지 않고, 국민의회가 실시하고자 하는 개혁에 반대하였다. 이에 분노한 파리 시민은 베르사유 궁전으로 행진하였다. 이때 대포를 끌고 선두에 선 사람들은 파리의 부녀자들이었다. 물가고와 식량 부족에 허덕이던 부녀자들은 국왕에게 인권선언의 승인을 요구하며 "빵을 달라" 고 외쳤다. 이것이 소위 '10월 사건' 이다.

루이 16세는 시민들의 대대적인 저항으로 마침내 인권선언을 승인하고 곡물을 방출하였다. 이 사건을 계기로 루이 16세는 베르사유 궁전에서 혁명세력의 중심지인 파리로 연행되었다. 이제 국왕은 시민의 감시를 받게 되었고, 국민의회는 개혁에 더욱 박차를 가하여 교회 재산을 몰수하였고, 길드와 내륙관세, 통행세를 폐지하여 보다 자유로운 경제활동과 자본주의 발전을 꾀하였다. 더불어 행정과 사법제도의 정비도 단행하였다.

국민의회가 1791년 채택한 헌법은 권력분립에 입각한 입헌군주제 형태였다. 그러나 일정 액수의 세금을 낼 수 있는 시민에게만 참정권을 부여하였고(이러한 납세의무를 감당할 시민이 전국적으로 5만 명에 지나지 않았다), 입법의회 또한 간접선거로 구성하도록 하였다. 이 새로운 정치체제는 철저히 유산계급을 대표하는 성격을 띠고 있었기 때문에, 목숨을 걸고 혁명에 직접 가담하였던 무산대중의 불만은 쉽게 가라앉지 않았다.

'91년 헌법' 에 따라 선거가 실시되어 새로운 입법의회가 소집되었다. 의회는 크게 두 세력, 즉 자유주의 귀족을 중심으로 입헌군주제를 지지하는 페이양파와 상공업 시민을 중심으로 온건한 공화주의를 주장하는 지롱드파로 양분되었다. 초기에는 페이양파가 우세하였으나 점차 지롱드파가 주도권을 장악하였다.

1795년 프랑스 국가로 승인된 라마르세예즈의 악보

한편, 1791년 6월 국왕 일가가 왕비 마리 앙투아네트의 모국인 오스트리아의 힘을 빌려 왕권을 유지하고자 오스트리아로 도주하는 사건이 발생하였다. 그러나 국왕 일행은 국경 근처의 바렌느에서 체포되어 파리로 연행되었다. 이 사건으로 국왕과 왕실에 대한 민중의 반감은 더욱 커졌다. 여기에다 자국으로 혁명이 전파되는 것을 두려워한 오스트리아와 프로이센의 군주들이 군대를 동원하여 파리로 쳐들어왔다.

이에 입법의회는 선전포고를 하여 오스트리아 - 프로이센 연합군에 대항하였으나 패전을 거듭하였다. 혁명의 와중에 전쟁을 준비할 여유가 없었으며, 군대조직이나 군수물자의 보급이 제대로 이루어지지 않았기 때문이었다. 그리하여 입법의회가 '조국이 위기에 서 있다'는 선언을 결의하자 전국 각지에서 의용군이 일어나 파리로 집결하였다. 이때 마르세이유의 의용군이 부른 '라인강 수비대의 노래', 즉 라마르세예즈는 훗날 프랑스의 국가가 되었다.

발미 전투
파리에서 동쪽으로 200km 떨어진 빌미에서 프랑스 의용군이 프로이센에 처음으로 승리를 거둔 전투였다. 발미 전투에서의 승리로 확신을 얻은 국민공회는 곧 왕정을 폐지하고 공화국을 선포하였다.

국민의 자유와 평등을 위하여 자발적으로 싸운 프랑스 의용군은 1792년 9월 20일 발미 전투에서 침략군에 대항하여 첫 승리를 거두었다. 이때 전쟁에 직접 참가하였던 독일 문호 괴테는 '조국을 사랑하는 민중이 승리를 거둔 이곳. 그리고 이날부터 세계사의 새로운 시대가 시작되었다'고 기록하였다. 이 승리로 확신을 얻은 파리 시민과 의용군들은 반 국왕 무장봉기를 일으켰다. 이들은 국왕이 있던 튈레리 궁을 습격하여 국왕 일가를 감옥에 유폐하였다. 과격한 민중들의 요구에 따라 국민의회는 왕권을 정지시키고 보통선거에 의한 새로운 의회(국민공회)의 소집을 결의하였다. 그리하여 1792년 9월에 소집된 국민공회는 왕정을 폐지하고 공화정의 수립을 선언하였다. 이것이 바로 프랑스의 제1공화국이었다.

국민공회와 자코뱅파의 공포정치

앞서 언급한 바와 같이, 시민과 의용군 등 민중의 무장봉기는 왕권 폐지와 공화정 수립 등 커다란 정치적 변화를 가져왔다. 이러한 정치적 환경은 새로 수립된 국민공회의 세력구도를 뒤바꿔놓았다. 이제 국민공회는 온건한 공화주의를 대변하는 지롱드파를 대신하여 급진적 공화주의를 주장하는 자코뱅파가 다수를 차지하게 되었다.

국민공회가 부닥친 첫 과제는 감금된 루이 16세의 신변 처리에 관한 문제

자코뱅파
상공업자 등 도시 부르주아 계급을 중심으로 온건한 공화주의를 주장한 지롱드파와는 달리, 자코뱅파는 농민, 노동자 등 민중계급을 기반으로 급진적인 개혁을 주장하였다. 자코뱅파는 국민공회 회의장에서 높은 곳에 자리하였기 때문에 일명 '산악파'라고도 불리며, 의장석에서 볼 때 왼쪽에 있었기 때문에 좌파라고 불렸다. 급진파를 좌파라고 부르는 관례가 이때부터 생겼다.

처형 직전 루이 16세는 "내 피가 국민들의 행복을 보장해주기 바란다"는 말을 남겼다고 전해진다.

자코뱅파의 지도자 로베스피에르

였다. 급진 자코뱅파는 유죄판결과 함께 사형을 요구했으며, 온건한 지롱드파는 가능하면 재판을 피하거나 최소한 사형만은 피하려 하였다. 그러나 만장일치로 루이 16세의 유죄가 인정되고 사형이 결정되었다. 1793년 1월 21일 루이 16세는 마침내 혁명광장(지금의 콩코르드 광장)에 세워진 단두대에서 처형되었다.

국민공회 대표자들이 이처럼 국왕을 신속히 처형한 이유는 무엇일까? 그들 또한 국왕을 처형하면 주변 국가와의 전쟁을 초래할 것이라고 우려했지만, 무엇보다도 혁명을 완수하기 위해서는 절대왕정의 상징인 국왕이 사라져야 한다고 판단했을 것이다. 그들은 루이 16세에게 외국의 군대를 끌어들이려 했다는 이적혐의를 씌워 그를 처형하였다.

국왕의 처형은 주변의 절대왕정 국가들에게 큰 충격을 주었다. 인접 국가들은 혁명이 자국에까지 파급될 것을 우려하여 혁명의 확산을 저지하려 애썼다. 그리하여 영국의 제창으로 1793년 2월 대불 동맹을 결성하고 프랑스를 압박하였다. 이에 프랑스는 이미 교전중인 오스트리아와 프로이센은 물론 영국, 스페인, 네덜란드 등과도 전쟁을 하게 되었다. 1793년 봄, 프랑스는 전투마다 연이어 패배하였다. 여기에 물가고와 생필품 부족으로 경제위기까지 닥쳤다. 게다가 왕당파에 의한 대규모 반혁명이 각지에서 일어나 정세가 더욱 악화되었다.

이러한 국내외의 긴급사태에 대응하기 위하여 자코뱅파는 비상체제를 수립하였다. 변호사 출신의 로베스피에르를 지도자로 한 자코뱅파는 치안유지를 위하여 국민공회 내에 공안위원회를 중심으로 강력한 독재정치를 실시하였다. 로베스피에르는 반혁명 세력과 개혁에 반대하는 지롱드 당원을 혁명재판소에 회부하여 단두대에서 처형하도록 하였다. 말 그대로 '공포정치'가 본격화된 것이다.

공포정치
로베스피에르는 국민공회에서 지롱드파를 추방하고, 반혁명 용의자를 대량으로 체포, 처형하였다. 1793년부터 다음 해에 걸쳐 약 50만명이 투옥되고, 왕비 앙투아네트를 비롯하여 약 3만 5,000명이 단두대에서 처형되었다.

혁명정부는 '평등의 원리'와 '과거와의 단절'을 내세우며 혁신적인 조치를 단행하였다. 봉건적 권리를 완전 폐기하고, 무산농민에게 토지를 분배하였으며, 물가와 임금인상을 억제하기 위하여 최고가격제를 시행하였다. 또한 국민징병제, 물자 배급제도, 혁명력 제정, 기독교의 부정과 이성 숭배의 신종교 창설 등 급진적인 개혁들을 연이어 발표하였다.

1794년에 접어들면서 전세가 호전되고 경제가 점차 안정되었으며 사회불안도 차츰 사라졌다. 또한 혁명군의 연이은 승전으로 공포정치의 정당성이 점차 퇴색하자, 국민들은 공포정치에 회의와 반감을 갖게 되었다. 게다가 혁명으로 이득을 본 중소시민은 점차 보수화되어 혁명이 더 이상 진전되는 것을 원하지 않았다. 그리하여 공포정치의 타도를 요구하는 목소리가 높아져갔다. 국민공회 내에서 반 로베스피에르 세력이 형성되기 시작하였고, 공안위원회 회의석상에서도 로베스피에르에 대한 비난이 공공연히 이어졌다. 1794년 7월 27일 국민공회와 공안위원회 내의 반 로베스피에르 파는 힘을 합쳐 로베스피에르를 전격적으로 체포하였다. 로베스피에르는 다음날 단두대에서 처형되었다. 7월이 혁명력으로 테르미도르(Thermidor, 熱月)였기 때문에 이 사건을 '테르미도르 반동'이라고 한다.

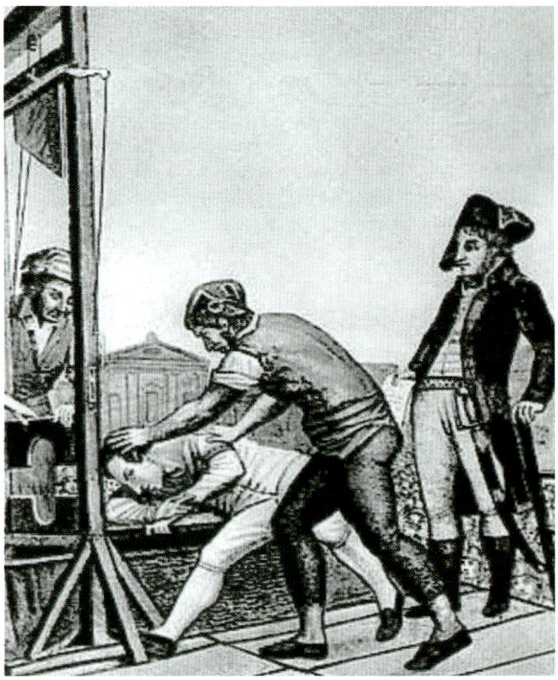
로베스피에르의 처형 장면

'결코 부패할 수 없는 사람'이라는 별명이 붙을

정도로 청렴했던 로베스피에르는 분명 어느 혁명 지도자보다 나은 도덕성을 지녔다. 그러나 로베스피에르는 현실과 정세변화에는 아랑곳하지 않고 오직 자신이 정한 잣대의 도덕성과 혁명 수준만을 강요했으며, 이를 어길 시에는 단두대로 응징하였다. 바꿔 말해서 그는 숭고한 도덕성을 지닌 무자비한 독재자였다. 그가 공포정치를 실시했을 때부터 이미 그의 운명은 정해졌던 것이다. 그의 정적들은 단두대로 끌려가면서 "다음은 로베스피에르의 차례가 될 것"이라고 예언하듯 말했다고 한다.

부르주아 보수파의 등장

로베스피에르의 처형과 더불어 혁명에 대한 국민적 열기는 급속히 냉각되었다. 국민공회 내부에서도 보수파가 주동이 되어 공안위원회나 혁명재판소 등 공포정치 기구를 즉시 폐지하였다. 더 나아가 그동안 시행된 급진적인 정책들을 수습하고 시민계급 중심의 지배체제를 회복하고자 노력하였다. 1795년 8월에는 새로운 헌법이 제정되었다. 이 헌법은 보통선거를 폐지하고 일정 세금을 내는 사람들에게만 선거권을 부여하는 등 유산자 계급에 의한 부르주아 공화주의 체제를 수립하였다.

1795년 10월에는 양원제 입법부와 5명의 총재가 주도하는 총재정부가 수립되었다. 총재정부는 '중도와 균형'을 유지하면서 부르주아의 안정적 지배를 위하여 노력하였다. 그러나 지속적인 대외전쟁으로 인한 경제난과 정치적 불안에 시달리게 되었다. 더욱이 1797년 이후에는 우익 왕당파와 좌익 자코뱅파의 정치적 공세에 휘말려, 가뜩이나 약해진 정권을 유지하기 위해 군대의 힘을 빌려야 했다.

이러한 혼란이 지속되자, 오랜 혁명 속에서 가뜩이나 지쳐 있던 시민계급과 농민들은 자신들의 기득권을 보호해줄 수 있는 강력한 지도자가 나오기를 기대하였다. 1799년에는 영국이 오스트리아 및 러시아 등과 동맹을 맺고 프랑스를 침입하려 하였다. 그러나 총재정부는 이를 타개할 힘이 없었다. 이에 총재정부에 대한 국민의 불신은 더욱 깊어만 갔다.

한편, 본국이 위급한 상황을 맞게 된 것을 안 나폴레옹은 이집트 원정군을 부하에게 맡기고 본국으로 귀환하였다. 나폴레옹은 11월 18일 보수파 정치인, 군인, 부유한 시민들과 결탁하여 쿠데타를 일으켜 정권을 장악하였다. 이것이 바로 부뤼메르(Brumaire, 霧月) 쿠데타이다. 이것을 계기로 부르주아를 중심으로 한 보수파가 완전히 세력을 회복하였다. 이로써 10년간에 걸쳐 우여곡절을 겪은 프랑스 혁명은 종결을 보게 되었고, 나폴레옹 1인 독재체제가 이루어지게 되었다.

프랑스 혁명의 과정을 생각할 때 느끼는 역사의 아이러니가 있다. 혁명을 완수하기 위해 전개된 처절한 유혈사태, 국왕을 비롯한 수많은 사람들의 처형, 그리고 로베스피에르의 공포정치의 대가가 결국 나폴레옹이라는 독재자의 출현과 제정으로의 회귀였다는 것이다.

#16 산업혁명

18세기 후반 신대륙과 유럽에서 독립과 혁명을 위한 불꽃이 타오를 때, 영국에서는 새로운 시대를 알리는 또 다른 혁명인 산업혁명이 발생하였다. 새로운 기계의 발명과 기술 혁신은 공장제 기계공업이라는 새로운 생산체제를 낳았으며, 이로써 산업생산성이 비약적으로 증대하게 되었다. 이것은 사회구조와 정치제도에도 큰 변화를 수반하였다. 산업혁명은 프랑스 혁명과 더불어 서양 근대 시민사회 형성의 결정적인 계기가 된 사건이었다.

산업혁명이 영국에서 시작된 이유

산업혁명이란 1760년 이후 영국에서 공업생산에 기계가 도입되고, 이에 따라 발생한 경제와 사회적 대변혁을 말한다. 그것은 자본주의 경제의 도입과 도시화, 그리고 해외시장의 확대로 인한 교역의 광역화 등 세계사에 커다란 변화를 초래하였다. 그렇다면 왜 영국에서 산업혁명이 가장 먼저 시작되었을까? 그 이유는 영국이 다음과 같은 조건들을 갖추고 있었기 때문이다.

영국 랭커셔의 한 방직공장

영국은 18세기에 접어들어 네덜란드와 프랑스를 물리치고 해상권을 장악하면서 인도와 북아메리카 등지에 해외 식민지를 확보하였다. 원거리 무역을 통해 많은 자본을 축척하였을 뿐만 아니라, 원료공급지와 상품시장으로서 해외시장을

이미 확보하였다.

또한 영국에서는 봉건제도가 일찍이 무너지면서, 시장판매를 위해 농산물을 재배하는 자본주의적 농업생산이 도입되었다. 그리하여 대지주와 부유한 농민들은 소규모 자영농민의 토지와 마을 공동지를 종획하여 대규모 농장 경영을 발전시켰다(제2차 인클로저 운동). 이 과정에서 토지를 잃은 농민들은 농업 노동자로 전락하거나, 일자리를 찾아 도시로 나가게 되었다. 이들 노동자들은 산업혁명기에 필요한 값싼 노동력을 제공하였던 것이다.

인클로저 운동으로 울타리가 처진 농지의 모습

유럽 대륙과는 달리 영국에서는 내국 관세나 봉건적인 통행세의 장벽이 없었으며, 도로와 운하 또한 비교적 잘 발달되어 있었다. 게다가 영국은 식민지 쟁탈전에서 승리하여 해외시장이 날로 팽창하였다. 이렇게 형성된 시장은 자유로운 상업 활동과 더불어 수요를 증대시켰고, 그것은 다시 공업생산을 자극하였다. 당시 영국의 모직물 생산은 유럽에서 가장 앞섰으며, 농촌을 중심으로 공장제 수공업(공장제 기계공업의 전 단계)이 이미 보급되어 있었다. 또한 영국은 17세기 유럽에서 전개된 과학혁명의 중심국으로 자연과학과 기술의 발전이 두드러졌다.

이처럼 영국에서는 해외시장의 확보, 자본의 축적, 풍부한 노동력, 공장제 수공업의 보급과 과학기술의 발전 등 산업혁명의 기반이 조성되어 있었다. 이러한 토양 위에서 기술혁명(동력기계에 의한 대량생산), 동력혁명(증기기관을 이용한 기술혁신), 그리고 교통혁명(증기기관차와 증기선)이 나타났고, 그에 따라 생산력이 급증하고 산업상에 대변혁이 일어나게 되었다.

인클로저 운동

토머스 모어는 "전에는 사람이 양을 먹었지만 지금은 양이 사람을 잡아먹는다"고 말하였다. 이 말은 영국의 인클로저 운동을 뜻하는 말이다. 인클로저란 양을 기르는 목장을 만들거나 농업 개량을 목적으로 경작지나 공유지에 울타리를 치는 것을 말한다. 16세기를 중심으로 한 제1차 인클로저 운동은 모직물 공업의 육성에 따른 양모의 수요를 충족시키기 위한 것이었고, 18세기 이후 제2차 인클로저 운동은 농업 개량과 농업 경영의 능률화를 위한 것이었다.

산업혁명

산업혁명이란 일반적으로 18세기 이후 영국을 효시로 하여 산업상에 일어난 대변혁을 가리킨다. 영국의 산업혁명에 자극을 받아 프랑스, 독일, 미국이 늦어도 19세기 중엽까지 본격적인 공업화의 길에 들어섰고, 19세기 말에는 일본, 러시아에도 선발 공업국들로부터 도입된 공업 생산기술을 바탕으로 산업화가 시작되었다. 20세기에는 비유럽 국가들에도 선진국의 영향 아래 산업화가 이루어졌다.

산업혁명의 진행

최초로 기계공업의 중심이 된 부문은 면직물공업이었다. 비교적 새로운 분야인 면직물공업은 오랜 전통의 모직물공업과 달리 값싸고 대중적인 상품으로 부가가치가 상당히 높았다. 우선 1780년대 존 케이가 발명한 비사(Flying Shuttle, 베틀의 밑실에 들어 있는 북의 일종)는 천을 짜는 속도를 빠르게 하여 면사(실)의 수요가 급증하게 되었다. 비사의 발명으로 직포 생산이 활기를 띠게 되자 새로운 방적기가 잇달아 발명되었다.

아크라이트의 수력방적기(1769)

하그리브스는 다축방적기인 '제니' 방적기를 발명하였고, 아크라이트는 수력방적기를 발명하였으며, 크롬프턴이 이들의 장점을 살려 '뮬(Mule)' 방적기를 발명하였다. 직포의 생산이 원사의 공급을 따라가지 못하게 되자 카트라이트가 동력으로 움직이는 역직기를 발명하였다. 이러한 직조기의 기계화 과정에 힘입어 1780년대에 이르러 면직물공업의 생산성이 비약적으로 증대되었다.

한편 미국의 얼라이 휘트니는 1793년 면화에서 씨를 제거하는 조면기를 발명하였다. 조면기 한 대로 하루 1,000명 이상의 노동력에 해당하는 작업을 할 수 있었다. 조면기의 발명으로 미국 남부의 면화 재배는 급속히 확장되었고, 면화가 충분히 공급되자 면방직공업 또한 급속도로 발전하였다.

산업이 획기적으로 발전한 데는 교통혁명이 커다란 역할을 하였다. 영국인 스티븐슨은 1814년 증기기관차를 처음 만들었으며, 1830년에는 리버풀과 맨체스터 사이를 운행하는 최초의 철도영업이 개시되었다. 1840년대 이후에는 영국과 유럽 각국에 철도망이 확충되어 19세기 후반 육상교통의 중심적인 위치를 차지하게 되었다.

육상의 교통수단인 철도와 함께 해상에서는 증기선이 그 몫을 담당하였다. 1807년 미국인 풀턴이 만든 증기선이 처음으로 뉴욕의 허드슨 강을 항해하는 데 이용되었으며, 1821년에는 영국의 도버와 프랑스의 칼레 사이를 왕복하는 증기선이 취항하였다. 1840년대에는 영국의 리버풀과 미국의 보스턴을 운행하는 대서양 횡단 정기노선이 개설될 정도로 발전하였다. 이러한 교통혁명은 도로의 부설과 개량, 운하의 건설 등과 결합하여 근대산업에 필요한 원료와 연료의 수송, 생산품의 운반, 시장과 시장의 연결 등을 신속하게 하여 산업과 경제발전에 크게 기여하였다.

교통기관의 발달과 함께 19세기 중엽에는 통신수단에도 혁신이 일어났다. 1840년에 영국에서는 페니 포스트(penny post)라 하여 1페니의 우표만 붙이면 전국 어디든지 편지를 보낼 수 있는 값싸고 빠른 우편제도가 마련되었다. 1844년에는 미국인 모스가 유선전신을 발명함으로써 영국 해협과 대서양에 해저 전신이 가설되었다. 그리고 미국의 벨이 전화기(1876), 축음기와 전등(1879)을 발명하였다.

이와 같은 기계의 발명 및 기술의 혁신과 더불어 산업화에 필요한 자본을 공급해줄 금융업도 발전하였

방적기의 발명
하그리브스가 부인의 이름을 따서 만든 제니 방적기는 한 번에 16가닥의 실을 생산할 수 있었다. 그러나 이 방적기가 지은 실은 날실(세로실)로 사용하기에 강도가 약한 결점이 있었다. 이를 보완한 것이 아크라이트의 수력방적기였다. 이것은 수력을 동력으로 사용하여 일시에 수천 개의 방추를 움직여 날줄과 씨줄(가로줄) 모두 대량생산이 가능하게 되었다.

존 케이가 발명한 '나는 북'(1733)

풀턴이 발명한 증기선의 모습

다. 그리하여 로스차일드 가문과 같은 국제 금융가들이 나타났다. 그리고 영국에서는 대중의 광범위한 투자를 장려하기 위해 주주의 책임을 주가에 한하여 사업상의 모험을 줄인 주식회사가 기업형태로 보편화되어갔다.

영국은 1760~1830년 동안의 산업혁명 시기에 빠른 공업기술의 진보를 이뤄내어 역사상 최초의 진정한 공업국가가 되었다. 그리하여 1851년 개최된 런던 만국박람회에서는 영국이 '세계의 공장' 임을 입증하였다. 그리고 영국에서 시작된 산업혁명은 벨기에, 프랑스, 독일, 미국 등지로 확산되었다.

산업혁명의 결과

산업혁명은 프랑스 혁명과 더불어 근대 유럽사회 형성에 결정적인 계기가 되었다. 새로운 기계의 발명과 기술혁신으로 공장제 기계공업이 일어나

종래의 가내수공업을 대체하게 되었다. 여기에 교통과 통신의 혁신적인 발달이 더해져 산업자본주의 체제가 확립되었다.

산업자본주의는 기존의 상업이나 금융과는 달리 생산과정에서 자본의 증식을 꾀하는 것을 말한다. 그 결과 사회계급은 자본이라는 생산수단을 소유한 산업자본가와 자신의 노동력 이외에는 어떠한 생산수단도 갖지 못한 임금노동자로 양분되었다.

산업혁명 당시에는 사회적 약자인 노동자를 보호하는 법적 장치가 없었다. 노동자들에게 기본적인 의식주 생활에도 못 미치는 저임금으로 하루 16시간 이상의 고된 노동을 강요하였다. 특히 보통 남성들보다 훨씬 싼값에 고용된 여성과 어린아이들의 경우 노동착취는 더욱 가혹하였다. 심지어 5, 6세에 불과한 어린이들을 고용하여 밤늦도록 일을 시키고 채찍질을 하는 등 비인간적인 행위가 공공연히 자행되었다. 당시 영국에서 어린이 노동자의 평균수명이 16, 17세에 불과하였다는 사실은 노동착취의 심각성을 말해주고 있다.

산업혁명을 거치면서 인구의 급격한 증가와 더불어 인구의 도시집중 현상이 나타났다. 산업혁명의 중심지에는 새로운 공업도시가 생겨났고, 많은 농촌 인구가 이러한 신흥도시로 집중 이동하게 되었다. 도시로의 인구집중은 실업, 빈곤, 범죄, 환경 오염 등 새로운 사회문제를 불러일으켰다. 특히 노동자들의 주거환경이 매우 열악하여 공장 주변에는 슬럼(빈민가) 지역이 형성되었다. 이런 지역에서는 주택과 화장실 등 기본 시설이 부족하였으며, 상하수도 시설조차 갖추지 못하여 콜레라나 이질과 같은 각종 전염병이 유행하였다.

당시 영국의 노동자들은실직과 열악한 생활환경을 기계 탓으로 돌려 기계 파괴 운동(러다이트 운동)을 벌이기도 하였다. 그러나 더 나은 임금과 노동조건을 얻어내기 위하여 노동조합을 결성하고, 선거법 개정 운동에도

산업혁명 시기의 도시 팽창

영국의 도시 인구는 19세기 동안에 15배가 증가하였고, 1900년에는 인구의 3/4이 도시에 거주하였다. 특히 런던은 매년 1만 명 이상의 인구가 지방으로부터 유입되었다. 이로 인해 슬럼가가 늘고 상하수도나 쓰레기 처리시설 등 기본적인 시설마저 제대로 갖추지 못하여 도시 환경은 열악하기 짝이 없었다.

가계 파괴 운동

산업혁명으로 인한 기계화는 전통적인 장인들의 일자리를 빼앗아갔을 뿐만 아니라, 억압적이고 경직된 분업으로 말미암아 노동자들의 분노를 샀다. 따라서 기계처럼 착취당하고 있다고 생각한 노동자들은 기계를 자신들의 적으로 간주하고 파괴하는 데 나섰다.

참여하는 등 자신들의 권익을 찾으려 노력하였다. 또한 빈부의 격차, 긴 노동시간, 저임금과 실업 등 자본주의 체제의 모순을 해결하기 위해, 생산수단을 국유화하여 평등사회를 건설하려는 사회주의 운동이 일어나기도 하였다.

ESSAYS ON

THE GREAT DEPRESSION

Theme 5

양차 대전과 지구촌 사회

제국주의와 열강의 세계 분할

#17

서유럽 각국과 미국에서 발전하기 시작한 자본주의는 19세기 후반에 이르러 독점과 금융 자본주의의 단계로 접어들게 되었다. 이에 따라 이들 선진 열강은 자국의 자본주의 경제체제를 유지하기 위해 과잉 생산된 제품을 수출하고 국내에 축적된 잉여자본을 유리하게 투자할 지역을 해외에서 찾게 되었다. 그 결과 서구 열강들은 적극적인 대외 팽창정책을 추진하여 마침내 제국주의 시대의 막을 열었다. 제국주의 국가 간의 갈등과 대립은 군비 경쟁을 가속화시켜 결국 두 차례의 세계대전으로 비화되었다.

제국주의와 식민지 정책

19세기 후반 유럽과 미국은 제2차 산업혁명을 맞이하게 되었다. 과거 1차 산업혁명이 증기기관과 석탄에 의존한 경공업 중심이었다면, 2차 산업혁명은 전기 에너지와 석유를 사용하였고, 철강과 중화학 공업의 발전이 두드러졌다. 새로운 생산기술의 개발과 설비투자를 위해서는 막대한 자본이 요구되었기 때문에, 거대한 은행과 대규모 기업이 결합하는 금융 자본이 형성되었다. 이리하여 과거 산업 자본주의가 금융(독점) 자본주의의 체제로 변화되었다.

이렇게 금융 자본주의 단계에 접어든 선진국에서는 막대한 과잉자본이 생겨났고, 더 많은 이윤을 창출하기 위해 해외에 투자할 필요가 있었다. 따라서 선진 열강들은 값싼 노동력과 원료를 확보하고 상품시장을 확보하기 위해 해외 식민지 개척의 필요성을 느끼게 되었다. 그리하여 20세기 초에 이르러 아프리카와 아시아, 태평양 제도 등 후진 지역의 대부분이 선진 열강에 의해 분할되었다.

열강들의 식민지 확보를 위한 경쟁은 주로 경제적 이유 때문이었으나, 다른 요인들도 복합적으로 작용하였다. 제국주의적 팽창을 하게 된 요인 중

제국주의
제국주의(imperialism)는 고대 로마제국의 군대에 의한 타민족의 지배나 영토 확장을 의미하는 '임페리움(imperium)'에서 유래되었다. 그러나 보통 제국주의는 19세기 말과 20세기 초 유럽의 산업 자본주의 열강이 추진한 대외적인 팽창주의 정책을 의미한다.

하나는 호전적인 민족주의의 등장이었다. 뒤늦게 국가통일을 달성한 독일이나 이탈리아 역시 경제적 필요성을 중시하였지만, 해외 식민지 개척이 국가의 위신을 크게 높여준다는 생각에서 제국주의 정책을 추진하였다. 또한 열강들은 미개한 식민지에 서구문명을 전파하여 원주민을 개화한다는 인도주의와 기독교의 복음을 전한다는 선교 사업을 내걸었다. 결국 이러한 인도주의와 선교 사업에 참여한 선교사, 교사, 의사, 행정가들은 열강의 제국주의적 진출을 위한 첨병 역할을 하였다.

제국주의 시대에 들어와 유럽의 국제관계는 유럽 자체의 문제보다 식민지 문제를 둘러싼 국가 간의 대립과 갈등에 의해 좌우되었다. 특히 20세기에 들어와서 영국과 프랑스 등 선진 열강들이 이미 많은 식민지를 확보하였기 때문에, 독일, 일본, 이탈리아 등의 후발 자본주의 국가들은 기존의 선진 열강들의 세력권을 잠식해 들어가야 했다. 이로 인하여 국가 간 충돌은 불가피하였다. 이는 영국과 독일 간의 대립을 주축으로 하여 더욱 복잡하게 전개되었다. 그러다 결국 발칸 문제를 도화선으로 하여 제1차 세계대전이 발발하게 된다.

열강의 아프리카 분할

아프리카 북부의 지중해 연안은 고대 이집트 문명의 발상지로서 오랜 역사와 문화를 지닌 지역이었다. 지리상의 발견 이후 아프리카의 동서 해안지대 일부는 유럽 상인들의 무역거점이 되기도 하였으나, 아프리카 내륙지방은 19세기 후반까지 거의 미지의 세계로 남아 있었다. 아프리카는 부족왕국들과 전통적 사냥터로 이루어진 복잡한 만화경 같은 곳이었다.

1849년 영국의 선교사 리빙스턴이 아프리카 탐험을 시작한 데 이어 미국의 신문기자 스탠리의 탐험 보고서를 통해 내륙지방의 사정이 알려지게 되었다. 또한 1869년 수에즈 운하의 개통으로 이 지역이 전략적 요충지로 부상하자 서구 열강들은 아프리카에 눈독을 들이기 시작하였다. 이후 유럽 각국은 앞 다투어 아프리카로 진출하여 20세기 초까지 거의 모든 아프리카 지역을 분할하였다. 이러한 제국주의의 침략에 아프리카는 저항다운 저항도 하지 못한 채 결국 식민지로 전락하였다.

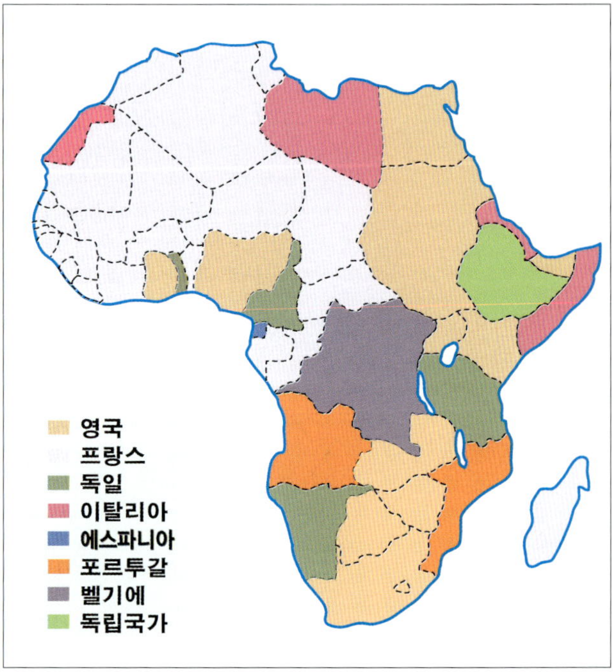

열강의 아프리카 분할

아프리카 분할에서 가장 큰 성과를 거둔 나라는 영국이었다. 18세기에 최대의 식민지 제국을 건설한 영국은 1875년 이집트의 재정난을 이용하여 수에즈 운하의 주식을 대거 매입함으로써 유럽과 아시아를 연결하는 요지를 확보하였다. 이집트를 보호국으로 만드는 데 성공한 영국은 이집트와 남아프리카의 케이프타운 식민지를 연결하는 종단정책을 추진하였다.

원래 포르투갈인이 건설한 케이프타운 식민지는 그 뒤 네덜란드령이 되었다가 1815년 빈 회의를 통해 영국령이 되었다. 영국인의 이민이 많아지자, 이미 그곳에 정착해 있던 네덜란드인의 후손 보어인은 북쪽으로 이동하여 트란스발공화국과 오렌지자유국을 세웠다.

1885년 트란스발공화국에서 금광이, 오렌지자유국에서 다이아몬드광이 발견되자 영국인들은 이곳까지 진출하였다. 특히 트란스발공화국에 대거 이주한 영국인들은 참정권을 요구하기에 이른다. 이에 트란스발공화국이 강경하게 대항하자 1899년 10월 마침내 양국 사이에 전쟁(보어 전쟁)이 발발

흔히 '남아전쟁' 이라고도 불리는 보어 전쟁의 한 장면

하였다. 오렌지자유국도 트란스발공화국에 가담하여 싸웠으나, 이들 양국은 전쟁에서 패배하여 결국 영국에 합병되고 말았다. 영국은 케이프타운 식민지, 트란스발, 오렌지, 나탈 등을 합쳐 남아프리카 연방을 조직하였다. 이를 통해 영국은 남아프리카의 케이프타운, 이집트의 카이로, 인도의 캘커타를 연결하는 소위 3C정책을 추구하였다.

프랑스는 이미 획득한 알제리를 거점으로 한 후 1881년 튀니지를 보호국으로 삼았다. 이어 사하라 사막에서 콩고에 이르는 광대한 지역을 가로질러 아프리카 동해안에 이르는 횡단정책을 추진하였다.

1898년 7월 수단의 파쇼다에서 영국군과 프랑스군 탐험대가 충돌하는 사건이 발생하였다. 이것이 소위 '파쇼다 사건' 으로 영국의 종단정책과 프랑스의 횡단정책이 교차하는 지점에서 발생한 사건이었다. 결국 프랑스가 양보하여 위기를 넘겼는데, 영국이 동수단을 차지하는 대신 프랑스는 알제리 서쪽으로 진출하여 모로코를 보호령으로 두게 되었다.

파쇼다 사건

아프리카 횡단정책을 추진하던 프랑스가 1898년 수단의 파쇼다에 도착하여 프랑스 국기를 게양하자, 영국군이 프랑스의 철수를 요구하면서 충동 위기가 고조되었다. 아프리카 분할 과정에서 영국의 종단정책과 프랑스의 횡단정책이 충돌한 것이다. 결국 프랑스군이 철수함으로써 영국은 지속적으로 아프리카 종단정책을 추진할 수 있었다.

독일은 영국이나 프랑스에 비해 늦게 아프리카로 진출하였다. 비스마르크 시대의 독일은 유럽의 평화유지라는 신중한 정책으로 처음에는 해외 진출에 소극적이었다. 그러나 상인들의 진출을 후원하는 정책을 점차 확대하면서 카메룬, 토고와 함께 남서 아프리카와 동부 아프리카(현재의 탄자니아)

를 획득하였다. 그러나 이 영토들의 경우 비교적 경제적인 가치가 적었고, 크기 또한 상대적으로 작았다.

이탈리아는 통일 후 내부적으로 문제가 있었으나, 다른 열강들의 적극적인 아프리카 진출에 자극받아 홍해 연안의 에리트리아와 인도양의 소말리랜드(현재의 소말리아)를 차지하였다. 그밖에도 스탠리의 탐험을 후원한 벨기에는 중부 아프리카의 광대한 고무 생산지인 콩고를 영유하였고, 포르투갈은 앙골라와 모잠비크를 획득하였다.

열강의 태평양 분할

유럽 열강은 인도와 동남아시아, 그리고 태평양 방면까지 진출하였으며, 나아가 중국을 분할하여 반식민지 상태로 만들었다. 영국은 1876년 인도를 점령하여 빅토리아 여왕이 인도제국의 황제를 겸하게 되었다. 또한 러시아의 남진정책으로부터 인도를 보호하기 위해 인도 북쪽의 네팔을 점령하였고, 아프가니스탄을 보호국으로 삼았다. 영국은 또한 인도 동쪽에 있는 미얀마를 병합하고 무역 요충지인 싱가포르와 말레이반도를 점령한 후, 1895년 말레이연방을 조직하여 인도양과 태평양 무역을 독점하였다.

제국주의 국가들의 태평양 분할

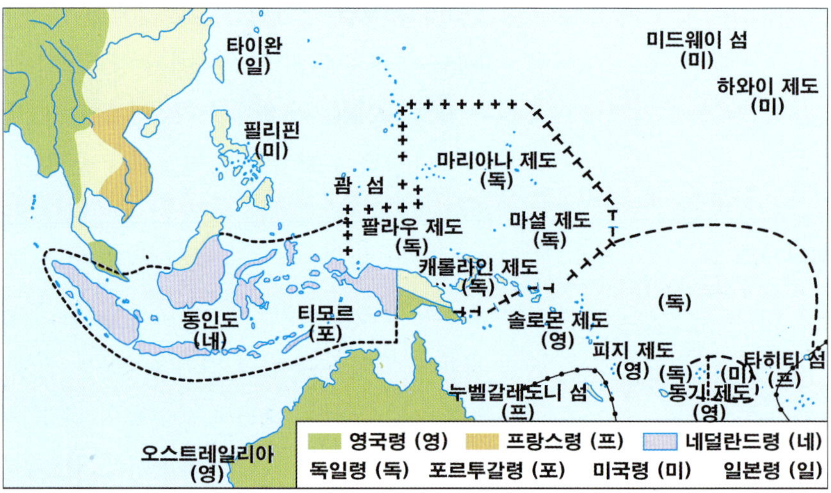

프랑스는 1862년 인도차이나반도의 사이공을 점령

미서 전쟁
쿠바에 막대한 자본을 투자한 미국과 쿠바의 종주국인 스페인이 쿠바를 둘러싸고 치른 전쟁이다. 미국군은 마닐라 만, 산티아고 등 여러 곳에서 승리를 거두어 불과 수개월 만에 전쟁을 끝냈다. 전쟁 결과 미국은 쿠바에 대한 지배권을 획득하였고 관타나모 만에 미국 최초의 해외기지를 건설하였다.

마닐라 만 전투를 승리로 이끈 미서 전쟁의 영웅 듀이(Dewey) 함장의 모습

파나마 운하
미서전쟁으로 카리브 해를 장악한 미국은 한 걸음 더 나아가 카리브 해와 태평양을 연결하는 파나마 운하를 건설하려는 계획을 추진하였다. 파나마 운하는 수에즈 운하를 개통시킨 프랑스인 레셉스가 1881년 착공하였으나 난공사로 인하여 결국 완공하지 못한 상태였다. 미국은 파나마공화국으로부터 운하의 공사권과 운하지대의 조차권(폭 16km, 면적 890km²)을 획득하였다. 운하 건설에 착공한 지 10년 후인 1914년, 총 길이 80km의 갑문식 운하가 완공되었다. 파나마 운하로 미국의 동부와 서부를 잇는 바닷길이 열리고, 태평양과 아시아로의 진출도 더욱 본격화되었다.

하였고, 캄보디아와 베트남에도 세력을 뻗쳐 마침내 인도차이나반도를 프랑스령으로 만드는 데 성공하였다. 네덜란드는 1904년 천연자원이 풍부한 자바, 수마트라, 보르네오 등을 차지하여 네덜란드령 동인도회사를 만들었다.

또한 열강들은 19세기 후반부터 20세기 초에 태평양의 여러 섬들을 식민지로 만들었다. 영국의 태평양 경영은 오스트레일리아를 중심으로 진행되었다. 19세기 중엽 오스트레일리아에서 금광이 발견되고 목양업이 성공하는 등 경제적 중요성이 증대되자, 영국은 1901년 오스트레일리아를 영국의 자치령으로 만들었다. 영국은 이 외에도 뉴질랜드, 피지 제도, 뉴칼레도니아 제도, 보르네오의 북부지역을 차지하였다.

뒤늦게 식민지 대열에 합류한 독일 역시 1880년대 이후 뉴기니의 일부, 비스마르크 제도, 마셜 제도, 마리아나 제도, 캐롤라인 제도, 팔라우 제도를 획득하였다. 한편 먼로 주의에 입각해 대외 불간섭 정책을 추구하던 미국도 19세기 후반 자본주의가 급속도로 발전하자 활발한 대외진출을 시도하였다.

미국은 1898년 미서전쟁(미국과 스페인과의 전쟁)을 통해 쿠바를 보호국으로 삼고, 이를 계기로 스페인으로부터 필리핀 제도와 괌을 빼앗은 후 하와이 제도를 병합하였다. 이후 미국은 또한 문호개방 정책을 내걸고 중국에 진출하여 유럽 열강들과 경쟁하였고, 1914년에는 중미의 파나마 운하를 건설하였다.

3국 동맹과 3국 협상

1871년 독일의 통일을 달성한 비스마르크는 독일제국의 안정을 위해서는 무엇보다도 유럽에서 힘의 균형이 유지되어야 한다고 판단하였다. 따라서 유럽의 현상유지와 프랑스의 고립을 외교정책의 가장 중요한 목표로 삼았다. 프로이센 - 프랑스 전쟁 후 프랑스의 독일에 대한 적개심과 복수심이 격화되자, 비스마르크는 프랑스의 보복을 막기 위해 같은 게르만족인 오스트리아에 접근하였다.

비스마르크
1862년 독일의 수상이 된 비스마르크는 "독일 통일의 문제는 언론이나 다수결이 아닌, 철과 피에 의해서만 해결 될수 있다" 고 하는 철혈정책(철은 군비, 혈은 국민의 헌신)을 내걸고 의회를 무시하고 군비 확장을 강행하여 독일 통일을 강력히 추진하였다.

그는 독일의 통일이 무력에 의해서만 가능하다고 말했던 현실주의자였다. 독일의 통일이 의회에서의 연설과 다수결의 지지로 이루어지는 것이 아니라, 철과 피로 결정될 것이라고 하여 소위 철혈정책을 추진하였다.

비스마르크는 1882년에 프랑스를 고립시키고자 이탈리아를 끌어들인 후, 오스트리아와 더불어 3국 동맹을 체결하였다. 이탈리아는 당시 프랑스에 튀니지를 빼앗긴 데 불만을 품고 있었다. 독일과 오스트리아, 이탈리아를 축으로 하는 3국 동맹은 군사동맹 체제로서, 프랑스가 독일이나 이탈리아를 공격한다면 서로 원조할 것을 약속하였고, 오스트리아는 러시아와의 전쟁 시 이탈리아의 중립을 보장받았다.

1890년 비스마르크가 실각하고 독일의 황제 빌헬름 2세가 실권을 장악한 후 독일의 대외정책은 현상유지에서 적극적인 팽창주의 노선으로 전환하였다. 빌헬름 2세는 군비를 증강하여 독일 무역의 진흥과 식민지 개발에 적극 나섰다. 특히 독일은 1879년경부터 해군력을 증강시킴으로써 영국의 제해권에 큰 위협을 주었다.

빌헬름 2세는 1899년 투르크 정부로부터 베를린, 비잔티움(이스탄불), 바그다드를 연결하는 철도의 부설권을 얻었다. 그는 이를 범게르만주의 세력의 남하운동의 대 간선으로 삼았다. 이것이 소위 3B정책으로, 영국령 인도의 배후를 위협하는 것이었기 때문에 영국을 크게 자극하였다. 1902년에 이미 일본과 동맹을 체결한 영국은 독일을 견제하기 위해 프랑스와 영불협상(1904)을 체결하였다.

러일전쟁에 패배한 러시아는 극동에서의 남하정책을 포기하고 다시 발칸 지역에 대한 남하정책을 추진하였다. 그 결과 아시아 전역에 걸친 영국과 러시아 간의 대립이 해소되었다. 러시아의 위협이 사라지자 영국은 1907년에 러시아와 협상을 체결하였다. 이로써 3국 동맹에 대항하는 또 하나의 강력한 진영인 영국과 프랑스, 러시아의 3국 협상이 성립되었다.

이후 유럽의 주요 국가들은 양대 진영으로 갈라져 서로 대립하게 되었고, 날로 치열해지는 제국주의 정책으로 말미암아 유럽의 국제적 긴장은 날로 격화되었다. 어떤 사소한 분쟁이라 할지라도 동맹국과 협상국 양측의 국가 간 전쟁은 자동적으로 나머지 국가들을 끌어들여 대규모 전쟁을 유발할 위험을 항상 지니고 있었다.

모로코 사건과 발칸 문제

당시 제국주의 열강들이 세계의 후진 지역을 거의 분할한 상태에서, 열강 간의 주요한 항쟁의 무대로 대두된 곳은 발칸 지역과 중동지방, 북아프리카의 모로코였다. 중세 이후 독립을 유지한 무슬림 국가 모로코는 북아프리카의 요지에 있어 일찍부터 유럽 열강의 관심 지역이었다.

모로코는 19세기 말엽부터 프랑스의 세력권에 속해 있었다. 그런데 20세기에 들자 독일이 프랑스의 모로코에 대한 우월권 행사에 제동을 걸었다. 독일이 모로코 자체에 관심이 있었다기보다 모로코를 다른 곳에서 충족하지 못한 자국의 요구사항을 대신 채워줄 수 있는 보상 지역으로 보았다. 더욱이 프랑스가 모로코의 주권과 영토 보전을 확인했던 마드리드 조약을 위반하자 독일은 프랑스에 강한 적대감을 표시하였다.

그리하여 1905년 독일 황제 빌헬름 2세는 직접 모로코를 방문하여 프랑스를 비난하는 연설을 하였다(제1차 모로코 사건). 또한 1911년 모로코에서 내란이 발생하여 프랑스가 이를 진압하기 위해 군대를 파견하자, 독일도 군함을 파견하여 양국의 대립은 전쟁 직전까지 치달았다(제2차 모로코사건). 영국이 프랑스를 강력하게 지지하고 나서자 독일이 후퇴함으로써 전쟁 위기를 모면할 수 있었다.

모로코를 방문한 빌헬름 2세

한편, 발칸 지역은 게르만, 슬라브, 아시아계 등 여러 민족이 뒤섞여 살고 있어 유럽의 화약고라고 불릴 만큼 정세가 복잡했던 지역이다. 이곳에서는 독일과 오스트리아가 범게르만주의를 표방하고, 러시아와 세르비아가 범슬라브주의를 내세워 세력 확장을 도모하며 서로 대립하였다. 특히 1908년 투르크에서는 청년 투르크당이 영국과 프랑스의 후원 아래 혁명을 일으켜 민족주의와 근대화를 이루기 위해 입헌정치를 실시하였다. 그리하여 투르크는 지금까지의 친독일 정책을 포기하고 3국 협상에 가담할 조짐을 보였다.

또한 투르크가 근대화되어 강대해지기 전에 자신의 이익을 확보하고자 불가리아가 독립을 선언했고, 오스트리아는 1878년에 열린 베를린 회의의 결정에 따라 자국의 관리 하에 있던 보스니아와 헤르체고비나를 강제로 합병하였다. 이에 격분한 세르비아 등 슬라브주의 국가들은 발칸 동맹을 결성하였다. 투르크와 싸워 영토를 차지한 제1차 발칸 전쟁(1912)과, 동맹국 내부의 영토분쟁 문제로 일어난 제2차 발칸 전쟁(1913)으로 이 지역의 정세는 더

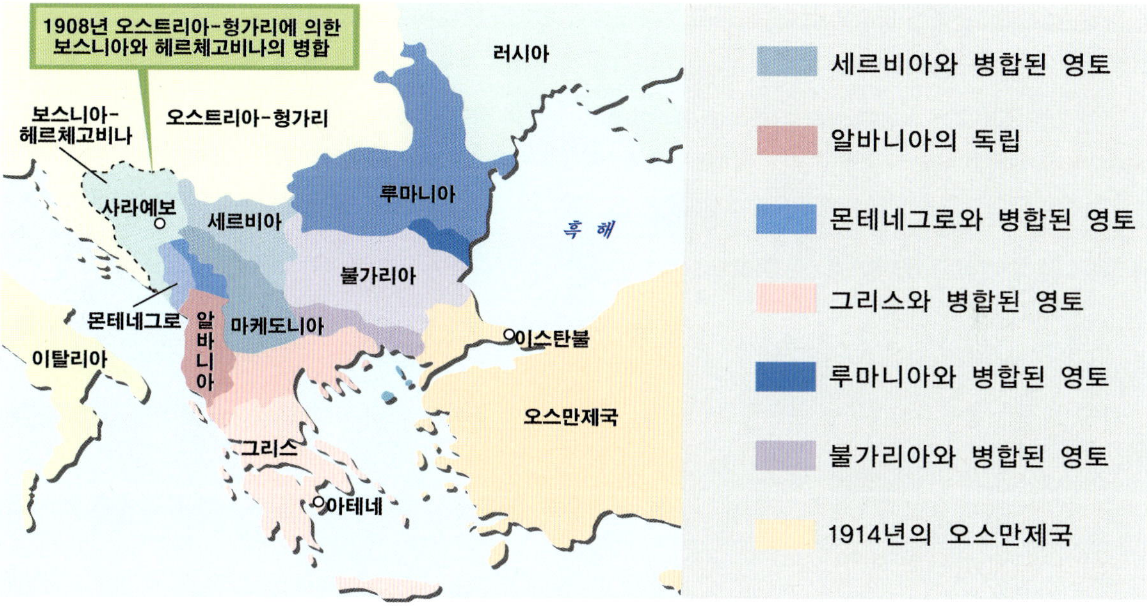

발칸 전쟁의 결과

욱 악화되었다.

발칸 전쟁의 결과는 범슬라브주의의 승리였으나 세르비아는 여전히 불만이었다. 세르비아는 이 기회에 알바니아를 합병하여 아드리아 해로 나가는 출구를 얻고자 하였으나, 오스트리아의 강경한 반대로 뜻을 이루지 못하였다. 그리고 몬테네그로와의 합병을 원하였으나 이 역시 오스트리아의 방해로 실패하였다. 그리하여 세르비아와 오스트리아의 관계는 더욱 악화되었다. 한마디로 유럽의 화약고 발칸 반도는 일촉즉발의 위기 상황으로 빠져들고 있었다.

제1차 세계대전과 베르사유 체제 #18

제1차 세계대전은 유럽 열강의 팽창주의적 정책의 모순이 폭발한 제국주의 전쟁이었다. 이 전쟁은 3국 동맹(독일, 오스트리아, 이탈리아)과 3국 협상(영국, 프랑스, 러시아)이 양 진영으로 갈려 모든 가능한 물자와 병력을 동원한 인류 최초의 전면전이었다. 인류 역사상 이 전쟁만큼 엄청난 공포와 파괴, 영향을 준 사건은 별로 없을 것이다. 대전의 참화를 경험한 서양세계는 자기반성과 함께 전쟁의 재발을 막기 위해 군축 및 평화운동에 나서게 되었다. 그러나 각국의 첨예한 이해와 대립은 불과 20년 후 다른 전쟁을 불러일으켰다.

제1차 세계대전의 발발

역사가들은 제1차 세계대전이 일어나기 전 10년 동안을 '무장된 평화의 시기'라고 부른다. 특히 민족 구성이 복잡한 발칸 반도는 범슬라브주의(러시아, 세르비아 등)와 범게르만주의(독일, 오스트리아)가 서로 대립하여 '유럽의 화약고'라 불릴 정도로 초긴장 상태였다. 일찍이 독일의 비스마르크는 "발칸 반도에서는 아주 사소한 사건으로 전쟁이 일어날 것"이라고 예언한 바 있었다. 비스마르크의 말대로 발칸 반도의 분쟁은 결국 제1차 세계대전으로 비화되었다.

사라예보를 방문한 오스트리아의 황태자 부처

1914년 6월 28일은 오스트리아의 황태자 페르디난트 부처의 결혼 14주년 기념일이었다. 황태자 부처는 오스트리아 육군의 군사훈련을 참관하기 위해 보스니아의 수도 사라예보를 방문했다가, 세르비아의 민족주의자

가장 피비린내 나는 20세기
제1차 세계대전은 인류 역사상 미증유의 대전란이며, 제국주의 열강들 간의 패권 쟁탈전이었다. 4년 반에 걸친 대전 동안 32개국이 참전하였고 6,000만 명이 넘는 병사가 싸웠으며 900만 명의 군인이 전사하였다. 군수공장에 동원된 근로자는 2,000만 명에 이르렀고, 전쟁에 투입된 자금은 3,300억 달러가 넘었다.

이탈리아의 연합국 측 가담
당초 이탈리아는 독일, 오스트리아와 함께 3국 동맹을 체결하였으나, 전후에 영국과 프랑스로부터 오스트리아령(트렌티노와 트리에스테 등)의 분할을 약속받고 3국 동맹에서 이탈하여 연합국 측에 가담하였다.

일본의 연합국 측 가담
일본은 아시아(특히 중국)에서의 주도권 확보와 영국과 맺은 조약(영일동맹)을 이유로 독일에 전쟁을 선포하였다. 이로써 유럽에서의 전쟁이 아시아까지 파급되었다.

전쟁을 선언하는 독일 황제

였던 가브릴로 프린시프라는 청년에게 암살되었다. 이것이 바로 '사라예보의 총성' 사건으로, 결국 전 세계를 전쟁으로 몰아넣은 도화선이 되었다.

오스트리아는 세르비아와 전쟁을 할 경우 러시아가 세르비아를 지원하리라고 판단하여 동맹국인 독일에 지원을 요청하였다. 독일의 전폭적인 지원을 약속받은 오스트리아는 총 12개 항목(반 오스트리아 출판물의 금지, 반 오스트리아 단체의 해산, 반 오스트리아 관리의 해임, 황태자 암살사건 재판에 오스트리아 관리의 참여, 암살에 연관된 관리의 체포, 무기의 국외반출 금지 등)이 담긴 요구서를 최후통첩으로 세르비아에 보냈다. 이에 세르비아는 자국의 주권 침해와 관련된 2개 항목(반 오스트리아 관리의 해임과 재판에서의 오스트리아 관리 참여)을 제외한 모든 요구를 수용할 수 있다는 회답을 보냈다.

그러나 오스트리아는 세르비아의 이러한 회답에 불만을 표하고 세르비아에 즉시 선전포고를 하였다. 이에 러시아는 총동원령을 내려 세르비아를 보호할 것을 선언하였다. 독일도 즉시 군대 동원령을 내렸으며, 러시아와 러시아의 동맹국인 프랑스에도 선전포고하였다. 당초 조정자로서 중립을 지키던 영국은 독일이 중립국 벨기에를 침공하자 독일과의 전쟁을 선언하였다.

다른 유럽 국가들도 이해에 따라 동맹국과 연합국으로 나뉘어 전쟁에 나섰다. 투르크와 불가리아는 독일 - 오스트리아의 동맹국 측에, 이탈리아, 그리스, 루마니아, 일본, 미국(전쟁 종반인 1917년 4월 가담)은 연합국 측에 가담하였다. 그리하여 동맹국 측 4개국, 연합국 측 27개국이 참여하는 대규모 전쟁으로 확대되었다. 글자 그대로 전면전이요, 총력전이 전개된 것이다.

제1차 세계대전의 전환

1차 대전에서 독일이 승리하려면 단기 결전을 해야 했다. 이를 위해 독일은 전육군 참모총장 슐리펜이 제시한 '슐리펜 플랜'이라는 작전계획을 세웠다. 이것은 동원 체제가 느린 러시아가 태세를 정비하기 전에 초기 병력을 서부전선에 집중 배치하여 프랑스를 함락한 후, 곧바로 병력을 동부전선으로 집중시켜 러시아를 공격한다는 것이었다. 이 작전에 따르면 6주 만에 전쟁을 끝낼 수 있었다. 그러나 전쟁이 시작되자 벨기에의 저항으로 프랑스 침공이 늦어졌고, 러시아의 동원 체제가 예상보다 빨라 독일의 작전은 차질을 빚게 되고, 전쟁은 장기화되었다.

독일군의 진격에 전략적 퇴각을 계속하던 프랑스군은 영국군과 함께 반격에 나서 마른 전투에서의 승리로 독일군의 진격을 저지하였다. 독일군은 또한 프랑스 해협의 항구 점령, 영국군 병력과 물자의 수송 및 보급 차단에도 실패하였다. 그리하여 독일의 슐리펜 작전은 수포로 돌아가고, 서부전선은 참호를 구축하여 상호 대치하는 장기전의 양상을 띠게 되었다.

한편, 동부전선에서는 힌덴부르크 사령관의 지휘 아래 8월 말 탄넨베르크 전투에서 대승을 거두었다. 이어 오스트리아와 공동작전으로 폴란드의 바르샤바를 함락하였다. 그러나 이후 계속되는 러시아의 저항으로 전쟁은 서부전선에서와 같이 대치국면을 맞게 되었다.

1916년 2월 독일은 서부전선의 교착상태를 타개하기 위하여 막대한 희생을 무릅쓰고 파리 동쪽의 베르덩 요새를 공격하였다(베르덩 전투). 그러나 프랑스군은 완강하게 저항하며 독일군에 맞섰다. 7월 솜므 전투에서는 반대로 연합국이 독일군에 맹렬한 공격을 가했으나 교착상태를 흔들지는 못하였다. 이 두 전투에서 양측 사상자는 수십만 명에 이르렀다.

마른 전투
1914년 9월 프랑스 북동부 마른 강을 사이에 두고 독일군과 프랑스, 영국 연합군이 벌인 전투를 말한다. 이 전투에서 연합군의 승리로 독일의 파리 입성이 좌절되고, 이후 지리한 참호전이 지속되어 전쟁은 교착상태에 빠지게 되었다.

베르덩 전투
1916년 3개월에 걸친 이 전투에서 독일과 프랑스 양군이 쏜 포탄은 2,700만 발, 양군의 사상자는 각각 50만 명에 이르렀다. 이 전투는 지리한 소모전으로 적힐된 1차 세계대전의 상징적인 전투였다.

전투가 장기화되면서 양측은 모든 국가체제를 전쟁에 투입하는 총력전을 펼쳤다. 전선에서 싸우는 병사 외에도 각국의 국민들은 국가의 통제 하에 후방에서 군수물자를 동원하였다. 또한 양측은 과학기술의 발전에 힘입어 잠수함, 독가스, 전차, 탱크, 비행기 등 신무기를 개발하여 실전에 투입하였다.

해상전에서는 월등한 해군력을 보유한 영국이 주도권을 장악하였다. 영국은 독일의 전쟁 수행능력을 마비시키기 위하여 독일에 대한 해상봉쇄와 중립국과 독일 간의 교역을 통제하는 조치를 취하였다. 독일 경제를 마비시키려는 이 작전은 소위 '기아 작전' 이라 불렸다. 그 결과 독일은 전쟁에 필요한 물자를 충분히 동원할 수 없었고, 1916년 말부터 독일 각지에서는 식량 부족으로 인한 폭동이 발생하였다.

독일은 영국의 해상 봉쇄작전에 대항하기 위해 잠수함(U-boat)을 이용하여 연합국의 통상 보급로를 공격하였다. 1917년 1월부터는 중립국 선박까지도 사전경고 없이 격침하는 등 무제한 잠수함 작전을 개시하였다. 134척에 이르는 독일의 우수한 잠수함들은 영국의 주변 해상에 출몰하여 군수물자를 실은 상선들을 격침하였다. 이는 영국에 큰 타격을 주었다. 그러나 독일의 무제한 잠수함전은 당시 중립을 지키고 있던 미국의 여론을 악화시켜 미국이 연합국 일원으로 참전하는 계기가 되었다.

위_ 슐리펜 플랜
중간_ 방독면을 쓴 서부전선의 영국군
아래_ 탄넨베르크 전투

미국의 참전과 전쟁의 종결

무제한 잠수함 작전은 미국의 참전을 불러일으켜 독일의 패전을 자초하는 결과를 가져왔다. 당시 미국의 많은 화물이 영국 선박으로 수송되었고, 많은 미국인들이 영국 선박을 이용하여 여행하였기 때문에 독일의 잠수함 전으로 미국인들의 피해는 늘어만 갔다. 특히 1915년 5월 7일에는 영국 여객선 루시타니아호의 격침으로 인해 1,198명이 사망하였는데, 거기에는 미국인 128명도 포함되어 있었다. 미국의 윌슨 행정부는 이에 항의하여 독일과의 외교를 단절하였다.

무제한 잠수함 작전
독일이 지정한 항로를 벗어난 모든 선박을 적으로 간주하여 무조건 격침한다는 작전이다. 이것은 물론 전시 국제법에도 어긋나는 행위였다.

미국과 독일의 관계가 긴장의 도를 더해가던 이때, 양국 관계를 급속도로 악화시킨 또 다른 사건이 발생하였다. 1917년 2월 미 국무부는 영국의 해군 정보부가 도중에 가로챈 독일의 한 전문을 전해 받았다. 소위 '짐머만 각서(Zimmermann Note)' 라고 알려진 문서였다.

이 문서는 독일 외무장관 짐머만이 멕시코 주재 독일대사에게 보낸 것으로, 독일이 미국과 전쟁을 개시하면 멕시코와의 동맹을 제의하라는 내용을 담고 있었다. 짐머만은 멕시코가 독일과 동맹을 맺는다면 그 대가로 멕시코가 1848년 미국에 빼앗겼던 영토(텍사스, 뉴멕시코, 애리

루시타니아호가 독일군 잠수함의 공격으로 침몰하는 장면

조나 등)를 되찾는 데 협력할 것을 약속하였다. 이런 사실이 알려지자 미국의 여론은 독일의 음모를 맹렬히 비난하였고, 양국 관계는 급격히 악화되었다. 마침내 미국의 윌슨 대통령은 1917년 4월 6일 독일에 선전포고를 하였다.

윌슨이 유럽 전쟁에 참전하기로 결심한 데는 2가지 이유가 있었다. 첫째는 전쟁이 막바지에 도달하였기 때문에 미국이 참전함으로써 전쟁이 조속히 종결되리라 믿었다. 둘째는 전후의 평화협상에서 미국이 주도적인 역할을 담당함으로써 미국 중심의 세계질서를 새롭게 구축할 수 있다고 보았던 것이다.

1917년 3월 패전을 거듭하던 러시아에서는 혁명이 발생하였고, 다시 11월에는 레닌의 볼셰비키 세력이 공산혁명을 일으켜 정권을 장악하였다. 레닌은 이듬해 3월 독일과 강화조약(브레스트-리토프스크 조약)을 체결하여 연합국의 대열에서 이탈하였다. 러시아와의 휴전으로 동부전선의 병력을 서부전선으로 집결시킬 수 있게 된 독일은 서부전선에서 5차례에 걸친 연합군에 대한 대 공세를 전개하였다. 그러나 미국의 참전 때문에 전력이 더욱 강화된 연합군의 끈질긴 저항으로 독일군의 공세는 수포로 돌아갔다.

독일의 열세가 명확해지자 독일 사령부는 승리할 수 없으리란 것을 깨닫고, 연합국과 평화교섭에 나서도록 정부에 건의하였다. 불가리아와 투르크, 오스트리아 등 동맹국들도 차례로 연합국에 무조건 항복을 선언하였다. 마침내 11월 9일 황제 빌헬름 2세가 퇴위하여 네덜란드로 망명하였고, 사회민주당의 에베르트의 임시정부가 수립되었다. 이 임시정부가 11월 11일 연합군과 휴전 조건을 체결함으로써 4년 반에 걸친 제1차 세계대전은 그 막을 내리게 되었다.

제1차 세계대전은 세계사에서 새로운 시대의 개막을 알리는 중대한 사건이었다. 영국, 프랑스, 독일 등 유럽의 강대국들이 전쟁에서 막대한 국력을 소모하여 쇠퇴한 반면, 미국이 새롭게 세계 최강대국으로 등장하였다. 특히 전후의 자본주의 체제는 회복과 번영을 위해서 전적으로 미국에 의존해야만 하였다. 전후 동유럽에서는 민족자결주의 원칙에 따라 제국주의적 지배에서 해방된 신생국들이 출현하였고, 국경선도 재조정되었다. 그러나 동유럽 국가들은 오래된 정치와 경제의 낙후성으로 인하여 다시 강대국의 지배하에 놓이는 비극을 겪게 되었다.

파리 강화회의와 베르사유 조약

제1차 세계대전의 뒷수습을 매듭짓고 전후의 항구적인 평화를 수립하기 위하여, 1919년 1월 18일 연합국 대표들이 참가한 가운데 파리에서 강화회의가 개최되었다. 회의에는 승전국 27개 대표들이 참석하였다. 그러나 실제로 회의를 주도한 것은 '주된 동맹국'이라고 불리는 미국, 영국, 프랑스, 이탈리아였다. 이중에서도 미국의 윌슨 대통령이 중심 역할을 하였다. 패전국이나 중립국 대표의 참여는 허용되지 않았고, 러시아 혁명으로 성립된 소비에트 정부의 대표도 초청받지 못하였다.

미국의 윌슨 대통령
회담에 참석하기 위해 파리에 도착했을 때, 프랑스 국민들은 그를 '평화의 지도자'라 부르며 열렬히 환영했다.

미국의 윌슨 대통령은 전후 세계질서의 재건을 위한 조치로 '14개조 평화안'을 제시하였다. 주된 내용은 비밀 외교의 폐지, 해양의 자유, 군비 축소, 경제 장벽의 철폐, 민족자결주의에 입각한 식민지 문제의 공정한 해결, 국제평화기구 창설 등이었다. 파리 강화회의에서 윌슨은 '승리 없는 평화' 를 주장하며 승전국이나 패전국 모두를 만족시킬 수 있는 평화안을 제시하려 하였다. 그러나 프랑스를 중심으로 자기중심적이고 복수심에 불타는 전승국들의 이해 충돌로 협상은 순조롭지 못하였다. 난항을 거듭하던 협상 끝에 1919년 6월 28일(사라예보 사건의 5주년 기념일) 베르사유 조약이 체결되었다.

베르사유 조약은 패전국 독일에 대한 응징의 성격이 강하였다. 독일은 일방적으로 제시된 강화 조건의 내용에 논평조차 할 수 없었다. 독일은 해외의 모든 식민지를 포기하고, 독일 전체 철광성의 90%를 생산하는 알자스로렌 지방을 프랑스에 반환하였다. 폴란드, 덴마크 등의 국경지대도 할양해야만 하였다. 독일은 군사비 지출과 무기 생산에 대해서도 연합국의 철저한 통제를 받게 되었다. 징병제가 금지되고, 육군은 10만, 해군은 1만5,000 이하로 제한되었다. 중포와 탱크의 보유가 금지되었고, 군함 수 또한 36척으로 제한되었으며, 잠수함의 보유가 금지되었다. 독일은 또한 연합국배상위원회의 결정에 따라 1,320마르크(약 330억 달러)의 전쟁배상금을 향후 30년에 걸쳐 지불해야만 했다.

오스트리아제국은 완전히 해체되어 오스트리아, 체코슬로바키아, 헝가리로 분리되었고, 세르비아는 보스니아, 헤르체고비나, 크로아티아, 슬로베니아, 마케도니아, 몬테네그로를 합병하여 유고슬라비아가 되었다. 투르크는 과거 오스만제국의 영토를 대부분 상실하여 콘스탄티노플과 그 주변의 협소한 지역만 보유하게 되었다.

한편, 베르사유 조약에 따라 전후 세계의 항구적인 평화와 국제간 협력을 위하여 국제연맹이 창설되었다. 그러나 제창국인 미국이 가입하지 못하였고, 강대국인 소비에트와 독일도 참가하지 않아 당초의 이상과는 거리가 멀었다. 더욱이 국제연맹은 침략 행위를 억제할 수 있는 군사력을 보유하지 못했기 때문에 국제분쟁 해결에 실질적인 힘을 발휘할 수 없었다.

일방적으로 강요된 조약

협상 과정에서 모든 책임은 독일에 전가되고 전승국의 국익만 존중되었다. 프랑스 대통령(조르쥬 클레망소)은 "독일이 모든 것을 지불해야 한다" 고 주장하였으며, 영국 수상(데이빗 로이드 조지)은 "레몬 씨가 부서질 때까지 독일을 쥐어짜라" 고 말하였다. 자국의 이익만을 앞세운 이런 주장으로 윌슨의 평화안은 먹혀들지 않았다. 영국의 신문은 '승리 없는 평화' 를 제창한 윌슨 대통령을 독선적이라고 매도할 지경이었다.

미국과 국제연맹

미국의 민주당 출신 대통령 윌슨은 항구적인 세계평화를 위하여 국제연맹의 창설을 주장하고, 이를 파리 강화회의의 주요 안건으로 다루어 관철시켰다. 그러나 정작 국내에 돌아와서는 고립주의적인 외교정책을 주장하는 공화당의 반대로 의회(상원)의 비준을 얻지 못하여 국제연맹에 가입할 수 없었다.

제1차 세계대전의 마무리를 짓기 위해 파리에서 열린 강회회의

베르사유 조약에 따라 성립된 새로운 국제질서를 베르사유 체제라고 한다. 그러나 베르사유 체제는 전후 국제문제 처리와 평화 정착을 위한 국제적 합의라기보다 승전국인 서유럽과 미국의 이익을 대변하는 역할을 하였다. 전후 패전국의 해외 식민지에 대한 통치권은 국제연맹의 위임통치란 명목으로 사실상 승전국에 위임되었다. 그러나 승전국들이 각 식민지역의 민족주의 운동에 역행하는 정책을 취함으로써 '새로운 식민주의 체제' 라는 비판을 받게 되었다.

1920년대 이후 영국과 프랑스 등의 전승국들은 베르사유 체제를 수호하려고 한 데 반해, 독일 등 패전국들은 영토, 배상금, 군비 등의 문제에 불만을 품고 저항하게 되었다. 결국 베르사유 체제를 두고 상호이해를 달리하는 승전국과 패전국 간의 대립과 갈등은 또 다른 국제적 위기를 초래하였다. 이탈리아와 독일에서는 반 베르사유 체제를 목적으로 하는 파시즘이 대두하여 정권을 잡았으며, 독일에서의 나치 정권 수립은 실질적으로 베르사유 체제를 붕괴시키는 결과를 낳았다. 다시 말해, 베르사유 체제는 1939년 9월에 제2차 세계대전이 발발할 때까지의 이른바 '위기의 20년' 동안 위기관리에 실패함으로써 제2차 세계대전이라는 또 다른 참화를 겪게 되었던 것이다.

#19 러시아 혁명과 소비에트 정부의 수립

제1차 세계대전 중인 1917년, 러시아에서는 인류 최초로 공산주의 혁명이 발생하였다. '사회주의 10월 대혁명' 혹은 '볼셰비키 혁명'으로 불리는 이 혁명은 20세기 최대의 역사적 전환점이 되었다. 혁명 결과 세계 최초로 노동자, 병사, 농민의 소비에트 국가가 수립되었다. 더욱이 20세기의 세계를 양분하였던 동서 냉전, 즉 자본주의와 공산주의의 사상적 대립은 바로 러시아 혁명으로부터 출발하였다.

혁명 전의 러시아

알렉산더 2세

19세기 러시아는 엄격한 신분제 사회였다. 당시 러시아는 전제군주를 정점으로 지주와 귀족, 군대 장교, 관리 등 지배층과 절대다수의 농노로 구성된 피지배층으로 나뉘어 있었다. 이런 이분화된 사회구조에서는 서유럽의 제3계급에 해당하는 중산계층의 성장이 불가능하였다. 따라서 러시아에서는 자유주의적 사상, 자유로운 경제 활동, 자유로운 경쟁 등 근대 시민사회의 가치관을 찾아볼 수 없었다. 그 대신 전통, 관습, 권위, 복종 등 봉건적 덕목들이 중시되었다. 한마디로 19세기의 러시아는 황제 체제하에서 관료, 경찰, 성직자가 한몸이 되어 유지되는 전제정치 체제 국가였다.

이런 상황 속에서 알렉산더 2세는 국내정치의 개혁과 근대화를 추진하였다. 알렉산더 2세의 가장 큰 업적은 1861년에 선포한 농노해방령이었다. 인구의 90%에 이르는 농노들은 신분적 예속에서 벗어나 자유농이 되었다. 농노해방으로 농업생산이 일시적으로 증대되고 농민의 생활도 다소 개선되었으나, 여전히 과거 봉건적인 유습으로부터 자유로울 수는 없었다.

알렉산더 2세는 또한 1864년 지방자치를 위한 기관인 젬스토브를 창설하였으며, 서구의 사법제도를 모방하여 배심원제를 도입하였다. 그리고 출판과 검열의 완화, 대학교육 제도의 개혁, 차별 없는 징병제도의 실시, 유대인에 대한 관대한 대우 등의 조치를 취하여 '해방자 황제' 라는 칭호를 얻었다.

그러나 알렉산더 2세의 소위 '위로부터의 개혁' 은 근본적인 치유책이 되지 못했다. 그의 의도는 러시아를 진정한 서구식 입헌군주 국가로 바꾸는 것이 아니라, 서구화라는 수단을 이용하여 러시아의 강력한 전제권력을 내외에 과시하려는 것이었다. 내용적으로는 러시아 정신을 지키면서 외양은 서구식으로 꾸미겠다는 의도였던 것이다. 이런 점에서 러시아의 근대화는 태생적인 한계를 지니고 있었다.

1881년 알렉산더 2세가 인민주의자 테러리스트에 의해 암살되자 개혁정치는 막을 내렸다. 그 뒤 집권한 알렉산더 3세와 니콜라스 2세는 시대에 역행하는 반동정치를 계속하였다. 전제정치가 더욱 강화되고 자유주의는 철저하게 탄압받았다. 언론, 출판, 집회의 자유가 금지되었으며 지방자치도 사실상 폐지되었다. 황제의 권한만 한층 강화되었을 뿐이다.

피의 일요일 사건

니콜라스 2세는 부친 알렉산더 3세의 급작스런 죽음으로 황제에 오르게 되었다. 그는 정치적 감각이 뒤떨어져 있었으며, 이를 보완해줄 유능한 대

젬스토브
젬스토브는 각 지방의 지주, 도시민, 농민의 대표로 구성되어, 그 지방의 징세권을 가지고 도로, 학교, 교회, 의료시설 등을 관리하였다. 그러나 이러한 자치제도는 실제 운영에 있어서 중앙 관리들의 지나친 간섭, 지방 주민의 정치적 미숙과 행정 경험의 부족으로 많은 결함을 나타내었다.

러시아 마지막 황제, 성인 추대
2000년 8월 러시아정교회는 볼셰비키에 의해 살해당한 러시아의 마지막 황제 니콜라스 2세를 성인으로 추대하였다. 니콜라스 2세는 1923년부터 러시아정교회에 의해 여러 차례 성인으로 추대된 바 있으나 러시아정교회에 의해 공인되기는 이때가 처음이었다. 소련 붕괴 이후 니콜라스 2세에 대한 재조명 작업이 활발하게 진행되다가, 마침내 러시아정교회가 '신앙을 수호하려다 순교한 성인' 으로 인정하기에 이른 것이다.

혁명 직전 니콜라스 2세 모습

신도 주위에 없었다. 니콜라스 2세는 의지가 약하고 변덕스러웠으며, 반동적인 아첨꾼들에 둘러싸여 있었다. 또한 무당이나 마법사를 가까이 하고 미신을 믿는 독일인 부인에게 꼼짝 못하는 공처가였다. 병약하고 온실과 같은 왕국의 분위기 속에서 현실적 모순의 개혁이란 불가능한 일이었다.

이런 상황에서 정치, 경제적인 혼란과 위기를 가져온 것이 1904년 러일전쟁이었다. 군사 강대국이라고 자처하던 러시아가 조그만 섬나라인 일본에 연이어 패배하자, 정치적으로 혼란을 겪었을 뿐만 아니라 물가가 폭등하여 경제적 위기마저 가중되었다. 철도와 공장 노동자들의 파업, 전쟁 인플레이션으로 인한 물가상승 등으로 사회적 혼란은 그칠 줄 몰랐다. 그럼에도 니콜라스 2세는 러시아의 현실을 외면한 채 절대군주로서의 위엄만 생각했다.

니콜라스 2세

1905년 1월 페트로그라드의 한 공장에서 노동자들의 파업이 발생하였다. 시위를 주도한 노동자 4명이 해고되자, 이에 불만을 품은 시민들이 모여들었으며 여러 공장으로 파업이 확산되었다. 이런 상황에서 비밀경찰의 스파이로 공장노동자협회를 결성했던 가퐁 신부는 궁전을 향한 행진을 계획하였다. 그는 굶주린 민중의 이름으로 차르(황제)에게 인민의 궁핍한 처지를 직접 호소하고자 하였다.

1905년 1월 22일 일요일, 가퐁 신부를 선두로 약 20만 명의 시민들은 성상과 황제의 초상화를 들고 "신이여, 차르를 보호하소서"라는 국가를 부르며 니콜라스 2세가 머물고 있던 겨울궁전으로 행진하였다. 시위는 비무장으로 평화적이었으며 사전에 당국에 통보까지 한 상태였다.

가퐁의 의도는 본래 반정부 시위에 있지 않았다. 자발적으로 참가한 민중 역시 자비스런 아버지 차르의 관대함에 호소한다는 생각 외에는 다른 목적이 없었다. 그러나 궁전 친위대는 군중을 향해 무자비하게 발포하여, 1,000명의 사상자와 2,000명의 부상자가 생기는 유혈사태로 비화되었다. 이것이 소위 '피의 일요일' 사건이었다.

위_ 러시아 혁명의 도화선이 된 '피의 일요일' 대학살 사건
아래_ 페테르부르크 소비에트 회의 모습. 1905년 10월부터 페테르부르크를 시작으로 각 지역에서 노동자, 농민 소비에트가 조직되었다.

이 사건을 계기로 노동자들의 파업은 전국으로 확대되었고, 수많은 사람들이 거리로 쏟아져 나왔다. 여기에 노동자와 자유주의적 부르주아들도 합세하여 제헌의회의 소집, 시민의 자유 보장, 8시간 노동제 등을 요구하였다. 5월에는 최초의 소비에트(평의회)인 노동자협회가 조직되어 민주공화제, 정치범의 석방, 비밀경찰 해체 등의 구호까지 외치게 되었다. 대도시에서는 군중들이 적기를 들고 다녔고, 산업조직과 정부기관은 폐쇄되어 러시아 사회는 혼란의 수렁에 빠져들었다.

이에 대하여 러시아 정부는 민중시위에 대한 조직적인 탄압과 함께, 소위 10월 선언을 발표하여 대중봉기를 잠재우려 하였다. 10월 선언은 성년 남자의 보통선거, 언론, 집회 및 결사의 자유, 양심의 자유 등 기본적 권리를 인정하였고, 국민의 선거에 의한 입법의회인 두마를 창설하기로 약속하였다. 10월 선언은 혁명적 노동자와 농민 계급을 만족시키지는 못하였지만, 자유 부르주아 계급을 혁명의 대열에서 이탈시키는 데 성공하였다.

이로 인한 보수와 급진 세력 간의 분열은 혁명의 힘을 약화시켜, 1905년 말 니콜라스 2세의 권위는 다시 회복되었다. 이런 상황을 이용하여 니콜라스 2세는 소비에트에 대한 대규모 탄압과 체포를 단행하였다. 이어 모스크바에서 발생한 프롤레타리아 무장봉기를 진압한 후, 10월 선언을 폐지하고 다시 반동정치를 강화하였다. 1905년 혁명은 결국 실패하고 말았다. 그러나 그것은 20세기 제국주의 시대 최초의 인민혁명으로, 10년 후에 일어나는 러시아 혁명의 전주곡이 되었다는 역사적 의미를 지니는 것이었다.

레닌
볼가 강 연안 심버리스크의 교육 행정관의 둘째 아들로 태어난 레닌은 엄격하고 학문적으로 꿈 많은 청년시절을 보냈다. 레닌의 형 알렉산더는 21세의 젊은 나이에 차르의 암살 음모에 연루되어 교수형을 당하였다. 이 사건으로 레닌의 평범하면서도 유복한 생활은 끝나게 되었고, 곧 혁명적 마르크스주의자로 변신하게 되었다. 레닌은 1895년 마르토프와 노동계급 해방 동맹을 조직하여 활동하다가 체포되어 시베리아로 유배되었다. 그는 3년간의 형기를 마치고 서유럽으로 건너가 러시아로의 짧은 여행을 제외하고는 거기서 1917년까지 머물렀다. 레닌은 라이프치히에서 플라하노프, 자술리치 등과 함께 『이스크라』라고 하는 신문을 발행하여 자신의 혁명이론과 전술을 발표하였다.

레닌의 등장과 혁명사상

레닌

마르크스의 사상을 현실에 적용해 러시아에서 최초로 공산주의 혁명을 일으킨 사람은 레닌이었다. 그가 없이는 러시아 혁명을 이해할 수 없고, 러시아 혁명의 흐름 밖에서는 파악할 수 없는 인물이 바로 레닌이다. 러시아의 대문호 막심 고리키는 "구원을 받으려면 누구나 고통을 참아야 한다고만 역설되는 러시아에서, 레닌처럼 심각하고 강력하게 불행과 슬픔과 고통을 저주하고 경멸하는 사람을 처음 보았다…. 그는 위대한 인물이다. 고통은 인생의 피할 수 없는 운명이 아니라 민중의 힘으로 물리쳐야 하고, 또 물리칠 수 있는 악이라고 굳게 믿고 있었다는 점에서 말이다"라고 하였다.

레닌은 기관지 「이스크라(불꽃)」를 통해 러시아 혁명의 이론을 구체화하고 그 전략과 전술을 확립하였다. 그는 『인민의 벗이란 무엇인가』라는 저서에서 러시아 혁명이 두 단계를 거쳐 수행되어야 한다고 주장하였다. 1단계는 노동자와 농민의 동맹에 의하여 인민의 자유를 억압하는 전제군주를 타도하고 민주공화국을 건설하는 것이었다. 2단계는 프롤레타리아 계급의 주도하에 일체의 피억압 계급과 제휴하여 자본주의를 타도하고 사회주의를 실현하는 것이었다.

레닌은 1902년 3월 『무엇을 할 것인가』라는 저서에서 자신의 혁명이론과 당 조직에 관한 견해를 밝혔다. 이것이 바로 훗날 '레닌주의'라 불리는 것의 기초가 되었다. 여기서 레닌은 혁명을 단기간 내에 성취하는 방법으로 중앙집권화된 당 조직과 소수 직업적 혁명가의 활동을 통한 공산혁명을 주장하였다. 레닌은 비록 그 숫자는 적지만 헌신적인 정예분자들이 혁명을 수행할 조직과 준비를 갖춘다면 전제정부를 전복시킬 수 있다고 믿었다.

1917년 3월 혁명

러일전쟁이 1905년 혁명의 직접적인 원인이 된 것처럼, 제1차 세계대전은 1917년 러시아 혁명의 직접적인 도화선이 되었다. 1914년 봄, 러시아 전제군주제의 신봉자이며 전 내무대신이었던 두르노보는 러시아가 제1차 세계대전에 개입할 경우 커다란 국가적 위기에 직면할 것이라고 경고하였다. 그는 러시아에 필요한 것은 전쟁이 아니라 평화이며, 전쟁은 패배를 불러오고 패배는 혁명을 초래하여 결국 로마노프 왕조가 몰락하게 되리라 확신하였다.

두르노보의 예상은 적중하였다. 1차대전 참전 이후 러시아군은 낙후된 장

1917년 2월 25일 페트로그라드에서 발생한 총파업

비와 저하된 사기, 무능한 지휘체계 등으로 연전연패하였다. 우선 후방과 전방이 분리되었고, 상점들이 문을 닫았으며, 화폐 가치는 큰 폭으로 하락하였다. 식량과 생활필수품의 부족으로 국민들의 불만은 갈수록 쌓여만 갔다. 1914~1916년의 2년 동안 빵은 5배, 버터는 8배 이상 가격이 급증하였다. 사회적 위기를 더욱 촉발시킨 것은 페트로그라드에서 발생한 잇따른 파업과 폭동이었다. 식량배급을 기다리던 군중들이 노동자들의 파업에 합세하여 폭동을 일으켰다. 군중들은 "전제정치 타도" "전쟁 반대" "빵을 달라"는 구호를 외치며 격렬한 시위를 벌였다. 이를 계기로 각지에서 소비에트(노동자협의회)가 결성되어 혁명운동으로 번져갔다.

차르 정부는 즉시 군대를 동원하여 시위와 폭동을 저지하려 하였으나, 병사들은 민중을 밀어내기만 할 뿐, 발포하려고 하지 않았다. 민중들이 자신의 어려운 처지를 애절하게 호소하자, 병사들은 오히려 시위대를 보호하기까지 하였다. 수도를 경비하고 있던 군인들조차 반란에 가담하였다. 병사들은 노동자들과 합세하여 정부 관리, 경찰, 비밀 기관원을 체포하였으며 감옥에 있는 정치범을 석방하기도 하였다.

당시 차르는 페트로그라드에서 멀리 떨어진 소도시에서 군대를 지휘하고 있었다. 페트로그라드 노동자들의 파업 소식을 들은 차르는 곧 계엄령을 내렸다. 그러나 차르의 계엄령 포고문은 거리에 나붙지도 않았고, 방송조차 되지 않았다. 아무도 그런 일에 나서는 사람이 없었기 때문이었다. 전장의 장군들은 부하 병사들의 항명에 몹시 당황하여 차르에게 퇴위할 것을 간청하였다. 사태의 심각성을 뒤늦게 깨달은 니콜라스 2세는 제위를 동생인 미하일에게 물려주었으나 미하일 대공은 이를 거절하였다. 결국 300년간 지속되어온 로마노프 왕조는 너무도 허약하게 붕괴되고 말았다.

임시정부의 수립과 이중권력

혁명 직후 페트로그라드에서는 노동자와 병사 대표가 결합한 새로운 소비에트가 결성되었다. 그러나 승리에만 도취되어 있던 노동자와 병사들에게는 어떻게 권력을 장악하고 수행할 것인가에 대한 대책이 없었다. 그것은 학대받고 억압된 민중의 폭동으로 이루어낸 성과였지, 혁명정당의 지도력이나 통제에 의해 계획된 혁명이 아니었기 때문이다.

당시 가장 혁명적이었던 볼셰비키는 개전과 동시에 치명적인 타격을 받아 거의 빈사 상태였다. 당의 조직은 무너졌고, 레닌은 스위스에 망명 중이었다. 볼셰비키는 3월 혁명을 지도할 수도 없었고, 혁명 직후 결성된 소비에트의 중앙집행위원회에서 다수를 차지할 수도 없었다. 그래서 소비에트의 실권은 사회혁명당과 멘셰비키에 의해 장악되었으며, 곧이어 수립된 임시정부에서 소비에트를 대표한 것은 사회혁명당의 케렌스키였다.

스웨덴 스톡홀름 망명지에서의 레닌 (앞쪽의 우산 든 사람)

군대를 사열하는 케렌스키

3월 혁명 후 러시아에서는 임시정부와 소비에트라는 이중권력이 성립되었다. 임시정부는 자유주의 부르주아와 그 동행자인 귀족과 대지주 등 모든 반동세력을 대표하였다. 반면 소비에트는 노동자, 농민의 혁명적 세력을 대표하였다. 권력은 소비에트가 차지하였으나, 표면적으로 임시정부가 혁명을 지도하는 기묘한 모습이었다. 소비에트는 같은 건물의 한쪽을 차지한 채 끊임없이 임시정부의 정무에 간섭하였다. 3월 혁명부터 11월 혁명에 이르는 기간 동안 이 두 권력은 서로 대립하고 주도권 싸움을 벌였다.

3월 혁명으로 인해 러시아인은 역사상 처음으로 자유를 누리게 되었다. 임시정부는 계급, 신분, 인종, 종교의 차이를 넘어서 모든 시민에게 동등한 권리를 부여하고, 정치범에 대한 대사면을 실시하였다. 11월에는 제헌의회의 소집을 약속하였고, 그를 통해 황실과 수도원의 토지를 몰수하여 농민에게 분배하는 등의 광범위한 사회개혁을 단행할 예정이었다.

당시 러시아는 심각한 물자 부족과 경제난으로 허덕이고 있었다. 러시아의 농민들은 토지 분배를 요구하였으며 노동자들은 산업의 지배권을 요구하였다. 이런 상황에서 민심을 충분히 파악하지 못한 임시정부는 집권 경험마저 없었기 때문에 실책만 거듭하였다. 특히 임시정부가 연합국 편에서 전쟁을 계속하자 평화를 갈망하는 국민들은 크게 실망하였다. 바로 이런 때에 레닌이 등장하였다.

볼셰비키의 등장

스위스에 망명 중이던 레닌은 1917년 러시아로 귀환하였다. 이때까지만 해도 이 이름 없는 혁명가가 유럽과 세계를 진동시키리라고는 아무도 상상하지 못하였다. 레닌은 직업 정치가로서 현실감각과 판단력이 뛰어났으며 강한 추진력을 가지고 있었다. 그는 대중의 요구와 민심을 정확하게 파악하고 있었다. 오랫동안 지도자 없이 우왕좌왕하던 혁명세력은 마침내 원칙을 단호히 지키면서 조금도 타협할 줄 모르는 지도자를 얻게 되었다.

레닌은 페트로그라드에 도착하자마자 '4월 테제(April Thesis)'를 발표하였다. 이것은 임시정부의 해산, 모든 권력을 소비에트로 이양, 독일과의 즉각적인 휴전, 사유재산의 몰수와 토지의 국유화 등에 관한 내용을 담고 있었다. 레닌의 이러한 급진적인 주장은 당시 러시아 대중의 적극적인 지지를 받았다.

볼셰비키가 노동자와 농민의 지지를 등에 업고 점차 세력을 키워가는 동안, 임시정부는 국민의 지지를 상실하고 급격히 하락의 길을 걷고 있었다. 임시정부의 국방장관 케렌스키는 6월 말 독일군에 대한 총공세를 단행하여 좌익 반전파의 세력을 약화시키려 하였다. 그러나 연이은 참패는 물가고와 식량난만 더욱 가중시켜 임시정부를 더욱 궁지에 몰아넣었다.

7월 초 페트로그라드에서는 다시 민중봉기가 발생하였다. 노동자와 병사들이 주축이 된 시위대는 "전쟁 반대" "임시정부 타도" "모든 권력을 소비에트로"라고 외쳐댔다. 그것은 분명 볼셰비키와 레닌의 주장과 일치하는 것이었다. 시위대는 유일한 혁명정당인 볼셰비키로 몰렸고, 볼셰비키 역시 이런 민중의 무장봉기를 지원하였다.

사태가 악화되자 임시정부는 전선에서 부대를 이동시켜 볼셰비키의 무장봉기를 진압하였다. 레닌을 비롯한 볼셰비키 지도부에 대한 긴급 체포령이 내려졌다. 볼셰비키는 다시 비합법적인 정당으로 취급되고, 독일의 첩자라는 혐의를 받은 레닌은 다시 망명길에 오를 수밖에 없었다. 일단 호기를 잡은 임시정부는 새로운 정세에 대비하여 내각을 개편하였으며, 사회혁명당의 케렌스키가 수상에 취임하였다. 그러나 기대와 달리 케렌스키는 점차 우경화하였고 독재자처럼 정국을 운영하기 시작하였다.

케렌스키는 혁명세력을 진압하고 안정적인 정국을 운영하기 위하여 코닐로프를 러시아군 총사령관으로 발탁하였다. 그러나 코닐로프는 오히려 이를 이용하여 케렌스키 정부를 몰아내고 권력을 장악하려 하였다. 코닐로프 장군이 군사쿠데타를 일으켰던 것이다. 또 다시 위기에 처한 케렌스키는 이번에는 할 수 없이 소비에트와 볼셰비키의 지원을 요청하게 되었다. 이후 쿠데타 진압에 결정적인 역할을 한 볼셰비키는 급속도로 세력을 확장하여 소비에트의 주도권을 장악하였다. 드디어 소비에트가 권력을 장악할 시기가 무르익어가고 있었다.

1917년 11월 혁명

정세를 관망하던 레닌은 임시정부의 권력을 탈취할 시기가 왔음을 인식하고 당중앙위원회에 무장봉기를 권고하는 편지를 보냈다. 소비에트는 스

몰리니 학교에 본부를 설치하였는데, 이곳은 페트로그라드 혁명의 중심지가 되었다. 10월 하순 은밀히 귀국한 레닌은 트로츠키와 함께 구체적인 계획안을 수립하고, 거사 일을 러시아 소비에트 대회가 개막되는 11월 7일(러시아력으로 10월 25일)로 정하였다.

레닌의 지도하에 소비에트 병사들은 관공서와 전신전화국, 국립은행 등 주요 전략지를 점거하였다. '모든 권력을 볼셰비키로'라는 슬로건을 내걸고 일으킨 이 거사는 무혈혁명이었으며, 임시정부의 저항 또한 없었다. 비조직적이고 자연 발생적이었던 3월 혁명에서는 무수한 교전과 살상이 발생하였으나, 11월 혁명은 레닌의 지도하에 면밀한 계획으로 평화롭게 성취된 것이다. 11월 혁명은 인류 역사상 최초로 노동자와 농민 정권의 탄생을 의미하였다.

곧이어 열린 제2차 러시아 소비에트 대회에서 소비에트공화국이 정식으로 선포되었다. 그리고 노동자, 농민, 군인 대표로 구성되는 소비에트가 모든 권력을 장악하게 되었다. 이어 새로운 혁명정부의 의장을 레닌으로, 외무위원을 트로츠키로 하는 인민위원회가 발족되었다. 대회는 또한 모든 교전국에게 무병합, 무배상의 원칙에 의한 즉각적인 강화를 촉구하고, 황실, 교회, 지주의 토지를 몰수하여 농민에게 공평하게 분배할 것을 발표하였다. 또한 노동자들의 자주적인 참여에 의한 산업 관리를 약속했으며, 러시아 내 모든 민족들에게 민족자결권을 부여할 것을 밝혔다.

5시간 만에 끝난 혁명
순양함 오로라호의 동궁 공격을 신호로 소비에트 병사들은 일제히 궐기하여 동궁을 접수하고, 기타 주요 시설과 건물을 점거하였다. 동궁의 경비를 담당하는 위병부대의 저항이 있었을 뿐, 11월 혁명은 5시간 만에 끝났다. 당시 페트로그라드의 영화관은 만원이었으며, 관객들은 혁명이 일어난 사실조차 모르고 있었다.

영화 '10월'
세르게이 에이젠슈테인의 영화 '10월'이 보여주는 영웅적인 모습처럼 겨울궁전은 치열한 공격 끝에 점령된 것이 아니라, 궁전의 수비가 포기된 후 몇 명의 분견대에 의해 점령되었다. 투쟁의 승리를 그린 10월은 한 편의 러시아 혁명사를 담은 작품이다.

소비에트 정권의 수립과 이어진 내전

혁명정부는 11월 25일 제헌의회를 구성하기 위하여 러시아 사상 처음으로 완전한 보통선거를 시행하였다. 그러나 볼셰비키는 총 투표수의 1/4밖에 얻지 못하였고, 우파인 사회혁명당을 비롯한 다른 사회주의 정당들이 62%의 득표율을 보였다. 결과는 뜻밖에도 볼셰비키의 참패였다.

이에 볼셰비키는 1918년 1월 소집된 지 하루밖에 안 된 제헌의회를 강제로 해산시키고, 소비에트만이 러시아의 유일한 합법 정부임을 선언하였다. 러시아에 볼셰비키 일당독재의 길이 열린 것이다. 3월에 볼셰비키는 러시아 공산당으로 명칭을 바꾸고 수도를 페트로그라드에서 모스크바로 이전하였다. 그리고 7월에는 새로운 헌법을 제정하였다.

그러나 국내외의 산적한 난제들은 새로운 공산정권에 위협이 되었다. 곧이어 혁명파와 반혁명파 간의 내란이 일어났고, 반혁명파는 백군을 조직하여 혁명파의 적군과 대치하였다. 볼셰비키 정부를 불신하던 자본주의 열강은 공산주의 정권을 붕괴시키고 러시아 혁명이 전 세계로 파급되는 것을 막기 위하여 반혁명파를 지원하였다. 그리하여 1918년 여름에는 미국, 영국, 프랑스 등 14개국이 연합하여 백군을 지원하기 위해 러시아에 군대를 파견하였다.

위기에 처한 볼셰비키 정부는 체카로 알려진 비밀경찰을 창설하여 반대파를 숙청하는 한편, 적군 병력을 보강하고 강력한 국가통제의 전시 공산주의 체제를 유지하여 반혁명파인 백군 토벌에 나섰다. 1917년 11월 볼셰비키 정권 수립 직후 45만에 불과했던 적군 병력이 1920년 중엽에는 무려 530만으로 증강되었다. 이에 비하여 백군은 단결되지 못했을 뿐만 아니라, 구제도의 부활 이외에는 뚜렷한 목표와 전망을 제시하지 못해 국민들의 지지를 받지 못하였다. 혁명에 개입했던 외국군도 전후 자국의 국내 문제가 복잡해지자 모두 철수하였다.

제2차 러시아 소비에트 대회에서 연설하는 레닌

소비에트 정권은 힘겹게 백군과 외국의 반혁명 간섭에서 벗어났으나, 또 다른 국내 문제에 직면하였다. 치열한 내전과 급속한

공산화로 인한 경제적 어려움으로 러시아 민중들의 불만이 고조되었다. 1921년 초에는 전염병과 기근으로 많은 사람들이 고통을 받았다. 게다가 내전이 진행되는 동안 토지가 황폐화되고, 공장이 작동되지 않았기 때문에 생산은 극도로 저하되었다.

전시 공산주의 체제하에서 생산된 잉여 농산물은 국가가 남김없이 거두어갔고, 이로 인해 대규모 농민폭동이 빈번히 발생하였다. 도시 지역에서는 식량난으로 노동자들의 파업이 연이어 발생하였다. 이에 소비에트 정부는 급속하고 과격한 공산화 정책을 일부 완화할 필요성을 느끼게 되었다. 원칙을 현실에 맞게 적용하는 데 탁월한 재능을 지니고 있었던 레닌은 즉시 대책을 강구하였다.

3년 동안이나 계속된 혁명과 내전으로 인한 심각한 경제난을 호전시키기 위해, 레닌은 1921년 3월 공산당 10차 대회에서 전시 공산주의를 일시적으로 폐지하고 '네프(NEP, 신경제 정책)'를 제안하였다. 신경제 정책은 사회주의로의 점진적인 이행을 위하여 자본주의 경제 방식을 일시적으로 도입하는 것이었다. 당시 러시아가 직면한 심각한 현실을 고려할 때, 이 정책은 실용주의적인 접근방식이었다. 소비에트 정부는 농민으로부터의 강제적인 징발을 줄여 자유로운 상거래를 인정하고, 경공업 분야에서 사기업을 허용하였다.

신경제 정책을 수행하기 위해서는 외국과의 협력 및 외국자본과 기술의 도입이 불가피하였다. 당시 유럽 국가들도 전후 경제 불황을 타개하기 위해서는 러시아 시장이 필요했기 때문에 러시아와의 관계 개선을 도모하였다. 그리하여 1922년 독일을 시작으로 유럽 국가들이 앞을 다투어 소비에트 정부를 승인하였다. 이리하여 소비에트의 국제적 위상이 높아졌다. 1924년에는 헌법이 개정되었으며 우크라이나와 벨로러시아 등 주변 지역을 통합하여 소비에트 사회주의공화국 연방이 탄생하게 되었다.

러시아 혁명과 프랑스 혁명의 비교

러시아 혁명은 프랑스 혁명과 유사한 특성과 양상을 보여주었다. 두 혁명은 모두 민족 해방과 사회적 해방을 추구했던 식민지 국가나 민족들을 위한 모델을 제시하였다. 프랑스 혁명은 봉건제도와 전제주의로부터의 해방을, 러시아 혁명은 자본주의와 제국주의로부터의 해방을 주창하였다. 양편 모두 근본적으로는 국내의 정치, 경제, 사회적인 문제 때문에 발생하였으나, 그 결과는 국내는 물론 세계의 모든 사람들에게 엄청난 파급 효과를 불러일으켰다.

또한 두 혁명 모두 구체제의 전복을 통한 새로운 정치질서를 확립하려 하였으나, 그 과정에서 분열과 갈등을 보였고 혁명세력끼리 권력투쟁을 하게 되었다. 그리고 프랑스 혁명에서는 자코뱅파가, 러시아 혁명에서는 볼셰비키파가 혁명의 대의를 지키기 위해 단시일 내에 반대파를 모두 억압하고 숙청하였다.

어찌 보면 프랑스 혁명은 우연히 발생한 사건이었다. 프랑스인들은 일상생활 속에서 갑자기 혁명에 휩쓸리게 되었고, 자코뱅 독재도 전혀 예기치 않은 상황에서 발생하였다. 반면 러시아에서는 직업적인 소수 혁명가들이 오래전부터 혁명을 준비하였고, 볼셰비키의 독재 또한 면밀한 계획과 준비에 의해 이루어졌다. 프랑스에서는 혁명 다음에 반동이 일어나 망명 귀족이 돌아오고, 심지어는 부르봉 왕조까지도 부활하였다. 그러나 러시아에서는 반대세력이 철저히 제거되었고, 몰락했던 귀족이나 로마노프 왕조도 부활되지 않았다. 이런 의미에서 러시아 혁명은 프랑스 혁명보다 더 즉각적이고 단호하게 성공을 거두었다고 할 수 있다.

세계 대공황과 자본주의의 위기

#20

1929년 가을, 미국에서 시작된 대공황은 역사상 유례없이 세계 자본주의의 경제질서에 커다란 타격을 주었다. 대공황은 많은 국가들의 생산 활동과 노동자들의 생활을 파탄으로 몰고 갔고, 수천만 명의 실업자를 양산하였다. 대공황을 극복하기 위해 각국은 자국의 고유한 정치 및 경제체제에 맞는 정책을 실시하였다. 미국은 기존의 자유방임주의 경제정책을 포기하고, 자본주의에 사회주의적 요소가 가미된 혼합 경제체제 방식의 '뉴딜' 이라는 새로운 정책을 실시하였다.

대공황의 서곡, '암흑의 목요일'

전후 1920년대, 세계의 자본주의 국가들이 안정과 번영을 누리게 되면서 국제 정세도 비교적 평온을 유지하였다. 특히 미국은 '황금의 1920년대' 를 맞아 경제적 번영과 물질적 풍요를 누리고 있었다. 그러나 지속적인 번영을 누리던 미국 경제는 1929년 10월 24일 '암흑의 목요일' 이라 불리는 뉴욕 증권시장의 대폭락을 계기로 급격히 붕괴되었다. 대공황의 영향은 전 세계로 파급되어 민주주의와 자본주의 체제에 심각한 위협이 되었다.

증권시장의 붕괴는 금융, 산업 등 각 부문에 걸쳐 연쇄적인 공황상태를 유발하였다. 더욱이 대공황의 여파로 도시에서는 실업자가 급증하고, 농촌에서는 농산물 가격이 큰 폭으로 하락하였다. 농산물 가격의 폭락으로 농민들은 수확을 포기한 채 곡물이 밭에서 그대로 썩어가는 광경을 바라볼 뿐이었다.

가장 큰 문제는 실업이었다. 모든 도시가 실업자로 뒤덮인 듯했다. 당시 「포춘」지(1932년 9월호)는 '실직자가 수백만 명에 이르렀다. 미국의 많은 가

1920년대 미국, 번영의 시대

1차 세계대전 후 미국은 세계 최대의 채권국이었다. 미국의 해외 자산은 270억 달러에 달하였고, 공업생산(1929년)도 전 세계의 42.2%를 차지하였다. 미국은 자동차의 대량생산, 라디오와 영화산업의 발달, 각종 가전제품의 생산과 판매 등으로 번영의 시대를 맞이하였다.

뉴욕 증시의 대폭락

1929년 10월 24일 목요일 오전, 뉴욕 증권시장에서는 매도 주문이 믿을 수 없을 만큼 쇄도하기 시작하였다. 마치 어느 누구도 주식을 사려 들지 않는 것처럼 보였다. 주가가 계속 하락하자, 중개인들은 늦기 전에 주식을 팔려고 야단이었다. 신문들은 다음날 '뉴욕 월가에 있는 벽들이 모두 비탄에 잠긴 투자가들의 눈물로 적셔졌다' 고 크게 보도하였다. 10월 29일 화요일에 거래량은 최고조에 도달하였다. 미국의 국채 총액의 거의 2배에 이르는 금액인 300억 달러가 불과 몇 주 동안 공중으로 사라져버렸다. 이는 미국뿐만 아니라 세계 자본주의 경제체제에 심각한 위기를 몰고 온 경제 대공황의 전조에 불과하였다.

주식 폭락을 알리는 신문기사(1929년 10월 29일)

정들이 일주일 내내 빵 몇 조각으로 연명하거나 이틀이나 사흘 동안 아무것도 먹지 못한 채 굶주렸다. 심지어 버려졌거나 썩은 야채 혹은 민들레를 주식으로 하는 가정도 있었다' 며 비참한 생활상을 전하였다.

도시의 중산층 역시 하층민들과 마찬가지로 실직과 취업 문제로 많은 고통을 겪어야만 하였다. 대학을 졸업한 수많은 공학기사, 법률가, 건축기사들에게 취업의 기회조차 주어지지 않았다. 직장을 얻지 못한 젊은이들은 결혼을 연기했으며, 설사 결혼을 했어도 아이를 갖지 않았다. 이렇듯 대공황으로 인하여 결혼 인구와 출산율이 감소하였다.

수십만 명의 여성 근로자들도 직장을 잃고 가정으로 돌아갔다. 교육 당국은 지출을 줄이려고 교사들의 임금을 대폭 삭감하였다. 몇 달씩 봉급을 받지 못한 노동자들은 생활비를 위하여 고리대금업자로부터 40%가 넘는 높은 이자로 돈을 빌려야 했다.

농촌의 상황은 도시보다 더욱 심각하였다. 가구당 소득이 대공황 이후 3년 사이에 60% 이상 하락하였다. 농산물 가격의 급격한 하락으로 수입이 감소하자, 농민들은 그 손실을 보충하기 위해 생산을 더욱 늘렸다. 그러나 이것은 또 다른 가격하락의 악순환을 가져왔으며, 구매처를 찾지 못한 농산물은 점점 쌓여만 갔다.

한편 대공황은 사회적으로도 깊은 영향을 끼쳤다. 경기 후퇴는 자본주의 세계의 모든 계층의 생활에 커다란 타격을 주어 사회구조상의 큰 변화를 가져왔다. 특히 중산층은 하층민으로 전락하였으며, 이에 공산주의나 파시즘 지지자가 증가하였다. 나아가 공황으로 인하여 불안한 공기가 사회 전체를 지배하게 되었고, 심리적으로는 절망적인 분위기가 팽배하여 범죄자와 자살하는 사람이 급증하였다.

대공황의 원인

대공황은 왜 일어났는가? 물론 직접적인 원인이 된 것은 뉴욕 증권시장의 붕괴였다. 그러나 실제로 증권시장의 붕괴는 대공황 발생의 촉매 역할을 했을 뿐이다. 대공황의 근본적인 원인은 자본주의 경제체제가 지니고 있던 구조적인 모순과 문제점들에서 찾아야 할 것이다.

첫째, 대공황은 대기업의 과잉 투자와 과잉 생산에서 비롯되었다. 미국은 제1차 세계대전의 전쟁 특수를 누리면서 비약적인 경제발전을 이루었다. 그러나 이 과정에서 대기업들의 독점적 성격이 심화되었다. 더욱이 이윤 독점을 위한 기업합동(Trust)이 러시를 이루어, 대공황 직전 미국 기업의 0.7%에 불과했던 200개 거대 회사가 전체 기업 자산의 거의 50.2%를 차지하였다. 이러한 대기업들은 이윤 독점을 위해 끝없이 생산시설을 확장하였는데, 이에 따라 상품 생산량이 수요를 훨씬 초과하면서 공황으로 연결된 것이었다.

둘째, 소수 계층에 의한 부의 집중과 국민소득의 불균형은 구매력을 약화시켰다. 1920년대의 미국 공화당 정부는 높은 관세와 대기업에 대한 세금 감면정책을 추진하였고, 독점기업에 대해서도 관대한 정책을 취하였다. 이러한 공화당 정부의 자유방임주의 정책과 친기업 정책은 대기업의 기업 집중 현상을 가속화시켜 빈부격차를 더욱 넓혀놓았다.

일자리를 구해 거리로 나선 실업자들

또한 재화의 생산이 크게 증대되었음에도 불구하고 농민과 노동자들의 소득이 상대적으로 줄었기 때문에 구매력이 약화되어 소비가 침체되는 현상이 발생하였다. 고소득층 역시 소비보다는 저축을 더 많이 했기 때문에, 그들의 소득 증대가 소비의 증대로 연결되지는 않았다. 결국 구매력 저하로 인한 소비의 감소가 불황을 초래하였던 것이다.

셋째, 만성적인 농업의 불황이었다. 1910년 이후 미국의 농경지가 크게 증가하면서 농산물 생산이 증대되었다. 그러나 전후 유럽 각국의 농업생산이 정상화되면서 농산품 수출 경쟁력이 강화되자, 미국 농산물의 해외수출이 급격히 감소되었다. 더욱이 미국이 자국의 농산물을 보호하기 위해 높은 관세를 채택하자, 유럽 국가들도 이에 대응하여 미국 농산물의 수입을 제한하는 보복적인 보호무역 정책을 실시하였다.

넷째, 유럽 재정의 위기와 국제수지의 불균형에서 대공황이 비롯되었다. 제1차 세계대전 이후 독일은 미국으로부터 차관을 빌려 전승 연합국에 배상금을 지불하였고, 전승국들은 독일의 배상금으로 미국에 전쟁 부채를 상환하였다. 따라서 1930년까지도 영국과 프랑스 등 유럽 국가들은 재정적으로 불안한 상태였다. 그러나 미국은 제1차 세계대전을 계기로 채무국에서 채권국으로 바뀌었음에도 불구하고 계속해서 고율의 관세정책을 고수하며 막대한 흑자를 보았다. 반면, 유럽의 채무국들은 적자를 초래하는 결과를 낳았다. 따라서 미국의 보호주의적 고율 관세정책은 국제무역 증진을 방해하고 국제경제를 크게 동요시켜 국제적 공황을 초래하였다.

뉴딜 정책

1933년 3월 4일 프랭클린 루스벨트가 대통령으로 취임하였다. 루스벨트가 해야 할 가장 시급한 일은 국민들에게 자본주의 체제에 대한 신뢰감을 회복시켜 주고, 경제위기로부터 벗어나려는 의지를 북돋아주는 것이었다. 그는 취임사에서 "우리가 두려워하는 것은 바로 두려움 그 자체일 뿐이다"라고 하여 실의와 절망에 휩싸인 국민들을 격려하였다.

루스벨트는 먼저 경기회복 정책으로 1933년 3월 취임과 동시에 4일 동안 은행 휴무일을 선포하였다. 곧이어 은행에 대한 실태를 조사하여 재무상태가 취약한 은행을 정리하였다. 루스벨트는 또한 금본위제를 폐지하고 통화관리제를 도입하여 은행에 대한 정부의 감독과 통제를 강화하였다. 정부의 금융개혁으로 은행이 신뢰를 회복하자 빠져나갔던 돈이 다시 은행으로 들어오기 시작하였다.

이어 루스벨트는 6월 전국산업부흥법을 제정하여 산업에 대한 정부의 통제정책을 실시하였다. 그는 기업가에 대하여 경쟁보다는 상호협력을 이끌어내어 산업별로 공정 경쟁 규약을 제정하고, 산업체 간의 협동과 조화를 통하여 공황을 극복하도록 하였다. 기업가들은 이 법안의 채택으로 정부와 업계의 새로운 협력 시대가 열리게 되었다며 지지하였다. 노동자들 역시 이 법안이 최저 임금제, 최고 노동시간(주당 35~40시간), 아동 노동의 폐지 등을 담고 있었기 때문에 환영하였다.

루스벨트는 또한 1933년 농업조정법을 제정하여 농민들로 하여금 가축이나 농산물의 경작

루스벨트의 노변담화
대공황의 충격 속에서 희망을 잃은 미국인들에게 새로운 자신감을 불어넣기 위해 루스벨트가 착안해낸 것이 이른바 '노변담화' 였다. 그는 타고난 연설가였다. 취임 후 불과 8일 만에 있었던 최초의 라디오 방송은 그의 치켜든 담배 파이프만큼이나 친근하게 된 "친구 여러분…"이라는 말로 시작되었다. 이것은 새로운 행정부가 시도하려는 정책이나 조치들을 정겹고 설득력 있게 설명함으로써 국민의 지지를 받는 계기가 되었다.

백악관 앞에서 거행된 루즈벨트 대통령의 취임식 광경

뉴딜이란

'뉴딜'은 1933년~1938년에 루스벨트 대통령이 내놓은 개혁안의 이름이었다. 뉴딜은 대공황을 타개하기 위하여 굶주린 실업자들에게 먹을 것과 일거리를 줄 '실업자 구제', 마비된 경제를 다시 살리기 위한 '경기 회복', 대공황과 사회 혼란을 가져오게 된 원인을 근본적으로 치유할 '사회 개혁'이라는 3대 과제 해결을 목표로 하였다.

을 줄이게 하는 대신 정부보상금을 지불하였다. 이것은 과잉 생산을 막아 물가상승을 유도하기 위한 조치였다. 이어 실업자 구제를 위하여 대규모 공공사업을 자원하였는데, 여기에는 방대한 정부 자금이 소요되었다. 공공사업청을 설치하여 건물과 도로와 항만 건설, 자연 자원의 보존, 전력 개발 등 각종 사업을 전개하였다. 이것은 실업자에게 일자리를 만들어주어 생활 안정은 물론, 구매력을 촉진시켜 유효 수요를 창출하려는 시도였다.

이러한 공공사업 중에서 정부가 직접 계획하고 추진한 것이 테네시 강 종합 개발계획이었다. 이 사업으로 수많은 실업자가 일자리를 얻게 되었고 테네시, 켄터키를 비롯한 주변의 7개 주가 풍부한 전력을 공급받게 되었다. 그 밖에도 홍수를 막고 수로를 개선하고 토지와 삼림을 보호하며 질소 비료를 생산하는 효과를 거두었다.

루스벨트는 또한 미국 노동운동 사상 처음으로 노동자의 단체교섭권을 인정하였다. 이에 따라 노동자들은 노동조합 가입권을 인정받고, 자신들이 뽑은 대표를 통해 고용주와 집단적으로 협상할 수 있게 되었다. 이러한 뉴딜의 친노동 정책으로 인해 1938년에는 직업별 노동조합인 미국노동총연맹(AFL)과 구별되는 미숙련 노동자 중심의 산업별노동조합(CIO)이 조직되어 노동운동이 활기를 띠게 되었다.

전국산업부흥법의 홍보용 플래카드

전통적으로 경제적 방임주의를 신봉하던 미국에서는 실업과 빈곤이 개인의 책임이라는 견해가 지배적이었다. 그러나 루스벨트는 국가의 책임을 강조하였다. 그래서 앞으로 복지국가의 토대가 될 사회보장법과 '부유세법'으로 알려진 새로운 세입법을 제정하여 부의 재분배를 시도하였다. 결국 뉴딜은 경기회복 정책이었던 동시에 기존의 미국 정치와 경제제도에 대한 개혁의 성격도 띠고 있었다.

수억 달러를 투자한 구호정책과 공공 토목사업, 다양한 경기 부

관공서에서 농부들이 농업조정법에 의해 보상금을 받고 있는 장면

양책에 힘입어 미국 경제는 상당히 호전되었다. 그러나 미국이 공황에서 완전히 회복된 것은 1930년대 말이었다. 제2차 세계대전이 발생하자 전쟁물자에 대한 수요가 급증하여, 문을 닫았던 공장들이 다시 활기를 되찾게 되었다. 이러한 전쟁 특수가 미국을 공황으로부터 완전히 벗어나게 하는 돌파구가 되었다.

사실 뉴딜 정책은 어떤 체계화된 이론에 따라 일관성 있게 추진된 것이 아니라, 급박한 사회, 경제적 상황에서 즉흥적으로 급조된 성격이 강하였다. 그리하여 서로 모순된 것, 실패로 돌아간 것이 적지 않았다. 다시 말해 뉴딜 정책은 영국적인 경험주의와 미국적인 실용주의의 산물이었다. 뉴딜 정책은 상당한 한계성을 노출시켰음에도 불구하고 대공황으로 좌절감에 빠져 있던 미국인들에게 자신감을 불러일으켜주었다.

그 결과 미국 자본주의에 대한 미국인들의 신뢰가 되살아나 미국이 비상시에 파시즘이나 볼셰비즘과 같은 극단주의의 길로 나아가지 않게 되었다. 또한 뉴딜은 미국인들에게 자유방임주의에 기초한 고전 자본주의의 한계성을 인식시켜 이를 수정 자본주의 체제로 변화시키는 계기가 되었다.

전체주의의 출현

#21

1920년대 말 대공황은 전 세계적으로 경제적 위기를 초래하여 기존의 사회와 정치체제에 커다란 변화를 가져왔다. 선진 자본주의 국가들은 상대적으로 두터운 중산층과 오랜 민주적 전통으로 민주주의 체제를 유지할 수 있었다. 그러나 독일과 이탈리아처럼 민주주의 기반이 약했던 국가에서는 극단적인 민족주의와 국가지상주의를 내세운 파시스트 체제가 등장하였다. 이러한 급진 우파의 정치체제는 개인보다 민족이나 국가 전체를 앞세웠기 때문에 이를 전체주의라 부른다.

전체주의의 특징
전체주의는 지난날 볼 수 있던 비민주적인 일련의 독재체제와는 전혀 다른 새로운 20세기의 정치 현상이었다. 전체주의의 일반적 특징은 ① 개인보다는 민족 전체를 강조하는 민족지상주의 또는 국가지상주의, ② 카리스마적 권위를 가진 1인의 지도자가 이끄는 단일 정당, ③ 중앙집권적인 통제경제, ④ 커뮤니케이션의 독점, ⑤ 군대와 비밀경찰에 의한 대규모의 조직적인 폭력 사용 등으로 요약될 수 있다. 전체주의가 지난날 인류 역사상 존재했던 다른 비민주적인 정치체제, 즉 절대주의, 전제정치, 독재정치와 다른 점은 그것이 갖는 집단의 전체성이다.

무솔리니의 등장

1920~1930년대 이탈리아와 독일에서는 파시스트 또는 나치로 불리는 급진적인 우파가 나타났다. 이탈리아나 독일은 자신들이 영국, 프랑스, 미국과 같은 '가진 나라'에 대항하는 '못 가진 나라' 임을 강조하며, 그들에 대한 증오심을 조장하고 국민의 불만을 밖으로 돌려 내부의 결속을 다지려 하였다. 이 과정에서 그들은 개인보다는 민족 전체를 강조하는 민족지상주의나 국가지상주의를 내세운 전체주의 체제를 수립하였다.

제1차 세계대전 이후 이탈리아는 극도의 사회, 경제적인 혼란을 겪고 있었다. 물가는

젊은 시절의 야심가 무솔리니

이탈리아의 독재자 무솔리니를 우상화하기 위해 제작된 포스터

폭등하고 실업자들은 넘쳐났으며, 전방에서 돌아온 제대 장병들은 현실에 적응하지 못한 채 거리를 방황하고 있었다. 1919~1920년에 사회 불안은 절정에 달하여 노동자들의 시위와 소작농민들의 봉기가 전국으로 확대되었다. 무솔리니가 파시스트당을 조직한 것이 바로 이때였다.

무솔리니는 청년 시절 사회주의자였으나 제1차 세계대전이 발발하자 민족주의자로 전향하였다. 무솔리니는 당시 이탈리아인들의 반사회주의적이고 국수주의적인 감정에 편승하여 민족주의적인 이데올로기와 강령들을 제시하였다.

파시스트당은 대지주와 기업가들의 강력한 지원을 받았다. 이들 유산계급은 공산주의자들과 무정부주의자들의 혁명 위협에 두려움을 가지고 있었기 때문에 파시스트당을 국가질서와 사유재산의 보호자로 인식하였다. 가톨릭교회는 좌파들의 반교회적인 상향을 두려워하여 파시스트를 지지하고 나섰다. 또한 당시의 경제난과 사회적 혼란에 불만을 가진 대중들이 파시스트당을 지지하게 되면서 파시즘은 대중운동으로 성공할 수 있었다.

파시스트당의 당원은 1921년 2월 10만 명에서 1922년 가을 30만 명으로 증가하였다. 이렇게 세력 신장이 두드러지자 군부는 이들에게 무기를 제공하였고, 경찰과 법원은 조직적인 테러를 눈감아주었으며, 부자들은 정치자금을 제공하였다. 그리하여 파시스트들은 마음 놓고 공산주의와 사회주의에 대한 공격과 테러 활동을 통해 세력을 더욱 확장하였다.

군대와 일반대중의 전폭적인 지지를 확신한 무솔리니는 1922년 '검은 셔츠단' 을 동원하여 로마로 진격하였다. 쿠데타가 일어난 것이었다. 그러나 놀랍게도 경찰과 군대는 호의적인 태도를 보였고, 국왕마저 쿠데타를 진압할 어떤 조치도 취하지 않았다. 국왕은 오히려 무솔리니를 환호하며 내각을 구성하도록 명령하였다.

전권을 손에 쥐게 된 무솔리니는 1924년 초 사회주의 세력을 완전히 제거하고, 1925년에는 언론통제법을 제정하여 정부에 대한 일체의 비판을 금지하였다. 그리고 1926년에는 모든 정당을 해산시킴으로써 파시스트 일당독재 체제를 수립하였다.

협동조합국가의 건설

정권을 잡은 무솔리니는 파시스트 독재와 국가지상주의, 그리고 군국주의적 대외 팽창주의를 실천해나갔다. 무솔리니는 개인이나 계급의 이익보다 국가 전체의 이익이 우선되어야 한다는 이유로 서구식 의회제도를 폐지하였다. 의회가 주로 유산계급의 이익을 대변하고 있다는 것이었다. 그 대신 중세 이탈리아에서 있었다고 생각되는 협동조합국가(corporate state) 체제를 도입하였다. 다시 말해 그는 중세 공동체사회의 이상을 현대사회에서 실현하려 했던 것이다.

1929년 라테란 궁전(사진 위)에서 체결된 조약으로 바티칸 시국에 대한 교황의 완전한 통치권이 회복되었다. 아래 사진은 조약 비준 후 교황청에서 기념 촬영한 가스파리 추기경(앞줄 왼쪽)과 무솔리니

무솔리니는 전체 국민을 경제적 이해관계에 따라 공업, 상업, 운수업, 금융업, 농업 등 13개의 협동조합으로 구분하였다. 각 협동조합은 하나의 공동체로서 고용주 조직과 피고용인 조직이 있었고, 과세의 의무를 지며 다른 협동조합들과 계약도 하고 거래도 할 수 있었다. 국회에서도 협동조합별로 고용인과 피고용인이 각각 절반씩 의석을 나누도록 하였으며, 여성에게는 참정권이 주어지지 않았다. 국회의원은 국민에 의해 직접 선출되는 것이 아니라 파시스트 중앙위원회가 임명하였다.

무솔리니는 경제의 자급자족을 실현할 목적으로 식량 증산 운동을 벌이고, 국내 산업을 보호, 장려하기 위하여 관세장벽을 설치하는 등 강력한 통제경제를 실시하였다. 그는 또한 국민을 국수주의와 군국주의로 교육시키기 위하여 개인의 모든 생활을 국가의 통제 하에 두었다. 아이들을 충실한 파시스트 당원으로 키우기 위하여 6세가 되면 학교교육과 선전활동을 조직적으로 동원하였다. 무솔리니 치하에서 이탈리아의 경제는 차츰 부흥되었고, 그에 따라 사회적 혼란도 진정되었다.

한편 무솔리니는 가톨릭교회의 지지를 얻기 위해 이탈리아의 통일 이래 불화가 지속되었던 로마교황청과의 화해를 모색하였다. 그리하여 그는 1929년 2월 교황과 라테란 조약을 체결하여 바티칸을 독립된 도시국가로 승인하였다. 이리하여 이탈리아 정부와 교황청 간의 우호 관계가 확립되었다.

무솔리니는 고대 로마제국의 영광을 부활시키려는 야망을 갖고 있었다. 그리하여 그는 적극적인 대외 팽창정책을 실시하여 1924년에는 숙원이던 피우메 항을 병합하였고, 1926년에는 알바니아를 보호령으로 하여 아드리아 해 제압의 목표를 달성하였으며, 1930년대 후반에는 에티오피아를 침공, 병합하였다.

독일의 바이마르공화국

제1차 세계대전이 독일의 패배로 끝나면서 황제 카이저 빌헬름 2세가 네덜란드로 망명하고, 독일은 군주제에서 공화국 국가로 바뀌게 되었다. 1919년 2월에는 성인 남녀의 보통선거를 통해 제헌의회가 구성되었고, 의회는 독일이 연방공화국임을 선포하였다. 의회가 소집된 장소가 바이마르 지역이었기 때문에 그 이름을 따 새로 탄생한 독일 공화국을 바이마르공화국이라고 불렀다. 선거 결과 최대 의석을 차지한 사회민주당이 집권하게 되었으며, 대통령에는 사회민주당 출신 에베르트가 선출되었다.

1919년 7월에는 바이마르 헌법이 채택되었다. 당시 세계에서 가장 민주적이라는 바이마르 헌법은 주권재민 사상, 남녀 보통선거권, 노동자의 단결권과 단체교섭권, 18세 이하에 대한 의무교육 실시, 사회보장제도 등이 담겨 있었다. 그러나 이상적인 헌법과 정치 구조에도 불구하고 독일에는 심각한 정치, 사회적 혼란이 지속되었다.

바이마르공화국의 사회민주당 정권은 좌파와 우파 모두로부터 공격을 받았다. 좌파에서는 스파르쿠스단으로 알려진 공산주의자들이 패전의 혼란 속에서 1918년 말과 1919년 초에 이르는 겨울 동안 공산혁명을 일으켰다. 그러나 사회민주당 정부가 군대를 동원하여 진압하였으며, 스파르타쿠스단은 독일 공산당이 되었다.

우파로부터의 공격은 더욱 심각하고 도전적이었다. 지주, 관료, 산업자본가, 군부 등 기득권층으로 구성된 우익 세력은 바이마르공화국의 존재 자체

바이마르공화국
바이마르공화국의 권력 구조는 대통령과 의회라는 이원집정제 형태를 띠고 있었다. 즉 국가를 대표하는 대통령은 7년 임기로 국민의 직접선거로 선출되었으며, 대통령은 군 통수권과 국방과 외교에 관한 권한, 그리고 비상시 긴급조치권을 가지고 있었다. 반면, 내정의 모든 권한은 국민의 보통선거로 선출된 의회가 가지고 있었다. 당시 바이마르공화국은 사회민주당과 가톨릭중앙당 등과 같은 온건한 중도파 연합에 의해 구성되었기 때문에 좌파(공산주의)나 우파(군국주의자, 보수주의자, 민족주의자 등)로부터 거센 공격을 받았다. 이로 인하여 정국은 혼란스러웠고, 사회적 불안이 지속되었다.

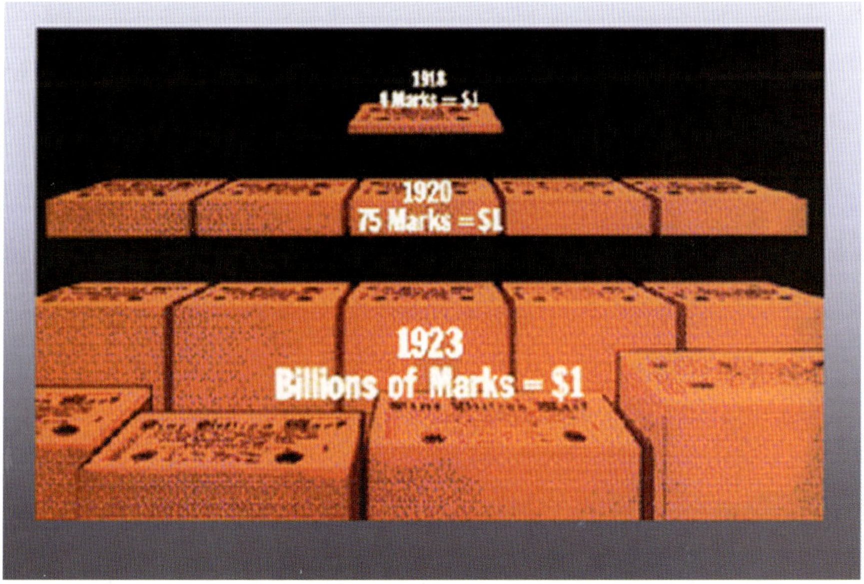

바이마르공화국의 심각한 인플레이션을 보여주는 그림

를 부정하는 군국주의자, 보수주의자, 민족주의자들이었다. 이들 우익 세력들은 제1차 세계대전에서 독일의 패배를 받아들이지 않았다.

이들은 "등에 칼을 맞았다"고 주장하며 독일의 패배가 후방의 반역자들(전쟁에 반대한 자유주의자, 공산주의자, 유대인 등) 때문이라고 국민을 선동하였다. 우파는 불만에 찬 제대 군인들을 모아 '자유군'을 조직하고, 1920년에는 카프 박사를 중심으로 쿠데타를 일으켜 한때 베를린을 점령하기도 하였다. 이런 우파 테러 단체 가운데 히틀러가 이끄는 나치당이 있었다.

바이마르공화국을 더 큰 위기로 몰아넣은 것은 경제위기였다. 전후 독일은 막대한 국가 채무와 격심한 인플레이션에 시달렸다. 독일은 전승국에 지불해야 하는 330억불의 막대한 배상금이라는 또 다른 짐을 지고 있었기 때문에 다른 나라에 비해 더욱 어려운 상황에 놓이게 되었다.

부유층은 정부가 배상금을 마련하기 위하여 더 많은 세금을 징수할지 모른다는 두려움 때문에 해외로 자금을 빼돌렸다. 산업가들은 은행으로부터

진 채무를 가볍게 하기 위해 고의적으로 인플레이션을 조장하였다. 이로 인하여 제1차 세계대전 전에 1달러당 4.2마르크였던 독일 화폐가 1922년에는 7,000마르크, 1923년 가을에는 수십 조 마르크에 달하였다. 달걀 1개 값이 3,200억 마르크에 이르는 파국적인 인플레이션으로 독일 경제는 완전히 파산지경에 이르렀다.

이러한 독일 경제의 피폐는 바이마르공화국을 지탱해줄 중산층에 커다란 타격을 주었으며, 봉급 생활자와 노동자들을 빈곤과 기아 상태로 몰고 갔다. 인플레이션으로 이익을 본 것은 대기업뿐이었다. 대기업은 통화 팽창에 따라 채무를 손쉽게 갚고 중소기업을 흡수하여 거대한 재벌을 형성할 수 있었다.

독일의 파멸을 막기 위해 연합국은 미국 주도로 배상금의 부담을 줄여주고, 독일의 경제부흥을 위해 막대한 차관을 제공하였다. 그러나 1929년 10월 미국 뉴욕의 증권시장이 붕괴되면서 발생한 대공황의 여파는 독일에까지 파급되었다. 대공황으로 인하여 미국으로부터 차관 공급이 중단되자 경제는 회생 불능의 상태로 빠져들었다. 1930년대 들어 독일의 경제위기는 정치적 위기까지 초래하였다. 극우 세력인 나치가 등장하여 바이마르공화국이 무너지게 된 것이다.

히틀러의 등장과 나치당의 집권

제1차 세계대전에 참전했다가 귀환한 히틀러는 1919년 9월 독일노동당이라는 작은 정당에 가입하였다. 독일노동당은 1920년 2월 국가사회주의 독일노동당(나치)으로 개칭하였다. 대중을 열광시키는 탁월한 웅변가였던 히틀러는 1921년 8월 나치당의 지도자가 되었고, 공산주의자들의 방해로부터

제2차 세계대전을 일으킨 장본인 히틀러

나치 활동을 보호하는 군사조직인 돌격대를 조직하였다.

나치당은 국가사회주의라는 이름으로 독일 민족의 단결, 유대인 추방, 국가의 완전고용, 독점기업의 국유화, 중소기업의 육성, 농민에 대한 토지 분배 등 급진적인 정강정책을 내걸었다. 나치 당원들은 갈색 셔츠를 입고 갈고리 십자가가 새겨진 완장을 두르고 다녔다.

1923년 11월 극심한 인플레이션과 경제적 혼란이 가중되자, 히틀러는 무솔리니의 '로마 진군'을 모방하여 뮌헨에서 비어홀 푸치(Beerhall Putsch)라는 쿠데타를 일으켰다. 그러나 쿠데타는 실패로 끝났다. 히틀러는 체포되어 5년형을 선고받았으나 1년도 못 되어 석방되었다. 히틀러의 유명한 저서 『나의 투쟁』은 이때 옥중에서 저술된 것이다.

나치 사상의 바이블 『나의 투쟁』

당초 히틀러 자신이 붙인 제목은 '허위, 우열, 비겁에 대한 4년에 걸친 투쟁'이었다. 이것을 나치당 출판부장이 히틀러에게 간청한 끝에 '나의 투쟁'으로 바꾸었다.

재판에서 히틀러는 모든 책임을 혼자 떠맡고 봉기 의도를 뚜렷이 표명하는 등 결연한 태도를 취했기 때문에 대중의 인기를 얻어 새로운 지도자로 부각되었다. 히틀러는 이런 경험으로부터 합법적인 수단으로 정권 획득을 달성해야 한다는 교훈을 얻게 되었다. 출옥 후 그는 강력한 군사조직인 친위대를 창설하여 나치의 전위대로 삼았다.

1929년 세계 대공황은 히틀러와 나치에게 절호의 기회를 가져다주었다. 대공황으로 인해 독일 경제는 심각한 위기를 맞이하였다. 공장들이 문을 닫았고, 실업자가 600만 명에 육박하였으며, 특히 중소기업가, 봉급생활자, 지식인 등 중산층이 큰 타격을 받게 되었다. 노동자들의 생활 수준도 극히 저하되었다. 이러한 절망적인 상태에서 독일인들은 새로운 대안으로 극우의 나치당과 극좌의 공산당에 눈을 돌리게 되었다.

그리하여 1924년 선거에서 20석, 1928년 선거에서 12석을 차지하는 데 그쳤던 나치당은 1930년 9월에 실시된 총선거에서 총 577석 가운데 107석을 획득하여 공산당에 이어 제2당으로 급부상하였다.

당시 독일 중산층은 자본가와 대립하는 동시에 공산주의에 대해서도 반

힌덴부르크와 히틀러

감을 가지고 있었기 때문에 나치당을 지지하였다. 공산주의 세력의 증대를 두려워하고 있던 독일의 자본가와 군인들도 나치를 지지하였다. 그리고 바이마르공화국 정부의 굴욕적인 외교정책에 비판적이었던 국수주의자들과 일반 국민들의 지지도 차츰 증대하였다. 또한 나치의 반유대주의는 독일의 모든 계급과 당파를 한데 묶을 수 있는 좋은 무기가 되었다.

1930년 가을 이후 히틀러의 대중적 인기와 연설에 힘입어 나치의 당세는 크게 신장되었다. 1932년 7월 실시된 총선거에서 나치당은 총 608석 중 230석을 차지하여 제1당이 되었다. 1933년 1월 30일 히틀러는 드디어 힌덴부르크 대통령으로부터 조각을 의뢰받고 총리로 취임하였다.

권력을 장악한 히틀러는 자신의 기반을 확고히 하기 위해 곧바로 의회를

1933년 1월 히틀러가 수상이 되면서 조직된 내각

해산하고 새로운 선거를 실시하였다. 투표 일주일 전에 나치는 국회의사당에 불을 질렀다. 그런 후 그 방화가 공산주의자들의 소행이라고 책임을 전가하면서 공산주의자들을 대대적으로 체포하였다.

이를 계기로 비상사태가 선포되었고, 돌격대의 폭력과 테러가 난무하는 가운데 3월 5일 총선거가 실시되었다. 이 선거에서 나치당은 유권자의 44%의 지지를 얻어 288석을 획득하여 제1당이 되었다. 이어 히틀러는 공산당과 사회민주당을 불법화하고, 가톨릭중앙당의 활동을 금지하여 나치 일당독재 체제를 확립하였다.

1934년 1월 히틀러는 독일을 연방제 국가가 아닌 강력한 중앙집권적 국가로 만들었다. 그해 8월 2일 힌덴부르크 대통령이 사망하자 히틀러는 대통령제를 폐지하고 대통령과 총리를 겸하는 총통이 되어 유일한 독재자로 등장하였다.

돌격대의 숙청

권력 기반을 다진 히틀러는 방향을 바꾸어 나치 내부를 정리하는 일에 착수하였다. 나치당의 무장조직인 돌격대는 히틀러가 정권을 잡는 데 결정적인 역할을 하였다. 그러나 점차 세력이 커진 돌격대가 쿠데타를 일으켜 군부를 장악할지 모른다는 우려가 제기되었다. 이를 두려워한 정규군 장교들은 히틀러에게 돌격대를 숙청하도록 압력을 가하였다. 의리와 실리 사이에서 고민하던 히틀러는 마침내 군부의 요구를 받아들여 돌격대의 숙청을 지시하였다. 히틀러에게 군부의 협조는 권력 유지와 전쟁 준비에 절대적으로 필요하였기 때문이었다.

나치 체제의 성격

히틀러는 전시에 준하는 경제체제를 수립하여 권력을 더욱 강화하였다. 자급자족 정책의 확립, 실업자의 감소, 사회보장 정책의 실시, 신분제적 특권과 제도의 폐지, 중하계급 출신 청년들의 기용 등 혁신적인 정책을 수립하여 일반 대중들의 폭넓은 지지를 받았다. 히틀러가 나타나면 독일 국민은 열광하며 그를 환영하였다.

히틀러는 자신이 수립한 새로운 체제를 제3제국이라 명명하고, 독일 역사의 유기적 성장과 발전을 강조하였다. 그는 개인의 모든 생활과 사고를 민족과 국가의 이름으로 통제하려는 전체주의적인 정책을 폈다. 다시 말해서 그는 모든 개인을 민족과 국가라는 전체 속에 예속시키려 하였다.

히틀러 통치하에서 철저한 국가통제가 이루어졌다. 앞으로 있을 침략전쟁에 준비하기 위해 식량의 자급자족을 추진하였고, 독일군의 재무장을 위하여 군수공업을 집중 육성하였다. 그리고 산업발전을 위한 신속한 물자 수송을 위해 전국에 고속도로를 건설하였다. '아우토반(Autobahn)' 이라 불리는 고속도로망은 전쟁 시 비행기 활주로로도 사용할 수 있도록 설계되었다. 그는 또한 폭스바겐(국민 차)을 대량으로 생산하여, 이를 노동자들의 급료에서 공제하는 방식으로 판매하여 생산과 실업문제를 동시에 해결하려 하였다.

이러한 통제경제 하에서 독일의 산업은 급속하게 발전하였고, 실업자수 역시 크게 감소하였다. 히틀러가 집권한 수년 동안에 실업자는 700만 명에서 150만 명으로 줄어들었다. 그러나 이것은 실업자들을 공공사업과 군수공장에 동원하고 군대에 징집함으로써 가능했던 것이다.

나치의 권력 앞에서는 노동운동도 무력화되었다. 파업과 노동조합이 금지되었고, 노동자의 직업과 배치도 국가의 통제를 받았다. 노동자들은 노동수첩을 소지해야 하였고, 그것을 통해 통제를 받았다. 직업이나 직장조차 마음대로 바꿀 수 없었다. 이처럼 나치 정부는 노동자와 국민에게 '채찍'을 가함과 동시에 불만을 누르기 위하여 '당근'도 주었다. 근로 의욕을 고취하기 위하여 국민들에게 적은 비용으로 휴양, 관광, 여행, 오락의 기회를 누리도록 해주었던 것이다.

사기업 역시 국가의 통제를 받았다. 당시 독일의 기업들은 카르텔 형태로 독점기업을 형성하고 있었고, 기업의 책임자가 정부 요직을 차지하고 있는 경우가 많았다. 그래서 국가는 어렵지 않게 개인의 기업 활동을 전체적으로 통제할 수 있었다. 국가는 수출입의 조정, 기업의 사업 확장, 물가의 안정, 가격의 결정, 원자재의 배분과 같은 기업 업무를 통제하였다.

노동수첩

종교와 문화생활도 국가에 의해 통제되었다. 그리하여 교회, 특히 가톨릭 교회는 나치의 국가주의, 인종주의에 대해 전혀 언급하지 않은 채 정부에 순응하였으며, 유대인 대학살에 대해서도 침묵을 지켰다. 언론인, 학자, 예술가 등을 포함한 지식인들 또한 나치 정권의 정책을 지지하는 전위대 역할을 하였다.

히틀러와 나치 정권은 인종주의를 내세워 열등 인종을 없애거나, 그들의 영토를 빼앗아 독일인의 생활공간으로 만들 것을 주장하였다. 주요 대상은 유대인이었다. 히틀러는 유대인이 인종적으로 무가치하고 반국가적이라며

나치당 대회의 히틀러

독일인들의 반유대인 감정을 부채질하였다.

히틀러는 1933년 4월 공무원법을 제정하여 유대인을 공직에서 추방하였고, 독일인과 유대인의 혼인을 금지하였다. 유대인들은 교육기관, 은행, 병원 등에서 근무할 수도 없었고, 저술 활동이나 연극 상연, 음악회 개최 등의 모든 활동이 금지되었다. 또한 유대인은 식별이 가능하게끔 특별한 이름을 가지고 황색별을 박은 완장을 차도록 강요하였다. 외국으로 이주는 할 수 있었지만 그 대신 재산을 모두 남겨두고 이주해야 한다는 조건이 따랐다.

유대인 박해는 1939년 이후부터 두드러지기 시작하였다. 나치 돌격대와 친위대는 유대인의 교회당이나 집과 상점을 파괴하였다. 독일 내 유대인들은 사회로부터 격리되어 '게토'라고 불리는 집단거주지로 옮겨졌다. 제2차 세계대전이 일어나자 유대인들은 강제수용소에 집단수용되었고, 인종말살 정책에 따라 유럽 곳곳에 산재한 수용소의 가스실 등에서 집단처형되었다. 이때 처형된 유대인이 600만 명에 이르는 것으로 추산되고 있다.

나치 정권은 전쟁을 독일 민족의 인종적 활력을 유지하기 위한 시험장으로 보았으며, 다른 인종과의 투쟁은 역사적으로 피할 수 없는 과정이라고 보았다. 히틀러는 "인류는 끊임없는 전쟁을 통해서만 진화할 수 있으며, 항구적 평화 속에서는 쇠퇴할 것"이라고 주장하였다. 나치의 인종주의 이론은 지배 민족으로서 독일인의 영토 팽창주의를 정당화하였고, 그러한 편협한 인종주의는 결국 인종이나 민족 간의 전쟁을 불러왔다. 당시 대다수의 독일인들은 공포를 느끼고는 있었지만, 생활 수준의 향상과 안정, 그리고 영토 팽창과 이에 따른 민족적 긍지의 회복에 만족하여 히틀러를 환호하였다. 그러나 그들은 이것이 바로 앞으로 다가올 독일과 그들 자신의 파국 및 세계적 비극의 전조가 될 것임을 미처 깨닫지 못하였다.

위_ 히틀러가 열광하는 농민들에게 둘러싸여 있다.
아래_ 유대인들이 거주제한 법령으로 강제 이주하는 장면

나치의 유대인 탄압과 학살

특정 인종에 대한 대량학살이 극명하게 나타난 곳은 히틀러 치하에서의 독일이었다. 독일은 다른 국가들이 '인종간의 동화'를 부분적으로 인정하는 것과는 달리 오로지 독일 민족의 배타적 우월성만을 내세웠다. 금발과 파란 눈, 그리고 독특한 두개골 모양을 가진 독일 민족의 혈통과 육체적인 우수성은 보호되어야 하며, 독일

유대인 대학살. 널부러진 시체더미가 홀로코스트의 참상을 말해준다.

은 게르만족만의 민족공동체로 재창조되어야 한다고 주장하였다. 이를 위해 히틀러는 독일인들의 '생활공간'을 확보하기 위하여 러시아를 비롯한 동유럽의 하등 민족(슬라브 민족)을 희생으로 하는 영토 확장을 꾀하였다. 이것이 이른바 '게르만 민족주의'의 요체였다.

이를 위해 히틀러는 2차대전이라는 엄청난 재난을 일으켰으며, 광신적인 유대인 말살정책을 추진하였다. 나치들은 좀더 많은 사람들을 보다 신속하고 효율적으로 죽일 수 있는 방법을 고안해냈다. 소위 '살인 공장'이라 불리는 아우슈비츠를 비롯해 유럽 곳곳에 강제수용소를 설치하여 유대인과 집시들, 그리고 공산주의자들을 집단으로 수용하고, 매일 처형자들을 골라내 가스실에서 학살하였다. 강제수용소에서 끊임없이 쏟아져 나오는 사체를 처리하기 위하여 대규모 화장시설이 쉴새 없이 가동되었다. 이리하여 가스실과 강제수용소에서의 굶주림, 질병, 고문 등으로 죽어간 유대인이 모두 300만 명에 이르며, 독일 점령지역의 전체 유대인 사망자 수는 600만 명에 헤아린다.

인종차별의 희생자는 유대인에게만 국한된 것이 아니었다. 나치는 슬라브족에 대해 '겉으로는 인간과 비슷한 모습을 하고 있으나, 실제로는 짐승보다 못한 쓰레기 같은 존재'라 여겨 탄압하였다. 히틀러는 또한 독일 혈통의 순수성을 보존하기 위하여 수천 명의 장교와 선발된 순수혈통의 독일 여성들에게 결혼을 강요하였다.

임신된 여성은 국가시설에 의하여 수용, 보호되었으며, 태어난 아이들은 최우량 인종의 전위부대로 국가에 의해 관리되기도 하였다.

유대인 수용소의 한 장면

#22 제2차 세계대전과 얄타 체제의 성립

독일, 이탈리아, 일본의 전체주의 국가와 영국, 프랑스, 미국 등 연합국이라는 양대 세력이 충돌한 제2차 세계대전은 인류 역사상 최대, 최악의 전쟁이었다. 전쟁 과정에서 신무기의 발달과 함께 무자비한 학살이 자행되어 약 6,500만 명이 사망하는 결과를 낳았다. 대전의 종식은 20세기 역사에 새로운 장을 열었다. 무엇보다 두드러진 것은 미국의 국제적 위상이 강화되어 이후 국제사회에서 커다란 발언권을 행사하게 된 것이다. 또한 소련의 세력이 동유럽 여러 국가까지 뻗치는 결과를 낳았고, 중국에서는 공산당 정권이 수립되었다. 1946년 처칠은 소련과 동유럽을 '철의 장막'에 비유함으로써 동서 양 진영의 대립이 시작되었음을 알렸다.

독일, 이탈리아, 일본의 동맹관계 구축

정권을 잡은 히틀러는 당초 주장했던 대로 베르사유 체제를 파기하는 길로 나아갔다. 군축회의가 독일에 부당한 조치를 취하는 데 불만을 품은 히틀러는 먼저 1933년 군축회의를 탈퇴한 후, 이어 국제연맹에서도 탈퇴하였다. 1935년 3월 히틀러는 베르사유 조약의 군비 조항을 폐기한다고 선언하였다. 이후 독일은 징병제를 실시하고 군비 확장에 나서 기계화된 정예부대와 공군을 빠르게 보강하였다.

또한 히틀러는 1925년의 로카르노 조약을 폐기하였다. 곧이어 라인란트 비무장 지대를 점령함으로써 실지 회복은 물론, 제3제국(제1국은 신성로마제국, 제2제국은 비스마르크의 통일독일, 제3국은 나치 치하의 독일제국을 말함) 건설이란 야망을 갖고 주변 국가에 대한 침략 행위를 서슴지 않았다. 독일의 라인란트 진주는 베르사유 체제를 완전히 붕괴해 유럽의 국제 정치질서를 혼돈

로카르노 조약
1925년 영국, 프랑스, 독일, 벨기에 등 7개국 대표가 베르사유 조약의 이행과 국재분쟁의 평화적 해결에 합의한 상호보장 조약이다. 이 조약은 소위 라인란트 규약이라 하여 독일, 프랑스, 벨기에가 서로 접한 국경지대인 라인란트를 비무장 지대로 설정할 것을 합의하였다.

의 상태로 만들었다.

이탈리아도 기존의 국제질서를 파괴하는 방향으로 나아갔다. 무솔리니는 뒤늦게나마 해외 식민지 제국을 건설하기 위해 1935년 아프리카의 에티오피아를 침략하였다. 이탈리아군은 완강히 저항하는 원주민에게 독가스를 사용함으로써 에티오피아를 합병하는 데 성공하였다. 유럽 각국은 국제연맹의 경제적 제재를 통하여 아탈리아의 침략 행위를 저지하려 하였다. 그러나 독일은 이탈리아에 동정적인 태도를 취하였고, 이어 발생한 스페인 내전을 계기로 두 국가의 협력 체제는 더욱 강화되었다.

독일과 이탈리아는 에티오피아 문제와 스페인 내란, 그리고 공산주의(좌파) 반대라는 공통의 입장을 취하였다. 여기에다 전체주의 체제가 표방하는 이데올로기의 유사성을 기반으로 하여, 국제 문제에도 상호협력 체제를 더욱 강화해나갔다. 이른바 로마 - 베를린 추축(Axis)이 형성된 것이다.

한편 일본의 경우, 제1차 세계대전에 연합국의 일원으로 참전하여 승리함으로써 국력이 증강되고 국제적 지위도 향상되었다. 그러나 세계 대공황의 여파로 국내에 공산주의 혁명의 기운이 확대되자 심각한 위기에 직면하게 되었다. 이에 지배층, 특히 군부를 중심으로 전체주의 체제를 강화하는 한편, 대외적인 무력진출로 국내외의 위기를 타개하려고 하였다.

그리하여 일본은 1931년 9월 만주사변을 일으켜 괴뢰국가 만주국을 세웠다. 국제연맹이 일본의 만주 침략을 비난하고 만주국의 국제적 승인을 거부하자, 일본은 국제연맹을 탈퇴하고 말았다. 이런 과정에서 1936년 11월에 독일과 일본은 1936년 11월 방공협정을 체결하였고, 이듬해엔 이탈리아가 이 협정에 참가함으로써 로마 - 베를린 - 도쿄 추축이 만들어졌다. 이로써 동서양 전체주의 침략 국가들의 동맹 관계가 구축되어 세계평화는 크게 위협받게 되었다.

스페인 내전

1931년 스페인에서는 혁명이 일어나 부르봉 왕조가 타도되고 공화정이 수립되었다. 그러나 곧 공화국 정부를 지키려는 좌파(사회주의자, 공산주의자, 무정부주의자)와 공화정 정부를 무너뜨리려는 우파(가톨릭교도, 군국주의자, 보수주의자) 간의 내전이 발생하였다. 여기에 외세까지 개입하여 더욱 복잡하게 진행되었다. 독일과 이탈리아는 무기를 제공하고 병력을 파견하여 반란군을 지원하였다. 소련은 의용군 형태의 지원군을 파견하여 좌파 정부군을 도왔다. 영국과 프랑스는 공식적으로 중립적인 태도를 보였지만, 서방의 좌파 지식인들은 의용군을 결성하여 좌파 정부군을 도왔다. 결국 프란시스코 프랑코 장군이 이끄는 우파 반란군의 승리로 좌파 공화국 정부는 붕괴되고 말았다. 헤밍웨이는 스페인 내전에 의용군으로 참전한 경험을 소설 『누구를 위하여 종은 울리나』에 담아 발표하였다.

슈데텐 위기를 평화적으로 해결하기 위해 영국 총리 체임벌린은 두 차례 히틀러를 만났으나, 히틀러는 슈데텐 양도만 거듭 주장하였다.

슈데텐 사건

체코슬로바키아의 슈데텐 지방에는 350만 명의 독일인들이 거주하였고, 이들 가운데는 독일과의 합병을 주장하는 민족주의자들이 많았다. 이들은 독일에서 나치 정부가 일어나자 이에 고무되어 체코슬로바키아 정부에 자치를 요구하였다. 히틀러는 민족자결주의를 내세워 이들을 선동하고, 이를 기회로 슈데텐 지방을 독일에 양도할 것을 요구하였던 것이다.

제2차 세계대전의 발발

독일은 대독일주의를 제창하면서 오스트리아 합병을 시도하였다. 베르사유 조약과 생제르맹 조약에서 독일은 오스트리아와 체코슬로바키아를 영구히 합병할 수 없도록 규정하였다. 그러나 독일은 1938년 오스트리아 내의 나치 당원을 동원해 수상을 암살한 후 무력으로 오스트리아를 합병하였다.

히틀러의 다음 목표는 체코슬로바키아였다. 비스마르크가 "보헤미아를 지배하는 자는 유럽을 지배한다"고 말한 중부 유럽의 중심 체코슬로바키아는 군사적으로도 중요한 요충지였다. 히틀러는 350만 명의 독일계 주민이 거주하고 있는 슈데텐 지방을 독일에 양도할 것을 체코슬로바키아 정부에 강력히 요구하였다. 프랑스, 소련과 상호원조 조약을 맺고 있던 체코슬로바키아가 독일의 요구를 거절하자 유럽의 국제관계는 긴장 속으로 빠져들었다.

영국과 프랑스는 한때 군대를 동원하기도 하였지만, 무솔리니의 중재로 영국, 독일, 프랑스, 이탈리아가 참가하는 뮌헨 회담이 열렸다. 회담에서 영국 수상 체임벌린은 유화정책을 펴 독일의 요구를 수락하여 슈데텐 지방을 넘기는 대신 새로 책정된 국경선을 준수하겠다는 약속을 받아냈다. 이로써 유럽에서의 전쟁위기를 일단 넘긴 것처럼 보였다. 그러나 영국과 프랑스의 히틀러에 대한 유화정책이 오히려 나치의 침략주의를 정당화시키는 결과를 가져왔다. 1939년 3월 히틀러는 뮌헨 협정을 파기하고 아무런 저항도 받지 않은 채 체코슬로바키아를 송두리째 집어삼키고 말았다.

오스트리아와 체코슬로바키아 합병을 끝낸 히틀러의 다음 목표는 폴란드였다. 히틀러는 단치히(베르사유 조약에 의해 폴란드의 자유시가 된 구 독일령)와 그곳에 이르는 도로인 '폴란드 회랑(corridor)' 의 할양을 폴란드에 요구하였다. 히틀러는 단치히에 독일인이 많이 거주하고 있다는 근거에서 이번에도 민족자결주의를 내세웠다.

폴란드에 대한 독일의 공격이 임박한 것을 인식한 영국과 프랑스는 폴란드는 물론, 루마니아, 그리스, 터키와 상호 군사원조 조약을 체결하였다. 그리고 더 나아가 영국과 프랑스는 소련을 끌어들여 군사동맹 체제를 구축하려 하였다. 영국과 프랑스는 독일에 대항하기 위하여 소련의 지원이 절실했지만, 스탈린은 협조적이 아니었다. 뮌헨 회담에 초대받지 못한 소련은 독일에 대한 영국과 프랑스의 유화적인 태도로 인해 히틀러가 공격의 방향을 소련으로 바꿀지도 모른다고 생각하였다. 결국 동맹은 성립되지 못하였다.

이 틈을 독일이 파고들었다. 히틀러는 외무장관을 스탈린에게 보내 독소 불가침조약을 비밀리에 체결하였던 것이다. 전 세계는 경악하였다. 공산주의와는 결코 어떠한 협상도 할 수 없다고 주장하던 히틀러가 공산주의 국가인 소련과 손을 잡았기 때문이다. 이것은 국가적 이익만이 존재한다는 국제 관계의 냉혹한 현실을 보여주는 사례였다.

독소 불가침조약
이것은 모스크바에서 독일과 소련의 외무장관 사이에 체결된 조약이다. 상호불가침 규정 이외에도 양국이 제3국으로부터 침략을 받았을 경우 서로 중립을 지키며, 양국 간의 분쟁이 발생하였을 경우에도 평화적으로 처리한다는 내용을 담고 있다. 이 조약에는 또한 양국이 폴란드를 분할한다는 비밀협정이 들어 있었다.

유럽전선의 전황

독소 불가침조약으로 소련과의 관계를 안정시킨 독일은 1939년 9월 1일 전격적으로 폴란드 침공을 개시하였다. 최신 무기를 자랑하는 독일군은 기계화 부대와 항공기를 앞세워 공격 2주 만에 폴란드를 손아귀에 넣었다. 공격의 속도가 너무 빨라 폴란드는 손을 쓸 틈조차 없이 당하기만 하였다. 소위 독일의 '전격 작전' 이 성공을 거둔 것이다.

소련군도 동쪽으로부터 폴란드를 공격하였다. 독일군이 폴란드 영토를 전부 점령할 경우, 소련은 중립을 지킨 대가를 받을 수 없었기 때문이었다. 소련은 더 나아가 발트 연안의 에스토니아, 라트비아, 리투아니아 3국을 점령하고, 핀란드에도 공격을 개시하였다.

독일군은 5월에 네덜란드와 벨기에를 침공하였다. 이로 인해 제1차 세계대전 이후 지속되어온 벨기에의 중립이 침해를 받게 되었다. 독일군은 이어 프랑스의 주요 방어선인 마지 노선을 피해 도버 해협 방향으로 진격하였다. 그 결과 30만 명에 이르는 영국군과 프랑스군의 일부가 덩커스 해안에 고립되었다. 이들은 폭풍우와 영국 선박의 총동원령으로 인해 영국으로 무사히 철수할 수 있었다.

프랑스 북부지역을 장악한 독일은 남쪽으로 이동하여 파리로 진격해 들어갔다. 프랑스군은 속수무책이었다. 프랑스가 맥없이 무너진 것은 좌익과 우익 사이의 오랜 분열로 전쟁이 나기도 전에 이미 패배감에 젖어 있었기 때문이다. 독일과 휴전조약을 맺은 프랑스에서는 제1차 세계대전의 영웅이었던 앙리 패탱을 대통령으로 하는 친독일 괴뢰정부가 수립되었다. 이것이 바로 '비시(Vichy) 정부' 였다. 파리 함락 직전에 영국으로 탈출한 샤를르 드골 장군은 '자유 프랑스' 로 불리는 망명정부를 수립하여 항전을 계속하였으며, 프랑스 내에서도 독일군에 대항하는 지하운동, 즉 레지스탕스가 전개되었다.

2차 세계대전 당시 연합국, 동맹국, 중립국을 표시한 지도

대륙을 석권한 히틀러에게 남은 것은 오로지 영국뿐이었다. 독일은 영국 본토의 상륙을 전제로 영국의 전력을 약화시키기 위하여 연이어 공습을 감행하였다.

그러나 영국인들은 처칠의 지도하에 단결하여 저항을 계속하였고, 정확한 레이더망을 갖춘 영국 공군은 독일군의 공습을 성공적으로 방어하였다. 마침내 독일은 2,000대가 훨씬 넘는 비행기를 잃고서 영국 본토에 대한 공격을 중지할 수밖에 없었다.

히틀러는 영국 본토 상륙작전이 어렵게 되자 발칸 반도를 공격하기 시작하였다. 10월 루마니아를 점령하고, 이듬해 3월에는 불가리아, 4월에는 유고슬라비아와 그리스를 점령하였다. 발칸 지역을 석권한 후 독일은 1941년 6월 22일 마침내 소련을 공격하였다.

독일군의 소련에 대한 전격작전은 초기에는 크게 성공을 거두었다. 9월에는 레닌그라드와 모스크바에 육박하였고, 10월에는 우크라이나를 점령하였다. 그러나 이러한 독일군의 진격은 광대한 영토를 가진 소련에 치명적인 타격을 가하지 못하였고, 겨울이 다가오자 소련 특유의 '동장군'을 만나 오히려 수세에 몰리게 되었다.

모스크바로부터 불과 32km 전방까지 진격하던 독일군이 추위로 소련군에 대패함으로써 히틀러는 과거 나폴레옹의 전철을 밟게 되었다. 1943년 2월 독일군은 결국 항복하고 말았다. 소련군이 승리하게 된 데는 유고슬라비아의 공산주의자 티토의 빨치산 부대가 독일군의 보급로를 공격하여 보급에 차질을 주었기 때문이기도 하였다. 이 전투에서 독일군의 패배는 제2차 세계대전에서 연합국이 승리하게 된 결정적인 계기가 되었다.

독일을 항복하게 만든 최후의 대공세는 1944년 6월 연합국이 실시한 노르망디 상륙작전이었다. 그 전까지 미군과 영국군은 공군과 해군에 의존하여 독일과 전쟁을 수행하고 있었다. 이제 대규모 지상군의 투입을 통해 독일의 점령지역을 회복하는 작전이 펼쳐지게 된 것이다. 아이젠하워 장군의 지휘 하에 연합군은 프랑스 서해안의 노르망디에 상륙하였다. 상륙지점은 독일의 예상과는 크게 벗어난 곳이었기 때문에 독일군의 저항은 미약하였

노르망디 상륙작전
연합군은 공군의 엄호하에 4,000척의 선박, 7,000척의 전함을 이용하여 프랑스의 노르망디에 32만 병력, 2만 대의 차량을 상륙시켜 제2전선을 구축하였다. 프랑스에서는 시민들이 독일군에 대한 저항운동(레지스탕스)을 전개하였다. 1944년 8월 파리가 해방되었고, 동서 양 전선으로부터 공격을 받은 독일은 갑자기 수세에 몰린 상황이 되었다.

다. 이로 인해 연합군은 큰 희생 없이 대규모 병력을 유럽 대륙에 상륙시킬 수 있었다. 드디어 제2전선이 구축된 것이다.

서부전선에서의 교두보를 마련한 연합군은 동쪽으로 진격하여 작전 2달 만에 파리를 탈환하였고, 1945년 3월에는 독일의 국경선을 넘어 베를린으로 진격해 들어갔다. 이 과정에서 연합군은 유대인들을 처형하기 위해 독가스를 설치했던 아우슈비츠와 같은 나치의 악명 높은 강제수용소도 해방시켰다. 한편 동부전선에서는 소련군이 독일군을 맹공격하여 1944년 5월 자국의 영토 내에서 독일군을 완전히 몰아내고, 7월에는 핀란드, 폴란드, 루마니아, 불가리아, 체코슬로바키아, 헝가리 등 동유럽을 장악하였다.

마침내 1945년 5월 베를린이 함락되면서 히틀러는 자살을 하였고, 독일은 연합군에 무조건 항복을 선언하였다. 그러나 전쟁을 끝내기 위해서는 태평양전선에서 일본군의 항복을 기다려야 했다.

태평양전쟁과 일본의 항복

유럽에서 전쟁이 발발하자 영국과 프랑스는 온힘을 다해 독일에 저항했고, 미국 역시 유럽의 전쟁에 관심을 집중시키고 있었다. 이런 상황에서, 일본은 태평양에서 패권을 확립할 절호의 기회를 엿보고 있었다. 특히 1931년 만주사변으로 만주를 침략하고 1937년 중일전쟁을 일으켜 중국 본토까지 넘보고 있었다.

처음 유럽에서 전쟁이 발발했을 때 일본은 불개입을 선언하였다. 그러나 1940년 6월 프랑스가 독일에 항복하여 영국이 홀로 독일에 대항하게 되자, 9월에 전체주의 국가 간의 군사협력을 위해 독일, 이탈리아와 함께 3국 군사동맹을 결성하였다. 이 시기에 일본은 동남아시아로의 진출을 본격화하여 프랑스령 인도차이나를 완전히 점령하고, 동아시아 전체를 일본의 세력권으로 만들겠다는 소위 '대동아 공영권'을 제창하였다.

이러한 일본의 세력 확장에 동남아시아 각지에 식민지를 보유하고 있던 미국, 영국, 네덜란드 등이 즉각 반발하였다. 특히 미국은 일본에 대한 석유와 철강 수출을 금지하고, 일본 상품의 수입을 거부하며, 미국 내 일본 자산을 동결시키는 등의 조치를 취하여 일본 경제를 심각한 파국으로 몰아넣었다.

1941년 가을, 일본은 석유 비축량이 급격히 줄어들자 필사적으로 석유 공급원을 찾지 않을 수 없었다. 이러한 가운데 미일 관계는 극도로 악화되었다. 마침내 일본 정부는 12월 1일 미국과의 전쟁을 결의하였다. 그러면서 미국의 경계를 늦추려는 의도로 미국과 협상을 계속하게끔 미국에 있는 일본 협상 대표들에게 지시하였다.

1941년 12월 7일 새벽, 일본은 진주만에 기습공격을 감행하였다. 이 공격으로 진주만에 정박하고 있던 미국의 태평양 함대는 큰 손실을 입게 되었다. 항공기들도 대부분 파괴되었으며 약 2,500명의 미군 장병이 희생되었다. 일본의 진주만 공격 직후 미국 의회는 일본에 선전포고를 하였다. 곧이어 독일과 이탈리아가 미국에 선전포고를 하였고, 미국 의회도 독일과 이탈리아에 선전을 포고하였다. 이로써 유럽에서 발생한 전쟁은 태평양 지역으로 확대되었으며, 그동안 중립을 지키던 미국도 연합국의 일원으로 참전하게 되었다.

태평양전쟁 초기 일본은 승리를 거듭

대동아 공영권
대동아 공영권의 명분은 아시아에서 백인의 식민지를 몰아내고, 일본을 맹주로 하는 '공영권'을 만든다는 것이었다. 그러나 실질적으로는 동남아시아를 식민지로 만들겠다는 제국주의적인 발상이었다.

미국의 참전
대서양 건너편의 세계 최강국인 미국은 유럽의 분쟁에 개입하지 않는다는 고립주의 원칙을 고수하였다. 그러나 히틀러가 프랑스를 점령한 상태에서 영국마저 굴복할 경우 세계평화가 무너질 것을 두려워하였다. 미국은 독일과 이탈리아에 반대하는 국내 여론이 높아짐에 따라 어떤 형태든 연합국을 지원해야 한다는 생각을 가지게 되었다. 그리하여 미국은 1941년 3월 무기대여법을 제정하여 연합국에 전쟁물자를 제공하였다. 이러한 미국의 행위는 히틀러를 자극하기에 충분한 것이었으나, 그는 미국과의 정면대결을 가능하면 피하려고 하였다. 하지만 1941년 12월 8일 동맹국의 일원인 일본이 진주만을 기습공격하자 미국은 즉각 일본에 대한 선전포고를 발표하였고, 12월 11일에는 독일과 이탈리아에 대해서도 선전포고를 하고 전쟁에 개입하였다.

일본의 하와이 진주만 공격으로 미국 해군 전함이 화염에 뒤덮인 모습

해 미국의 전초기지였던 괌과 필리핀을 점령하였고, 싱가포르, 태국, 말레이 반도, 미얀마 등지를 점령하였다. 점령지에서는 일본군을 해방군으로 환영하기도 하였으나, 점차 군정 당국의 잔학 행위가 거듭되면서 일본에 대한 반감과 저항운동이 확산되었다.

1942년 여름부터 전세는 서서히 전환기를 맞이하였다. 먼저 1942년 5월 미군은 남태평양의 산호해 해전에서 일본 해군의 진격을 저지하였다. 그리고 6월에 있었던 미드웨이 해전에서 일본군 작전계획을 암호해독으로 미리 입수한 미군은 일본을 대파하여 일대 전환점을 마련하였다. 이 해전에서 일본은 항공모함 4척을 잃고 미국은 1척을 잃었다.

이어 미국은 남태평양의 과달카날 전투에서 승리를 거두었다. 제공권을 완전히 상실한 일본은 연일 미군기의 공습에 시달렸다. 1945년 4월 미군은

원자폭탄 투하

미국은 전쟁을 신속히 끝내어 미군의 손실을 줄이기 위해 일본의 히로시마와 나가사키에 원자폭탄을 투하하였다. 히로시마에서는 7~8만 명이 사망하고 도시의 80%가 파괴되었다. 당시 히로시마 인구가 26만 명이었는데, 6만 명이 투하 직후 곧바로 즉사하였다. 결과는 실로 처참한 것이었다. 방사능에 의해 살이 벗겨졌고, 내장이 녹아 내렸으며, 5㎞ 범위에서 섬광을 본 사람들은 모두 눈에 화상을 입고 실명하였다. 나가사키에서는 적어도 3만 명이 목숨을 잃었다. 현재까지도 많은 사람들이 후유증으로 고통을 받고 있다.

미군 당국이 공개한 히로시마 원폭 투하 1시간 후 버섯구름의 모습

오키나와에 상륙하였고, 일본 본토에 대한 공습으로 일본의 주요 도시들은 거의 초토화되었다. 그러나 일본이 항복하지 않고 최후의 항전을 계속하기로 하자, 미국은 최후의 수단으로 1945년 8월 히로시마와 나가사키에 원자폭탄을 투하하였다. 마침내 일본이 연합군에 무조건 항복을 선언함으로써 제2차 세계대전은 그 대단원의 막을 내리게 되었다.

전후 평화 회담과 국제연합

제2차 세계대전 전까지는 전쟁의 종결과 더불어 강화회의가 개최되는 것이 관례였다. 그러나 제2차 세계대전 후에는 모든 문제를 통합적으로 논의하는 강화회담이 열리는 대신, 전쟁 중에 연합국 대표들이 여러 차례 만나 합의한 것에 기초하여 평화안이 마련되었다.

최초의 회담은 1941년 8월 대서양 해상의 영국 전함에서 미국의 루스벨트와 영국의 처칠 사이에 이루어졌다. 여기서 전후의 평화수립 원칙을 밝힌 대서양 헌장이 발표되었다. 대서양 헌장은 각국 주민의 자유로운 의사에 일치하지 않는 영토 변경의 불인정, 각국 국민들의 결정에 의해 국가 정치체제를 선택할 수 있는 권리 보장, 세계의 통상과 자원에 대한 기회균등, 노동조건과 사회보장을 위한 국제적 협력, 모든 나라 국민의 생활수단 확보와 공포와 결핍으로부터의 자유, 침략국의 무장해제와 군비 축소를 통한 항구적인 안전보장 확립 등 8개항의 내용을 담고 있었다. 그리고 이 헌장을 기초로 하여 국제기구를 창설할 것을 합의하였다.

그 후 전세가 연합국에 유리하게 전개되면서 연합국들은 전후 문제를 보다 구체적으로 논의할 필요성을 느끼게 되었다. 그리하여 1943년 11월 22일 미국, 영국, 중국 등 3국 정상들은 이집트의 카이로에서 정상회담을 갖고 전후의 아시아 문제를 논의하였다. 카이로 회담에서는 일본이 중국으로부터 탈취한 영토를 중국에 반환할 것과 한국은 '적당한 절차를 거쳐서' 독립될 것이라고 밝혔다.

전후 평화수립에 있어서 가장 중요한 회담은 얄타 회담이었다. 독일의 패배가 거의 확실한 1945년 2월에 루스벨트, 처칠, 스탈린은 소련의 크리미아 반도의 휴양지 얄타에서 비밀 정상회담을 갖고 전후 문제를 논의하였다. 회담 장소가 소련의 영토였다는 사실만으로도 전후 문제의 처리에 있어서 소련의 영향력이 커질 것이 분명하였다. 여기서 폴란드와 동유럽 문제, 독일 문제, 국제연합 창설 등에 관한 문제들이 논의되었다.

처칠과 스탈린은 폴란드를 포함한 동유럽 문제를 처리하면서 크게 충돌하였다. 소련은 이미 동유럽 지역을 점령한 상태였다. 따라서 얄타에서는 앞으로 자유로운 선거를 통해 민주적인 정부를 구성한다는 원칙에만 합의

전범 재판
포츠담 회담의 합의에 의해 1945년 뉘른베르크와 도쿄에서 독일의 나치와 일본의 군국주의자들에 대한 국제재판이 열렸다. 여기서 독일인 12명과 일본인 7명이 전범으로 처형되었다. 이것은 인류에 대한 범죄를 다룬 최초의 재판이었다.

얄타 회담
얄타 회담에서는 소련의 대일참전에 관한 비밀협정도 체결되었다. 소련은 독일 항복 후 3개월 이내에 대일전에 참가하는 대가로 사할린, 치시마 열도를 획득하고, 일본의 보유지 처리와 관련하여 다렌 항의 국제화, 소련의 뤼순 조차권 회복, 만주철도의 중소 공동운영 등의 권익을 보장받았다. 1946년 이 협정 내용이 밝혀지자 미국에서는 대소 타협이라 하여 루스벨트를 향한 비난의 소리가 높았다.

우크라이나 얄타의 리바디아 궁전에서 열린 회담. 왼쪽부터 처칠, 루스벨트, 스탈린

하였을 뿐, 스탈린은 선거가 국제 감시 하에 치러져야 한다는 처칠의 주장에 반대하였다. 동유럽에 대한 소련의 지배권을 보장받고자 하는 의도가 있었던 것이다.

폴란드와 소련의 국경선 조정에 있어서는 소련이 폴란드 영토의 일부를 차지하는 대신, 폴란드는 독일 영토에서 보상받도록 하였다. 독일에 대해서는 무장해제와 함께 연합국이 상의하여 분할 통치하기로 결정하였으나, 이는 잠정적인 조치에 불과하였다.

국제연합(UN)의 창설을 가장 강력히 주장한 사람은 미국의 루스벨트였다. 루스벨트는 국가들이 집단 안전보장 체제를 받아들이고 국제기구의 테두리 안에서 행동할 때, 국제평화가 보장될 수 있다고 주장하였다. 1945년 6월 샌프란시스코회의에서 국제연합 헌장이 제정되었고, 같은 해 10월 51개국이 가입하여 국제연합이 정식으로 발족하였다.

국제연합의 주요 조직으로는 총회, 안전보장이사회, 경제사회이사회, 신탁통치이사회, 국제사법재판소 등이 있다. 이 가운데 안전보장이사회는 5개 상임이사국(미국, 영국, 프랑스, 중국, 소련)과 6개 비상임이사국(임기 2년으로 총회에서 선출되며, 1965년 이후에는 10개국으로 늘어났다)으로 구성되었다. 국제연합은 과거 국제연맹의 실패를 거울삼아 필요할 경우 군사적, 경제적 제제를 가할 수 있도록 하였으며, 상임이사국은 거부권을 행사할 수 있도록 하였다.

포츠당 회담에 모인 3국 수뇌. 앞줄 왼쪽부터 영국의 애틀리, 미국의 트루먼, 소련의 스탈린

1945년 6월에는 독일이 항복하였고, 2달 뒤 미국, 영국, 소련의 3국 대표들은 독일의 포츠담에서 다시 모였다. 이때 3국 대표들은 스탈린을 제외하고 모두 새로운 인물로 바뀌었다. 루스벨트의 사망으로 후임 대통령인 트루먼이 미

브렌튼우즈 체제
미국이 금 1온스(31.10그램)당 35달러로 금과 달러의 교환을 보증함으로써 달러가 국제 통화로 사용되었다. 각국은 달러에 대한 환율을 산정하여(예를들면 1달러=989원) 평가의 상하 1% 이내로 환율시세의 변동을 제한하도록 하였다. 달러가 세계 통화로 통용된 이유는 미국이 세계 금 보유량의 약 80%를 차지하였기 때문이었다. 따라서 브렌튼우즈 체제는 미국의 경제력에 크게 의존하는 체제였다.

국 대표로 참석하였고, 처칠이 선거에서 패배하여 노동당의 애틀리 수상이 영국 대표로 참석하였다. 이 회의에서 3국 대표들은 독일의 군비축소와 비무장, 나치 잔재의 청산, 전범 처벌과 같은 문제를 합의하였다.

한편, 경제적인 측면에서 국제협력기구의 창설이 논의되었다. 연합국 지도자들은 제2차 세계대전이 국가 간 경제 전쟁, 대공황과 그에 따른 경제 파탄에서 발생하였음에 인식을 같이하고, 전쟁 방지 수단으로서 국제경제의 재건을 매우 중요하게 생각하였다. 그리하여 1944년 7월에 연합국 28개 대표가 미국의 뉴햄프셔 주의 브렌튼우즈에서 회의를 가졌다.

1945년에는 후진국에 대한 장기융자를 위한 세계은행(IBRD)이 창설되었고, 1946년에는 국제수지 불균형을 바로잡고 국제무역을 개선할 목적으로 국제통화기금(IMF)이 창설되었다. 그리고 1947년에는 관세무역협정(GATT)이 체결되었다. 무역에 대한 장애물을 제거하고 관세율을 낮춤으로써 국제교역을 촉진하기 위해서였다. 그리고 이것은 얄타 체제와 함께 제2차 세계대전 이후의 세계를 유지하는 중요한 도구가 되었다.

제2차 세계대전의 의의

제2차 세계대전은 1945년 이후 세계사의 흐름에 커다란 영향을 미쳤다. 우선 미국과 소련이 전후 국제관계의 흐름을 결정짓는 초강대국으로 등장하였다. 이와는 대조적으로 전후 영국과 다른 서유럽 국가들의 국제적 영향력은 크게 약화되었으며, 그들의 과거 식민지에 대한 지배력이 무너져버렸다. 그리하여 제2차 세계대전은 급속한 탈식민화의 길을 열었을 뿐만 아니라, 인도차이나와 같은 지역에서의 민족해방 투쟁과 민족주의 혁명을 크게 자극하였다.

제2차 세계대전은 또한 히로시마와 나가사키의 원폭 투하에서 보듯이 핵무기 시대의 개막을 의미하였으며, 그 결과로 세계는 더욱 위험한 곳이 되었다. 제2차 세계대전은 또한 동유럽에서 공산권의 강화를 가져왔다. 전쟁 전에는 공산주의 블록이란 존재하지 않았고, 소련은 철저히 고립되어 있었다. 그러나 전후 동유럽 전 지역으로 공산주의 세력이 크게 팽창하여 소련의 영향력이 크게 증대되었다. 전후 미소 두 강대국의 등장으로 세계의 패권을 다투는 과정에서 자본주의(자유주의)와 사회주의의 대립이라는 새로운 냉전의 시대를 맞게 되었다.

#23 냉전 종식과 급변하는 세계

제2차 세계대전 이후, 세계는 미국과 소련의 치열한 이념적 대립으로 동서 냉전의 위기를 맞이하였다. 베를린 장벽의 설치, 쿠바 미사일 위기, 한국전쟁 등은 이런 냉전의 산물이었다. 그러나 1980년대 말 소련과 동유럽 국가에서 공산주의 체제가 붕괴되면서 냉전은 역사 속으로 사라져버렸다. 그리하여 민주주의에 기반을 둔 서구의 자본주의 체제가 활기를 되찾았다. 또한 세계는 점차 다변화되고, 아시아, 아프리카의 제3세계 국가의 국제적 발언권이 점차 강화되었다. 아울러 무한경쟁 시대를 맞아 세계 각국은 정치, 경제적 블록화를 추구하면서 새로운 국제질서를 모색중이다.

냉전과 미소 양극 체제

제2차 세계대전 후 초강대국으로 등장한 미국과 소련은 자본주의와 공산주의의 맹주로서 세력권을 확대하기 위해 세계 각지에서 대립하였다. 이러한 미소간의 긴장상태는 군사적 충돌이 없었기 때문에 '차가운 전쟁', 즉 냉전(Cold War)이라 부른다.

냉전 초기에는 자본주의 진영보다 공산주의 진영이 더 위협적이었다. 제2차 세계대전이 끝날 무렵, 소련은 이미 발칸 반도와 동부 독일을 점령한 상태였고, 이후 체코슬로바키아, 헝가리, 루마니아, 폴란드 등지에서 공산정권이 수립되었기 때문이다. 1946년 3월, 처칠은 미국을 방문하여 연설하던 중 "북쪽으로는 발트 해의 슈테틴에서 남쪽으로는 아드리아 해의 트리에스테까지 철의 장막이 쳐져 있다"고 언급하였다. '철의 장막'이란 공산주의의 폐쇄성을 풍자적으로 일컫는 말이었다.

이에 미국은 강력한 포위정책으로 맞섰다. 1947년, 미국의 트루먼 대통령은 국회 상, 하원에서 발표한 교서를 통해 그리스와 터키에 4억 달러의 원조금을 지원할 것을 요청하였다. 이 두 국가에 공산주의가 침투하는 것을 저지하기 위해서였다. 이것이 이른바 트루먼 독트린으로, 공산주의 세력이 유럽의 다른 지역으로 더 이상 확장되는 것을 차단하려는 일종의 봉쇄정책이었다.

같은 해 6월, 미국의 국무장관 마셜은 유럽부흥계획(마셜 플랜)을 발표했다. 이것은 공산주의 세력이 뿌리를 내릴 수 있는 빈곤한 유럽 국가들에 대한 경제적 지원을 주요 내용으로 하고 있다. 이에 따라 1948년부터 1952년까지 미국은 약 125억 달러를 서유럽에 지원하였다. 마셜 플랜은 서유럽 경제를 안정시키고 사회혼란과 혁명을 막아내는 데 커다란 기여를 하였다. 그러나 원조를 받은 나라는 미국의 세력권 안에 포함되었으며, 경제적으로도 미국의 상품과 자본의 수출시장이 되었다.

이러한 미국의 경제지원에 힘입어 1948년 서유럽 16개국(서독은 나중에 가입)

트루먼 독트린
트루먼이 1947년 의회에서 밝힌 전후 미국의 외교 원칙을 제시한 선언이다. 트루먼은 세계를 자유주의 진영과 전체주의(공산주의) 진영으로 나누고, 전체주의 세력에 대항하여 싸우는 모든 자유주의 국가들을 군사, 경제적으로 지원할 것을 밝혔다. 소련을 상대로 전면적인 '냉전'을 선포한 것이다.

위_ 전후 유럽의 경제 재건을 위한 마셜 플랜에 서명하는 트루먼 대통령
아래_ 벨기에 브뤼셀의 북대서양조약기구(NATO) 본부

위_ 베를린 장벽의 건설
아래_ 1963년 6월 연단 위에서 베를린 장벽을 바라보는 케네디 대통령

은 유럽경제협력기구(OECD)를 설립하여 자유주의와 자본주의 입장을 명확히 하였다. 이에 대해 소련과 동유럽은 코민포름(국제공산당정보국)을 설립하여 유럽 각국 공산당의 상호협조와 정보교환을 강화하였다. 여기에는 프랑스와 아탈리아의 공산당도 가입하였다. 이로써 코민포름은 각국 공산당의 활동을 지원, 조종하게 되었다.

이렇게 긴장이 고조되는 가운데 1949년 미국과 서유럽의 12개국 외상들은 워싱턴에서 북대서양조약기구(NATO)를 결성하였다. 그리고 나토의 회원국이 다른 국가로부터 공격을 받을 경우 집단 안전보장 체제를 가동하여 무력 대응에 나설 것을 결의하였다. 이것은 사실 공산주의 세력이 확장되는 것을 저지하기 위한 조치였다.

한편 아시아에서도 반공체제가 강화되어 태평양안전보장회의, 미일안전보장회의, 동남아시아조약기구 등이 결성되었다. 이에 대항하여 소련은 동유럽 국가들의 단결을 위하여 1955년 바르샤바 조약(동유럽 상호방위를 위한 군사동맹 조약)을 체결하는 한편, 중국과 우호관계를 체결하여 공산주의 세력의 단결을 강화하였다.

동서 진영의 대립과 긴장이 극명하게 나타난 것은 독일에서였다. 독일은 전후 미국, 영국, 프랑스, 소련에 의해 분할 점령되었다. 그러나 미국과 소련의 냉전이 시작되고 대립이 깊어지면서 독일의 분할은 피할 수 없는 현실이 되었다. 1949년 9월 서독에서 자본주의 국가인 독일연방공화국이 수립되고, 10월에는 동독에서 공산주의 국가인 독일인민공화국이 수립되었다. 이후 동독은 자국민이 서독으로 탈출하는 것을 막기 위하여 1961년 동서 베를린 경계에 장벽을 구축하였다. 이것이 베를린 장벽으로 1989년에 무너질 때까지 냉전의 상징물이 되었다.

아시아와 아프리카 국가들의 독립

제2차 세계대전 이후 서구 열강의 식민지였던 아시아와 아프리카의 여러 국가들은 민족해방 투쟁을 전개하여 속속 독립을 쟁취하였다. 영국 식민지였던 인도에서도 치열한 독립운동이 전개되었다. 그러나 힌두교도와 이슬람교도의 대립이 해소되지 않아, 1947년 국민의회파의 지도자 네루를 수상으로 하는 인도연맹과 무슬림 연맹의 진나를 총독으로 하는 파키스탄이 분리, 독립하였다. 또한 실론도 스리랑카로 이름을 바꾸어 1972년 공화국으로 독립하였다.

동남아시아에서는 네덜란드령 동인도 제도가 수카르노를 지도자로 독립

인도차이나 전쟁

위_ 프랑스에 대항한 알제리 민족해방 투쟁을 그린 영화 '알제리 전투'의 한 장면
아래_ 아프리카 통일기구의 정상회담 장면

전쟁을 전개하여 1949년 인도네시아연방공화국으로 독립하였다. 프랑스령 인도차이나에서는 호치민을 지도자로 한 민족해방 운동이 전개되어 1954년 베트남민주공화국이 성립하였다. 그러나 1946년부터 식민지를 부활하고자 하는 프랑스와 전쟁을 벌이게 되었다. 이것이 인도차이나 전쟁이다. 결국 프랑스의 항복으로 1954년 제네바 협정이 체결되어, 북위 17도선을 경계로 남베트남과 북베트남으로 분단되었다.

아프리카 국가들의 독립은 아랍 민족주의의 영향을 받은 회교도 국가인 북아프리카에서 시작되었다. 이탈리아 식민지였던 리비아가 1951년 국제연합의 승인으로 독립하였고, 1956년에는 프랑스령 튀니지와 모로코가 각각 독립을 이룩하였다. 프랑스령 알제리에서는 민족해방전선(FNL)이 8년간의 무장투쟁을 벌인 끝에 1962년 독립을 승인받았다.

이보다 앞서 1960년에는 아프리카에서 한꺼번에 17개의 신흥국이 탄생하였는데, 이 해를 '아프리카의 해'라고 부른다. 1963년에는 아프리카 독립국 30개국 대표가 에티오피아에서 아프리카통일기구(OAU)를 결성하였다. 그리고 이를 통해 아프리카 국가들의 단결과 협력을 도모하고, 독립과 주권을 수호하기 위하여 식민주의에 투쟁할 것을 결의하였다. 1970년대에는 포르투갈 식민지였던 모잠비크와 앙골라 등이 독립하여 아프리카 전체 지역이 독립을 성취하게 되었다.

그러나 식민지 통치의 후유증은 쉽게 사라지지 않았다. 오랫동안 제국주의의 지배를 받아온 데다 복잡한 국가간, 부족간의 대립 때문에 아프리카에서는 오늘날까지도 내전과 분열이 지속되고 있다. 게다가 급격한 인구증가와 높은 문맹률, 그리고 자연재해까지 겹쳐 아프리카의 나라들은 여전히 가난과 고통 속에 살아가고 있다.

제3세력 중심의 비동맹주의

미국과 소련의 냉전체제가 양진영의 동맹국을 중심으로 한 군사적 대결로 흐르게 되자, 아시아와 아프리카 지역에서는 민족자립과 식민주의 청산을 주장하며 동서 양 진영에 속하지 않는 제3세력을 결성하여 이에 대항하려는 움직임이 전개되었다.

1955년 4월 열린 반둥 회의에서 인도네시아의 수카르노 대통령이 아시아 · 아프리카 신생독립국 정상들에게 반제국주의와 반식민지주의를 통한 단결을 호소하고 있다.

미국과 소련이 한국전쟁에 직접 개입하여 냉전이 또 다른 세계전쟁으로 비화될 가능성이 높아지자, 1953년 인도의 네루가 어떤 세력의 집단적인 결속에도 반대한 제3세력의 단결을 제창하였다. 1954년에는 인도의 델리에서 인도 수상 네루와 중국의 수상 겸 외상인 저우언라이(周恩來)가 공

평화 5원칙
1954년 네루와 저우언라이 양자회담에서 영토주권의 존중, 상호불가침, 내정불간섭, 평등호혜, 평화공존 등 5개의 평화 원칙이 제시되었다. 이것은 아시아-아프리카 회의에서 평화 10원칙으로 더욱 구체화 되었다.

평화 10원칙
인도의 네루와 중국의 저우언라이가 제사한 평화 5원칙을 확대한 것으로, 국제분쟁의 평화적인 해결, 지역 간 경제적인 협력, 영토와 주권의 상호보장 등의 내용을 담고 있다.

유고슬라비아
티토 대통령의 지도하에 유고슬라비아는 소련의 지배에서 벗어나 독자적인 사회주의 노선을 택하여, 코민포름에서 제명되었다. 이후 유고슬라비아는 비동맹의 핵심 국가로 활동하였다.

동으로 평화 5원칙을 발표하고, 가까운 시일 안에 아시아 - 아프리카 회의를 개최하기로 결정하였다.

이에 따라 1955년 인도네시아의 반둥에서 아시아와 아프리카의 29개국 대표가 모여 제1회 아시아 · 아프리카 회의(AA 혹은 반둥 회의)를 열었다. 이 회의에서는 평화공존과 반식민지주의 등을 강조하는 '평화 10원칙(반둥 정신)' 을 채택하였다. 이것은 미국과 소련의 그 어느 진영에도 종속되기를 원치 않는 비동맹 국가들의 주체성이 최초로 확인된 선언이라는 점에서 상당히 의미 있는 일이었다.

한편, 1960년 국제연합은 세계각지의 민족해방 운동을 지원하는 차원에서 식민지 해방선언을 채택하였다. 1961년에는 유고슬라비아의 티토, 인도의 네루, 이집트의 나세르 등이 주축이 되어 베오그라드에서 제1회 비동맹국 수뇌회의가 열렸다. 여기서 참가국들은 식민지주의 청산과 평화공존을 기조로 하는 '비동맹주의' 를 제창해 제3세력을 결집했으며, 중국도 이를 적극 지원하였다.

이후 비동맹 회의는 3년마다 개최되어 참가국의 수도 점차 늘어갔으며 국제적 영향력도 커져갔다. 그리하여 비동맹 국가들은 자본주의와 사회주의라는 체제를 뛰어넘어 평화공존, 민족해방 투쟁, 외국 군사기지 철수, 식민지주의 반대 등에 공동 보조를 취하였다.

제3세계에 속한 비동맹국들은 국제연합 총회에서 강한 발언권을 행사하여 국제정치에 새로운 바람을 일으키기도 하였다. 그러나 이들 대부분이 후진국이었기에 경제적 빈곤과 정치적 혼란이 지속되어 자주적인 독립국을 유지하는 데 어려움이 많았다. 또한 가입국 사이에 이해관계가 얽혀 미소 양국의 영향력으로부터 완전히 자유로울 수 없었다.

쿠바 미사일 위기

제2차 세계대전에서 일본이 연합국에 무조건 항복한 가장 큰 이유는 미국이 일본에 핵무기를 투하했기 때문이었다. 이후 미국이 국제무대에서 주도권을 행사하게 된 것 또한 바로 핵무기의 독점에서 비롯되었다. 그러나 소련이 원폭실험에 성공하고 1953년에는 원자폭탄 수천 배의 파괴력을 지닌 수소폭탄까지 개발함으로써 미국의 핵독점은 무너지고 말았다. 게다가 1957년 소련은 인류 최초로 인공위성 스푸트니크호를 우주에 쏘아 올렸다. 이런 일련의 사태에 자존심이 상한 미국은 군비 확충에 한층 더 박차를 가하였다. 미국과 소련의 치열한 군비 경쟁은 급기야 쿠바 미사일 위기로 절정에 달하였다.

1959년, 카리브 연안에 자리 잡은 쿠바에서 카스트로가 친미적인 바티스타 정권을 타도하고 공산주의 정부를 수립하였다. 이것이 쿠바 혁명이다. 카스트로 정부는 농지개혁과 기업의 국유화를 단행하고 소련에 접근하면서 노골적인 반미정책을 실시하였다. 그리고 급기야는 1962년 쿠바 영내에 소련의 미사일 기지를 제공하기에 이른다.

이에 미국의 케네디 대통령은 소련이 미국의 코앞에다 미사일 기지를 만들어 미국을 위협하고 있다고 성토하며 미사일 철거를 단호하게 요구하였다. 케네디는 미사일을 제거하기 위한 협상을 모두 거부하고, 쿠바 해안을 봉쇄하여 소련 미사일의 진입을 막으려 하였다. 케네디는 10월

미국의 케네디 대통령

쿠바 미사일 위기
소련의 후르시초프 서기장과 미국의 케네디 대통령이 힘 겨루기하는 장면

22일 텔레비전 방송을 통해 쿠바 해안의 봉쇄를 발표하고 이를 곧 실행에 옮겼다.

카리브 해를 봉쇄하기 위하여 약 180척의 미국 함정들이 동원되었으며, B-52 폭격기들이 핵폭탄을 적재하고 하늘로 날아올랐다. 미국과 소련, 더 나아가 전 세계가 핵전쟁에 휩싸일 수 있는 긴박한 상황이었다. 다행히도 소련이 쿠바에서 미사일을 철수하는 대신 미국도 쿠바를 침공하지 않기로 약속함으로써 간신히 위기를 넘길 수 있었다. 이 사건을 계기로 모스크바와 워싱턴 사이에 즉각적인 통화가 가능한 핫라인(hot-line)이 개설되어 전면적인 핵전쟁을 제어할 수 있는 수단이 마련되기도 하였다.

남베트남 대통령궁 정문을 짓밟으며 전진하는 T-54 탱크

베트남 전쟁

1961년 민주당 출신으로 대통령에 당선된 젊은 케네디는 '뉴프런티어 정책' 을 내걸고 국내 개혁을 추진하였다. 쿠바 미사일 사건에서도 알 수 있듯이, 케네디는 공산주의 세력에 매우 강경한 자세를 취하였다. 미국이 인도차이나반도의 공산화를 억제하기 위해 내전

에 간섭한 것도 그 때문이었다.

베트남은 프랑스 식민지인 인도차이나의 일부였다. 한때 일본에 점령되기도 했지만, 그 후 독립운동을 일으켜 1945년 호치민을 지도자로 하는 베트남민주공화국을 수립하였다. 그러나 식민지 지배를 지속하고자 했던 프랑스는 베트남 정부와 인도차이나 전쟁(1946~1954)을 일으켰다. 1954년 엔비엔푸 전투에서 프랑스군이 항복하고 이어 제네바 협정이 체결되어, 베트남은 북위 17도선을 군사 경계선으로 남북으로 분단되어 2개의 정부가 들어섰다. 북베트남에는 호치민을 대통령으로 하는 사회주의 체제(베트남민주공화국)가, 남베트남에서는 자유주의 체제(베트남공화국)가 수립되었다.

베트남 전쟁의 한계상황과 후유증, 파괴되는 인간성을 진지하게 그린 영화 '디어 헌터' 포스터

이에 동남아시아가 공산화될 것을 두려워한 미국은 프랑스를 대신하여 남베트남에 친미 정권을 세우고 군사 고문단을 파견하는 등 군사적인 지원을 하였다. 남베트남은 자본주의 시장경제를 바탕으로 토지 소유자를 우대하는 정책을 실시하였다. 이에 반감을 가진 농민들을 주축으로 반정부 운동이 전개되었다. 그리하여 베트콩(남베트남 민족해방전선)이 결성되어 남베트남은 내전상태에 빠지게 되었다.

남베트남의 공산화를 우려했던 미국은 즉시 내전에 개입하였다. 미국은 북베트남에 대대적인 폭격을 가한 후 지상군을 파견하였다. 그리하여 베트남 전쟁이 시작되었다. 전쟁은 중국과 소련의 지원을 받는 북베트남과 베트콩 대 남베트남 정부군과 미국군이라는 양자 대결구도로 진행되었다.

베트남 전쟁에는 핵무기를 제외한 모든 병기가 사용되었다. B-52 폭격기를 동원한 융단 폭격, 고성능 헬리콥터를 이용한 대량 폭탄 투하가 있었다. 미국은 베트남에 50만 명이 넘는 전투병력을 파견하고, 밀림과 마을을 송두리째 불태워버릴 수 있는 네이팜탄을 비롯하여 700만 톤이나 되는 폭탄을 투하하였다. 또한 밀림에 은거하며 게릴라전을 펼치던 베트콩을 소탕하기 위해 고엽제나 제초제를 마구 뿌렸다. 농지와 숲이 파괴된 것은 물론 각종 인체 피해와 기형아 출산 등을 초래하였다.

베트남 희생자는 군인과 민간인을 합쳐 약 150만 명에 달했고, 미군 측의 경우도 전사자가 약 4만7,000명, 부상자는 15만 명이 넘었다. 전쟁이 오래 지속되고 미군의 희생자가 크게 늘어나면서 미국 내 반전운동이 점차 격화되었다. 베트남의 참상과 공포가 언론에 알려지면서 미국은 세계적인 비난의 표적이 되었다. 더욱이 미국은 1970년대 들어 세계적인 불황을 맞아 심각한 재정난을 겪고 달러 위기에까지 몰리게 되었다. 이에 공화당의 닉슨 대통령은 '명분 없는 전쟁'에서 손을 떼고 베트남에서 철수하기로 결정하였다.

게릴라를 상대로 승산 없는 전쟁에 지친 미국은 1973년 철수를 결정하였다. 그리고 1975년 베트콩과 북베트남군은 사이공(지금의 호치민)을 점령하고, 다음해에는 하노이를 수도로 베트남사회주의공화국이라는 통일정부를 수립하였다. 이로써 막강한 군사력을 가진 미국의 패배는 대내적으로 미국의 위신을 크게 실추시켰다. 미국의 패배는 제2차 세계대전 이후 고양된 반식민지주의의 승리이기도 하였다.

공산주의 체제의 붕괴

소련에서는 1953년 스탈린이 사망한 후 흐루시초프가 집권하였다. 흐루시초프는 스탈린 시대의 개인숭배와 무자비한 처형 및 억압정치를 비판하는 동시에 자본주의 국가들과의 평화공존을 제창하였다. 그는 1955년 서독과 국교를 회복하였으며, 1959년에는 미국을 방문하여 아이젠하워 대통령과 회담하였다. 이어 케네디 대통령과도 대화를 지속하여 냉전이 점차 완화될 분위기를 조성하였다.

그러나 냉전은 쉽게 완화되지 않았다. 앞에서 언급하였듯이 1961년 서독과 동독을 가르는 베를린 장벽이 구축되었고, 1962년에는 쿠바 미사일 사건으로 핵전쟁의 위기가 고조되기도 하였다. 그러나 쿠바 사건 이후 미국과 소련은 극단적인 무력대결을 피하면서 평화공존의 길을 모색하려 하였다.

화해의 분위기가 고조되는 가운데, 미국과 소련은 막대한 경제적 부담을 주는 소모적인 무기 경쟁과 군비 축소에 대한 문제를 해결하기 위해 논의하였다. 1963년 미국과 소련은 영국과 함께 부분적인 핵실험 중지 조약을 체결하였다. 1968년에는 국제연합 총회에서 핵확산 금지 조약이 채택되었으며, 1969년에는 미국과 소련 사이에 전략무기 제한 협정이 이루어졌다.

이러한 평화공존을 위한 노력에도 불구하고 소련에서는 여전히 독재정치가 지속되었으며, 동구권 국가에서의 반 소련 시위운동을 무자비하게 진압하였다. 소련은 1968년 체코슬로바키아에서 이른바 '프라하의 봄' 이라고 불리는 자유화 운동을 진압하였다. 1979년에는 아프가니스탄을 침공하였으며, 솔제니친이나 사하로프 등 국내 반체제 인사를 탄압하여 서방세계의 우려를 자아냈다.

그러나 안드로포프와 체르넨코의 단기 집권을 거쳐 1985년 고르바초프가

데탕트 시대의 도래
1960년 후반 이후 소위 데탕트라 불리는 동서 화해의 분위기가 조성되었다. 그 배경에는 ① 미소 양국이 엄청난 군사비를 지출함으로써 커다란 경제적 손실을 감당해야 했으며(미국의 경우 심각한 재정적자와 무역적자, 소련의 경우 경제의 심각한 낙후성 등), ② 미소 양국의 패권에 대한 도전이 나타났으며(동구권의 자유화 운동, 프랑스의 나토 탈퇴, 그리고 영국, 프랑스, 중공의 핵 보유 등), ③ 제3세계의 비동맹 국가들의 발언권이 국제무대에서 강화되어 양극 체제를 약화시켰기 때문이었다. 따라서 데탕트는 미소 양국의 전략적 차원에서 공존이라는 바탕 위에 성립되었다.

페레스트로이카
교조적이며 환상적인 공산주의에서 탈피하여 현실적이고 실용적인 노선에 입각하여 시장경제 체제를 도입하려는 개혁정책을 말한다.

글라디노스트
관리들의 부정부패, 사회의 부조리, 정책의 과오 등을 공개적으로 보도하려는 정책이다. 이것은 정치적 자유화의 정책으로 소련 정치의 민주화, 문화와 예술의 자유화, 언론보도 공개 등의 정책으로 구체화되었다.

공산당 서기장에 취임하면서 국제관계는 급격히 변하기 시작했다. 고르바초프는 소련 역사상 최초로 혁명 후 세대에 속한 지도자였다. 그는 숱한 외국여행을 통하여 서방세계를 잘 알고 있었다. 나아가 소련이 서방 자본주의 사회에 비해 얼마나 낙후되어 있는가를 통감하고, 소련의 체제 변화와 개혁이 필요하다고 인식하였다. 이런 배경에서 나온 것이 '페레스트로이카' 로 불리는 개혁정책과 '글라디노스트' 라는 개방정책이었다.

개혁과 개방정책의 목적은 소련의 경제적 침체를 극복하고 쇠락해가는 소련의 국제적 지위를 회복하는 데 있었다. 이른바 '인간의 얼굴을 한 사회주의' 를 만들기 위한 것이었다. 그러기 위해서는 무엇보다도 국제적인 분쟁을 초래할 수 있는 군사적 대결을 피해야만 하였다. 그리하여 소련은 미국과의 화해정책을 재개하고 군비 축소 협상에도 적극적으로 나섰다. 나아가 아프가니스탄에서 군대를 철수했으며, 급기야는 동유럽에서의 소련의 지배권을 사실상 포기하기에 이르렀다.

고르바초프 서기장
그는 동서 냉전을 종식시키고 세계 평화에 기여한 공로로 1989년 노벨평화상을 수상하였다.

또한 국민투표에 의해 새로운 입법기구인 최고회의를 구성하였고, 1990년 초에는 헌법을 개정하여 공산당 이외의 정당들도 출현할 수 있도록 하였다. 그리고 고르바초프는 공산당 서기장과는 별도로 서방 국가들의 경우처럼 의회에서 대통령에 선출되었다.

1989년 11월 9일 베를린 장벽 붕괴
브란덴부르크와 라이히슈타크 사이에 놓인 베를린 장벽이 철거되면서, 냉전의 상징이었던 베를린 장벽은 독일이 분단된 지 41년 만에 무너지게 되었다.

고르바초프의 급진적인 민주화와 개방화의 바람은 엄청난 파급효과를 몰고 왔다. 즉 중앙정부의 통제력 약화, 식량과 생필품의 부족, 공업생산과 소비재생산의 감소 등 국가에 의해 유지되던 통제경제가 서방의 시장경제로 바뀌는 과정에서 커다란 혼란이 야기되었다. 이런 혼란은 '모자이크 국가' 소련에서 여러 소수민족들의 분리운동을 촉진시키는 결과를 가져왔다. 그 결과 1990년 발트 3국이 독립하였으며, 1991년 말에는 소련이 마침내 해체되고 말았다.

한편, 고르바초프의 개혁 개방정책은 동유럽 사회주의 국가들에도 많은 영향을 미쳤다. 동유럽 국가들의 경우, 서방 진영과의 경제력 차이가 더 벌어졌을 뿐만 아니라 소련의 강압적인 내정간섭과 통제에 대한 불만이 더욱 가중되었다. 특히 시장경제를 무시한 사회주의 경제체제의 경직성으로 인하여 국민들의 생활은 점점 궁핍해졌다.

또한 일부 공산당 간부들의 특권과 부패가 만연되어 정부에 대한 신뢰도 무너져갔다. 혁명을 주도하고 공산당을 이끌어온 소수계급(공산당의 정치관료)이 새로운 착취계급으로 등장한 것이다. 그리하여 인간해방을 내세웠던 사회주의는 오히려 인간을 억압하는 체제로 바뀌고 말았다. 고르바초프의 개혁정책이 '인간의 얼굴을 한 사회주의'를 제창한 이유도 사회주의에 내재한 비인간성 때문이었다.

동유럽의 민주화 바람은 동독에서 그 절정에 이르렀다. 억압적인 정치체제와 공산당 일당독재, 계속된 경제불황으로 국민들의 시위는 계속되었다. 그러나 동독 정부는 사태의 심각성을 깨닫지 못한 채 낡은 체제만 고집하였다. 급기야 동독 국민들은 1989년 10월 대규모 반정부 시위를 벌여 독재권력을 휘둘렀던 호네케를 몰아냈다. 게다가 베를린 장벽을 넘어 서독으로 탈출하려는 사람들의 행렬이 이어져 동독은 거의 무정부 상태에 빠져들었다.

1989년 11월 9일 동독 정부는 마침내 베를린 장벽의 개방을 선언하였다. 개방 이틀 만에 서독으로 탈출한 인원이 400여 만에 이르렀다. 이로써 동독과 서독 간의 자유로운 왕래가 이루어지게 되었다. 1990년 3월에는 동독 사상 처음으로 자유 총선거가 실시되어 공산당 일당독재가 무너졌고, 동서독의 조기 통일을 주장하는 연합당파가 승리를 거두었다. 그리하여 미국, 영국, 프랑스, 소련의 동의하에 서독이 동독을 흡수하는 방식으로 통일이 성취되었다.

폴란드에서는 1988년 노동자들의 파업과 민주화운동이 거세게 일어났다.

1989년 실시된 총선거에서는 자유노조가 압도적인 승리를 거두어 바웬사가 대통령에 당선되었다. 체코슬로바키아에서는 1989년 시민광장을 중심으로 민주화운동이 전개되었다. 그리하여 하벨이 대통령에 취임하여 공산통치가 무너졌고, 1992년에는 민족주의의 영향으로 체코와 슬로바키아로 분리, 독립하였다. 루마니아에서는 1989년 민중봉기가 일어나 독재자 차우셰스쿠가 처형되었고, 1991년에는 복수정당제가 실시되었다. 이어 불가리아, 알바니아에서도 공산주의 체제가 무너졌다.

바웬사 대통령

유럽 통합 운동

전후 세계질서가 미국과 소련 중심의 양대 체제로 굳어지자, 실추된 국제적 지위를 회복하고 유럽 경제를 부흥시키기 위하여 서유럽을 하나로 통합하려는 운동이 전개되었다. 첫 번째 시도가 프랑스 외무장관 쉬망의 제안에 따라 유럽 6개국(프랑스, 독일, 이탈리아, 벨기에, 네덜란드, 룩셈부르크)이 1952년 결성한 유럽석탄철강공동체였다. 이 기구는 가맹국 간에 석탄과 철강의 공동시장을 형성하여 생산, 분배, 가격, 노동조건 등을 공동으로 관리하는 경제협력체로서 유럽 통합의 시발점이 되었다.

유럽 각국에서는 석탄과 철강뿐 아니라 과학기술의 발전에 힘입어 항공, 석유, 화학 등 새로운 산업이 출현하면서, 이들 분야에 대대적인 투자와 시장을 확대할 필요성이 제기되었다. 그 결과 1958년에는 유럽경제공동체(EEC)가 발족되어 경제적 교류와 협력이 더욱 강화되었다. 1967년 프랑스 드

유럽경제공동체

가입국 간의 물자, 서비스, 자본, 노동 등의 이동을 완전히 자유화하여 경제통합을 꾀하는 동시에, 공동의 외교와 방위, 문화적 협력을 강화하여 유럽 국가 간의 연대감을 강화하려는 것이다. 이 기구를 통해 유럽 국가들은 성공적인 경제통합과 정치적 결속을 이루어, 미국, 소련과 어깨를 겨루는 제3의 정치세력으로 부상하였다.

골 대통령은 유럽이 경제뿐 아니라 정치와 군사 면에서도 통합되어야 한다고 주장하며, 기존의 공동체를 통합하여 새로운 유럽공동체를 구성할 것을 제안하였다. 그리하여 1967년 7월 유럽공동체(EC)가 결성되었다.

유럽의 통합은 각국의 이해관계가 얽혀 갈등을 겪기도 하였다. 그러나 유럽이 하나의 공동체라는 인식을 갖고 협력 체제를 구축하기 위해 노력을 계속하였다. 마침내 1992년 2월 마스트리히트 조약(유럽 통합 협정)에 서명함으로써 유럽공동체는 유럽연합으로 출범하게 되었다. 이로써 제2차 세계대전 이후 줄기차게 추진한 정치, 경제, 화폐 등을 포함하는 모든 분야에서의 유럽 통합이 이루어지게 되었다.

1999년에는 공동 화폐인 유로화가 사용되기 시작하였다. 2001년에는 유로화가 단일 통화로 유통되어, 유럽은 실질적으로 광대한 경제권을 형성하게 되었다. 약 3억5,000만에 달하는 인구를 가진 유럽연합은 정치적 공동체일 뿐 아니라 세계 최대의 단일시장으로 등장하게 되었다.

한편, 유럽 통합에 자극을 받아 세계 각지에서 지역경제 공동체의 구성이 활발히 진행되었다. 1985년 미국의 주도 아래 캐나다와 멕시코가 참가한 북미자유무역협정(FTA)이 발족되었다. 이어 태국, 말레이시아, 싱가포르, 인도네시아, 필리핀, 브루나이 등 동남아시아 국가들이 주축이 되어 조직된 아세안자유무역지대, 한국을 포함하여 일본, 캐나다, 미국, 칠레 등의 태평양 연안 국가들이 참여하는 아시아 - 태평양경제협력체 등이 그것이다.

1995년에는 미국이 주도하는 세계무역기구(WTO)가 출범하였다. 이것은 과거의 관세와 무역에 관한 일반 협정(GATT)에서 한걸음 더 나아가 세계무역의 새로운 질서를 확립하고 우루과이라운드 협정을 감시하는 국제기구이다. 세계무역기구는 자유무역 원리에 어긋나는 국가에 대하여 관세 인하 요구나 덤핑 규제와 같은 적극적인 제재 조치를 취함으로써 국가 간 경제 분쟁이나 마찰을 조정하고 있다.

공산주의 붕괴의 역사적 교훈

소련에서 공산주의 혁명이 일어난 지 70여년 만에 마침내 공산주의는 역사의 뒤안길로 사라졌다. 모스크바 중심가에 우뚝 솟았던 마르크스와 레닌의 동상은 성난 군중들에 의해 곤두박질되었다. 그렇다면 사회주의가 실패하고 공산당이 붕괴된 원인은 무엇인가? 물론 고르바초프가 개혁과 개방정책을 추진하면서 파생된 수많은 문제들이 공산주의 체제를 무너뜨린 직접적인 원인이 되었다. 그러나 더 큰 원인은 공산주의 체제의 구조적인 모순에서 찾을 수 있을 것이다.

공산주의의 실패는 인간성의 본질을 잘 파악하지 못한 데서 비롯된다. 인간은 본래 이기적인 동물이다. 인간은 사회 전체의 공익보다 개인의 이익에 더 집착하는 경향이 강하다. 경제학자들이 지적하듯이, 인간이 살아간다는 것은 결국 자신의 욕구를 충족시키기 위한 것이다. 인간의 욕구 중에서 가장 기본적인 것은 사유재산을 가지는 것이다. 따라서 사유재산제를 철저히 부정하는 공산주의 체제는 점점 경직화되고 비인간화되었다.

공산주의 실패의 원인은 경직된 정치제도, 특히 일당독재의 한계에 있다. 원래 공산주의 이론에 따르면 프롤레타리아 독재는 완전한 공산사회로 이전해가는 하나의 과도기적 정치 형태에 그치도록 되어 있다. 그러나 소련에서 공산주의 정권이 들어선 지 70년이 넘어서도 프롤레타리아 독재는 더욱더 굳어져 종식될 기미를 보이지 않았다. 오히려 프롤레타리아 계급의 해방을 위하여 세워진 제도가 프롤레타리아를 억압하는 제도로 변질되었다. 그리하여 혁명을 주도하고 공산당을 이끌어온 소수 특권계급(당의 정치 관료)이 새로운 착취계급으로 등장하였다. 이들 특권계급은 노동자와 농민의 대변자를 자처하면서도 사실상 노동자와 농민들을 지배하고 착취하였다. 솔제니친은 특권계급에 대해 "저 집도 내가 마음먹으면 내 집이 되고, 남의 아내도 내가 마음먹으면 내 것이 된다" 고 지적하며 이들의 횡포를 비난하였다.

공산주의 붕괴의 또 다른 이유는 통제경제로 인한 빈곤의 균등화를 들 수 있다.

소련은 자본주의 체제를 능가하는 지상 천국의 사회주의 국가를 수립하겠다고 약속하였다. 레닌은 "사회주의란 세계를 깜짝 놀라게 할 소련의 국력"이라고 하였다. 그러나 현재 서구 자본주의 국가와 공산권 국가 간의 경제력 차이를 비교할 때 레닌의 예언은 허구임을 알 수 있다. 혁명 이후 소련은 경제발전을 추진하는 과정에서 집단적인 평등만을 강조하여 국민들의 자발적 참여나 창의성을 불러일으키는 데 실패하였다. 그 결과 경제는 침체되고 복지 수준은 더욱 하락하였다. 그나마 성취한 평등은 한낱 하향적 평준화, 빈곤의 평등화를 의미하게 되었으며, 결국 심각한 체제 위기로까지 이어지게 되었다.

현대사회와 문화

#24

20세기 현대사회에서는 일반대중의 영향력이 사회 각 분야에 확대되어 대중사회가 성립되었다. 또한 과학기술의 비약적인 발달과 산업화의 결과, 인류는 그 어느 때보다 풍요로운 생활을 누릴 수 있게 되었다. 그러나 규격화되고 비개성적인 현대의 대중사회는 인간의 정신적 위기와 갈등을 불러일으키기도 하였다. 현대사회는 또한 인구 증가, 빈부 갈등, 핵무기 위협, 자연환경 파괴 등 극복해야 할 여러 과제를 안고 있다.

현대문화의 특색

현대사회의 가장 큰 특징은 일반대중의 힘이 증대되어 정치, 경제, 사회, 문화 등 각 분야에서 커다란 역할을 담당하고 있다는 사실이다. 현대사회에서는 19세기에 참정권에 가해졌던 재산 소유에 대한 제한이 없어지고 보통선거가 일반화되어, 제한된 시민 민주주의 대신에 새로운 대중 민주주의가 발전하였다. 제1차 세계대전을 계기로 사회 전반에 걸쳐서 대중의 역할이 증대되고, 특히 정치적인 면에서 대중의 발언권이 강화되었다.

정치와 함께 경제도 대기업이나 재벌에 치중하는 정책에서 탈피하여 사회 구성원 모두의 복지 향상을 위해 노력하는 대중 경제 시대를 맞이하였다. 이것은 생산과 소비의 주체로서 대중이 사회운동이나 노동조합 활동 등을 통하여 획득한 결실이기도 하다.

현대사회에서는 신분이나 혈연에 의해 계급이나 계층이 구별되는 전통적인 질서에서 벗어나, 개인의 능력과 교육 정도에 따라 사회적 지위가 결정되는 유동적인 '열린 사회'가 형성되었다. 또한 텔레비전, 라디오, 컴퓨터, 신문, 영화와 같은 대중매체의 급속한 발전으로 사람들에게 다양한 지식과

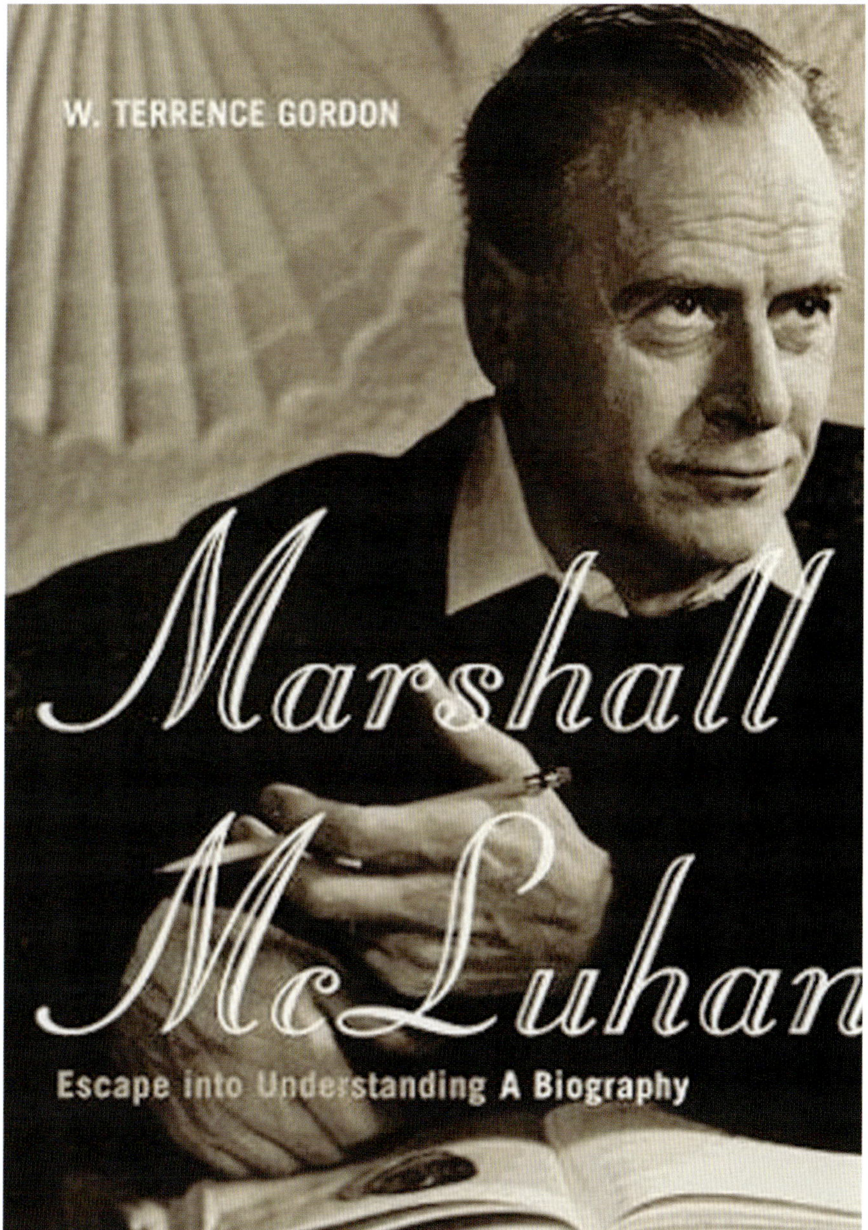

맥루한은 『매체의 이해』에서 앞으로 변모될 미래 사회를 예측하여 지구촌이라고 일컬었다.

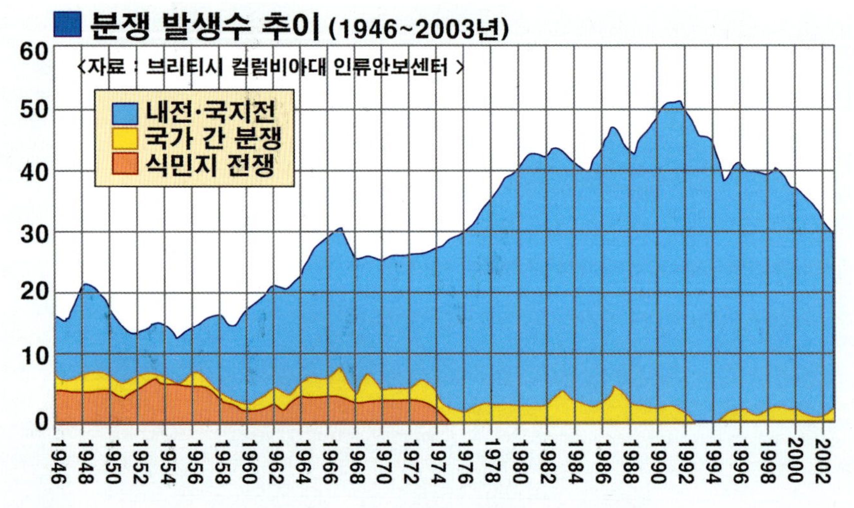

제2차 세계대전 후 발생한 분쟁 수 추이

정보를 제공해주는 기회가 마련되었다. 아울러 교통과 통신의 비약적인 발전으로 민족이나 국가의 경계가 점차 허물어져 지구촌 시대가 열리게 되었다.

그러나 대중사회는 여러 가지 문제점을 초래하였다. 이러한 거대한 사회 체제 속에서 각 개인의 목소리는 왜소화되고, 대중은 무력감에 사로잡혀 정치적 무관심 속으로 빠져들었다. 획일적인 대중매체의 위력으로 개인의 가치관과 개성이 말살되고, 저급한 성문화나 퇴폐적인 연예문화에 노출되는 결과를 초래하기도 하였다.

정신적인 면으로 볼 때, 현대사회에서는 역사는 '흐르는 것' 이 아니라 '만들어지는 것' 이라는 의식이 대두하였다. 또한 인간이 역사를 통제할 수 없다는 의식에서 탈피하여 인간이 의도하는 것의 실현으로 역사를 보고자 하는 현상이 나타났다. 그리하여 역사의 흐름에 있어서 인간이 수동적인 존재가 아니라 적극적인 참여자라는 인식이 확산되어, 궁극적으로 인간 자신이 역사의 주인이자 지배자라는 의식을 가지게 되었다.

지구촌, 냉전시대에 비하면 태평성대

제1, 2차 세계대전, 베트남 전쟁, 걸프전 등 크고 작은 전쟁이 계속됐던 20세기는 인류가 가장 폭력적이었던 시기였다. 전문가들은 21세기에도 새로운 이념적 갈등이 불거지고 국제기구의 영향력은 감소해 분쟁 상황은 더 악화될 것으로 예상해왔다. 그러나 캐나다 브리티시 컬럼비아 대학 인류안보센터는 지난 3년간의 연구를 통해 정반대 결론이 도출된 보고서를 발표했다. 소련이 붕괴되고 냉전이 종식된 1992년 이후 국가간 전면전, 내전, 종족간 집단학살, 테러, 인권유린 등 지구촌 무력분쟁 빈도가 40%나 감소했다는 것이다. 사망자가 1,000명 이상인 대규모 분쟁은 80%, 전쟁의 전조로 볼 수 있는 국가 간 충돌 국면은 70% 이상 줄어들었다. 1950년 3만 7,000명으로 최악을 기록했던 분쟁당 평균 사망자 수도 2002년에는 600명 선으로 감소했다.

20세기에 들어와 인류는 이미 두 차례에 걸친 미증유의 세계대전을 경험하였다. 또한 파괴적인 대 전쟁에 못지않게 세계 대공황을 맞아 기존의 사회와 경제적 질서가 뿌리째 흔들리는 상황을 체험하였다. 나아가 정치적으로도 전통적인 서구 민주주의에 적대적인 전체주의 체제가 등장하여 인류를 재앙으로 몰아갔다. 이러한 비관적인 상황에서 유럽 세계에서는 '현대문명의 위기' 혹은 '서구의 몰락' 이라는 소리가 대두하는 등 위기의식이 나타났고, 이러한 정신적 분위기는 그대로 문화에 반영되었다.

20세기의 현대문화는 이러한 시대적 특징들을 반영하여 이전 시대와는 다른 전환기적인 모습을 보여주고 있다. 유럽 세계의 경우 새로운 것의 모색과 이를 위한 실험이 다방면에 걸쳐 이루어지고 있으며, 비유럽 세계의 경우 유럽 세계에 대한 종속적인 성격의 문화에서 벗어나 주체의식에 입각한 새로운 문화의 창조와 발전을 위해 노력하고 있다.

상대성이론을 발표한 아인슈타인

자연과학과 기술의 발달

자연과학과 기술의 비약적인 발달은 현대문화의 가장 중요한 특색을 형성하였다. 이러한 과학과 기술의 발전은 인류의 생활을 한없이 편리하게 해주었다. 아인슈타인이 발표한 상대성원리는 뉴턴 이래의 우주관을 혁명적으로 변화시켰다. 핵물리학의 발달은 인류의 에너지 문제 해결에 있어서 하나의 전기를 마련해주었으나, 다른 한편으로 원자폭탄의 제조에 이용되어 인류를 가공할 '핵의 시대' 로 몰아넣었

위_ 라이트 형제의 첫 동력 비행으로 인류 최초의 유인동력 비행이 성공하는 순간
아래_ 형은 윌버 라이트(오른쪽), 동생은 오빌 라이트(왼쪽)

다. 핵폐기물 처리는 인류가 해결해야 할 또 다른 과제가 되고 있다. 그리고 현대물리학의 비약적인 발전은 빅뱅(대폭발) 이론과 같은 학설을 등장시켜 우주의 신비를 벗길 수 있도록 해주었다.

1903년 미국의 라이트 형제에 의하여 발명된 비행기는 그 뒤 급속도로 발전을 거듭하였는데, 특히 20세기의 여러 전쟁에서 가장 중요한 무기의 하나가 되었다. 대전 이후에는 제트엔진의 발달로 음속을 돌파하는 제트기가 발달하여 지구를 1일 생활권으로 만드는 '지구촌' 시대를 열어주었다. 그리고 로켓의 발달은 유도탄(미사일)을 발달시켜 대륙간 탄도탄을 낳았고, 인공위성의 발사를 가능하게 하였다.

1950년대 후반에 소련이 최초의 인공위성 스푸트니크호 발사에 성공한 이래 미국과 소련은 우주선 발사 경쟁을 벌였다. 이것은 양국 체제의 우월성에 대한 척도로 여겨졌다.

첫 유인 우주왕복선 콜럼비아호의 발사 장면(1981년)

그리고 각종 탐사와 실험을 위한 인공위성과 우주선이 발사되었다. 특히 최근에는 미국이 우주왕복선을 발사하여 우주에서 각종 실험을 행하기도 하였다. 이로써 머지않아 우주여행이 가능한 '우주시대'가 열릴 것으로 보이며, 공상과학 영화에서나 볼 수 있는 '별들의 전쟁'이 실현될 수 있는 단계에 있다.

20세기에는 생물학, 생화학, 의

학이 비약적으로 발달하였다. 예방백신, 페니실린, 항생제 등이 발명되어 각종 질병을 치료할 수 있게 되었고, 보건위생과 인간의 수명 연장에 획기적인 전기가 마련되었다. 최근에는 유전공학과 생명공학이라는 새로운 분야가 개척되어 영국에서는 복제 양을 만드는 데 성공했으며, 머지않은 장래에는 인간 복제마저 가능할 지경에 이르렀다.

사회과학과 사상

20세기에 들어와 사회과학과 사상의 분야에서는 인간의 비합리성을 강조하고 반지성주의 경향을 강하게 드러내는 문화 사조가 널리 유행하였다. 독일의 하이데거와 야스퍼스, 프랑스의 사르트르 등은 모순과 부조리의 상황 속에서 인간의 주체성을 연구하는 실존주의 철학을 내세웠다.

오스트리아의 정신분석학자 프로이트는 인간의 의식 속에 깊이 감추어져 있는 무의식과 잠재의식에 대한 분석을 시도하여, 인간의 비합리성에 대한 심리 연구에 새로운 영역을 개척하였다. 프로이트의 정신분석학은 반지성주의를 대표하는 것으로, 의학과 심리학 등에 많은 영향을 주었다.

아놀드 토인비

경제학과 사회학의 경우, 대공황에 의하여 자유방임주의적인 경제학설이 비판을 받고 케인즈의 수정자본주의 경제이론이 주목을 받았다. 제2차 세계대전 이후에는 개발도상국의 경제발전을 중심으로 한 근대화 이론과 경제성장론이 나타나는 한편, 제3세계의 등장과 더불어 종속이론이 관심을 끌기도 하였다.

역사학에 있어서는 독일의 슈펭글러가 『서구의 몰락』에서 유럽 문명의 몰락을 예언하였고, 영국의 토인비는 『역사의 연구』

에서 동서고금의 여러 문명을 비교 검토하여 '도전과 응전의 법칙'을 제시하였다. 토인비는 자연적인 도전에 대한 인간의 정신적인 응전이 문명체를 탄생시키는 요체가 된다고 주장하고, 지도자의 창조력 여하에 따라 문명이 발전하고 멸망하는 과정을 설명하였다. 프랑스에서는 아날학파가 형성되어 기존의 정치사 중심에서 탈피, 사회사 중심으로 역사를 연구하려는 새로운 학풍을 이끌었다.

최근에는 '미국 쇠퇴론'이 관심을 끌면서 미국의 폴 케네디가 『강대국의 흥망』이란 저서를 내어 커다란 반향을 불러 일으켰다. 케네디는 경제, 특히 군사력이 국가흥망의 가장 큰 요인이 된다고 보았다. 그는 1500년 이후 5세기 동안의 세계사 흐름을 폭넓게 분석하여 경제력과 군사력 간의 상관관계를 규명함으로써 역사상 나타난 강대국의 흥망을 결정하는 원인을 규명하고자 하였다.

문학에서도 인간성 회복이나 사회문제의 극복에 대한 작품들이 많이 등장하였다. 프랑스의 로맹 롤랑은 『장 크리스토프』에서 파시즘을 신랄하게 비판하였고, 앙드레 지드는 『좁은 문』에서 기성 종교의 구속을 거부하였다. 미국의 대표적인 작가 헤밍웨이는 『무기여 잘 있거라』에서 전쟁의 잔인함과 비인간성을 고발하였으며, 『노인과 바다』를 통해 인간의 존엄성을 사실적으로 묘사하였다.

미술에서는 대담한 화풍을 전개한 마티스 등의 야수파, 평면적인 회화의 극복을 시도한 파스칼 등의 입체파, 기하학적인 구성을 도입한 추상파 등 다양한 사조가 등장하였다. 이들은 전통적인 아름다움을 배격하고 새로운 미의 세계를 창조했다는 점에서 공통성을 지니고 있다.

현대사회의 위기와 과제

과학과 기술의 비약적인 발전은 인류에게 편리하고 풍요로운 삶을 보장해주었지만, 다른 한편으로는 많은 부작용과 위기를 몰고 왔다. 국가 간 경제력 차이, 지구 환경의 훼손, 핵전쟁의 공포 등이 바로 그것이다. 이런 문제들을 해결하기 위하여 세계 각국은 민간 차원에서는 물론, 나아가 국제기구나 국가 간 협력을 통해 대책을 마련하고 있다.

제2차 세계대전 후 민주국가와 공산주의 국가 간의 동서 냉전에 대비하여 부유한 국가와 가난한 국가와의 경제적 격차를 남북문제라고 부른다. 제2차 세계대전 후 독립을 달성한 아시아와 아프리카의 여러 나라들은 자본과 기술 등 국내 경제기반이 취약하여 경제적으로 선진 공업국에 종속될 수밖에 없었다. 그런 상황에서 발생한 것이 바로 남북문제였다. 1964년에는 선진국과 개발도상국 간의 무역 확대와 경제적 원조를 위해 국제연합 산하에 무역개발회의가 창설되었으나, 남북 간의 빈부 격차는 더욱 심화되고 있다.

또한 극단적인 산업화를 추진하는 과정에서 수질과 대기 오염, 지구 온난화, 오존층 파괴, 사막의 확대, 폐기물 처리 문제 등 수많은 환경 문제가 발생하여 지구 파멸에 대한 위기의식이 고조되고 있다. 이에 세계 각국이 환경 관련 부서를 설치하여 깨끗한 환경과 생태계 보존을 위해 많은 노력을 기울이고 있다. 1992년 브라질의 리우데자네이루에서는 환경 및 개발에 관한 국제회의가 개최되기도 하였다. 그밖에도 그린피스와 같은 민간 차원의 환경보호 단체가 결성되어 활동하고 있다.

인류가 해결해야 할 또 다른 문제는 전쟁과 핵 확산에 대한 것이다. 종교적인 갈등, 민족 간의 대립, 영토 분쟁 등으로 세계 각지에서 인류의 평화를 위협하는 분쟁이 자주 발생하고 있다. 이에 국제연합은 평화유지군을 구성하여 국제간 분쟁의 원활한 해결을 위해 노력하고 있다. 또한 국제원자력기구 등을 통해 핵개발을 규제하는 동시에 핵확산금지조약을 체결하여 기존 핵보유국의 핵무기 감축을 유도하고 있다. 그러나 이러한 노력에도 불구하고 세계 각지에서 국지전이 끊이지 않고 있으며, 상호 불신과 이해관계의 충돌로 핵무기 제어에 확실한 결실을 보지 못하고 있는 실정이다.

역사는 우연의 산물인가 필연의 과정인가?

만약 ~이라면

역사에서 '만약 ~이라면' 이라는 가능성을 생각하는 것은 부질없는 일이다. 지나간 사건은 그 경위야 어떻든 이미 완료된 것이기 때문에 뒷궁리는 단지 몽상에 불과하다. 그러나 우리는 '그때 그 돌발적인 사건이 발생하지 않았다면' 혹은 '만약 그 인물이 암살되지 않았다면' 그 이후 인류의 역사나 국가의 운명이 어떻게 변했을까 하는 생각을 하게 된다. 역사를 흥미나 교훈으로 읽는 많은 사람들에게 '만약' 이라는 가정법을 통해 들여다본 세상은 역시 재미있다.

우연한 일이 인류 역사에 끼친 엄청난 결과를 몇 가지 예를 들어 살펴보자. 매독은 1492년 콜럼버스가 신대륙 발견을 위하여 항해했던 배의 선원에 의해 유럽으로 옮겨지게 되었다. 20세기에 들어와서 폴 엘리히가 치료약을 개발하기 전까지 매독은 수많은 사람들의 목숨을 앗아간 불치의 병이었다.

대영제국의 번영을 이끌었던 엘리자베스1세 여왕

이 질병은 중세 말 도덕적 타락으로 방탕한 생활을 했던 수많은 성직자들의 목숨을 앗아갔을 만큼 많은 사회적 영향을 끼쳤다. 르네상스 시대의 교황이었던 알렉산더 6세, 율리우스 2세, 레오 10세는 끝없는 방탕과 음란한 생활로 말미암아 매독에 걸린 것으로 유명하다. 율리우스 2세는 이 질병으로 발이 뭉그러져, 예수 수난일에 관례에 따라 발에 하는 키스를 아무에게도 허락할 수

루이 16세의 야반도주 장면. 튀일리 궁전을 탈출한 국왕 일가를 태운 마차가 바렌에서 이곳을 지나던 한 농부에 의해 발각되는 순간

없을 지경이었다.

어찌 보면 영국의 위대한 처녀 왕 엘리자베스 1세가 나타난 것도 매독이라는 우연의 결과였다. 엘리자베스의 아버지 헨리 8세도 매독에 걸려 죽었으며, 그 아들 에드워드 6세도 부왕에 의해 감염되었다. 만약 이 질병의 '우연'이 없었다면 헨리 8세의 딸인 엘리자베스 1세는 결코 왕위를 계승할 수 없었을 것이다. 그렇다면 대영제국의 번영도, 르네상스의 역동적인 성취도 없었을지 모른다.

역사의 우연을 예로 든다면 끝이 없을 것이다. 프랑스 혁명으로 루이 16세는 단두대에서 처형당하였다. 처형 직전 루이 16세는 망명을 시도하였다. 그는 1791년 왕비 마리 앙투아네트와 함께 외국에 있는 망명 귀족과 합류하기 위하여 남몰래 파리를 떠나 오스트리아로 탈출하려다, 마침 마차를 끌고 그곳을 지나가던 한 시민에 의해 발각되고 말았다. 만일 그 마차를 만나지 않았더라면 루이 16세는 탈출에 성공할 수 있었을지도 모른다. 그랬다면 프랑스 혁명의 과정과 결과는 어떻게 달라졌을까?

1588년 스페인 필립 왕의 무적함대가 영국을 침공할 때 별안간 폭풍우가 불어 함대를 침몰시키지 않았다면, 영국은 아마도 스페인어를 사용하는 국가가 되어 있지나 않았을까? 만약 히틀러가 청년 시절 두 번이나 지원했던 예술 학교에 낙방하지 않고 입학하여 미술가의 길을 걸었다면 독일의 운명은 어떻게 변하였을까? 그렇다면 600만 명이나 되는 유대인이 학살당하는 역사적인 비극도 없었을 것 아닌가? 우리나라의 경우 박정희 대통령이 중앙정보부장이었던 김재규에게 피살되지 않았다면, 오늘날 한국의 역사는 어떤 모습으로 변화되어 있을까?

카이사르의 암살에 얽힌 에피소드

기원전 49년 루비콘 강을 건너 로마로 진격한 카이사르는 군 최고 지휘관과 국고처리권을 포함한 모든 권력을 장악하여 철저한 전제정치를 실시하여 군주제를 수립하였다. 이로 인하여 로마의 공화정은 커다란 위기를 맞게 되었고, 공화제의 전통을 수호하려는 원로원과 카이사르는 첨예한 대립관계에 놓이게 되었다. 그 결과 카이사르를 제거하려는 암살 음모가 카시우스와 브루투스에 의해 진행되었다. 이를 눈치 챈 카이사르의 한 측근이 카이사르에게 그들의 암살 음모를 경고하였으나, 카이사르는 이를 대수롭지 않게 여겼다.

카시우스와 브루투스는 원로원이 소집되는 날을 거사일로 정하고, 제각기 단도를 숨긴 채 원로원 회의에 출석한 뒤 예정된 신호에 따라 일제히 카이사르를 암살한다는 계획을 세웠다. 거사 당일, 예정된 시각이 지나도 카

카이사르가 원로원을 무시하고 전제정치를 행하려 하자 이에 불만을 품은 브루투스와 카시우스 등에 의해 암살당한 카이사르. 카이사르는 "브루투스 너마저!"라는 원망의 말을 남긴 채 숨을 거두었다.

이사르가 나타나지 않자 이들은 자신들의 암살 계획이 발각 난 것이 아닌지 불안해하였다. 그리하여 그들은 한 측근을 카이사르의 집으로 보내 무슨 영문인지 알아보도록 하였다.

때마침 카이사르는 원로원 회의의 참석을 망설이고 있던 중이었다. 카이사르의 아내 칼푸르니아가 전날 밤에 남편이 살해되는 불길한 꿈을 꾸었고, 다음날 아침 남편에게 원로원에 참석하지 말라고 경고하면서 몸이 아픈 척하라고 간청하였던 것이다. 카이사르에게 꿈 이야기를 전해들은 카시우스의 측근은 "당신과 같은 위대한 영웅이 한낱 꿈 때문에 마음이 흔들리다니, 다른 사람이 알까 두렵습니다"라며 그를 회유하기 시작하였다. 결국 회유에 넘어간 카이사르는 암살자들이 기다리는 원로원으로 출발하였다.

그런데 아르테미도루스라는 청년이 우연하게 그 암살 음모를 알게 되었다. 그래서 그는 원로원 앞에서 기다리고 있다가 카이사르가 나타나자 암살자의 이름이 적힌 편지를 건네주었다. 그러면서 반드시 편지를 읽고 회의장 안으로 들어갈 것을 간곡히 청원하였다. 그러나 이미 시간이 많이 지체되었기 때문에 카이사르는 그 청년이 전해준 편지를 읽지도 못한 채 건물 안으로 들어가고 말았다.

실로 인간은 자신의 운명을 막아낼 수 없는, 필연적 흐름에 의해 지배되는 나약한 존재인가? 결국 카이사르는 자신의 절친한 동료들에게 암살당하고 말았던 것이다. 역사의 도도한 물결은 인간의 계획을 초월한 것이었다. 카이사르가 암살당함으로써 로마 공화제의 전통은 유지된 듯하였으나, 이미 포에니 전쟁 이후에 만연된 로마 사회의 부패는 사라지지 않았고, 공화제의 변질은 불가피하였다. 기원전 1세기의 로마는 대외적으로 영토 팽창이 정지되었으며, 대내적으로는 공화제가 붕괴되고 제정으로 전환되는 시기를 맞게 되었다. 로마 원로원은 카이사르를 암살함으로써 공화정을 회복하려고 하였지만, 오히려 공화정의 몰락을 촉진하는 결과를 초래하였던 것이다.

우연적인 사건에도 반드시 필연은 존재한다

위에서 여러 에피소드를 예로 들어 역사에서의 우연의 개입을 살펴보았다. 우리말에 '인생살이 새옹지마' '사람이 잘되고 못 되는 것은 팔자소관'이란 말이 있다. 이는 자신의 의지나 노력이 아니라, 돌발적인 사건이나 우연한 계기가 우리의 행복과 불행을 결정한다는 의미를 지니고 있다. '우연'이라는 말은 미리 예측하거나 짐작하지 못했던 일이 돌발적으로 발생할 때 흔히 쓰는 말이다. 그래서 우리는 자신의 행위를 합리화하거나 어떤 사건의 책임을 다른 데로 돌리려는 의도로 우연이라는 말을 쓸 때가 종종 있다.

역사의 우연성을 강조하는 사람들은 역사는 반복되지 않으며, 또한 반복될 수 없다는 사실을 그 주장의 근거로 삼는다. 그리하여 특정한 개인이나 개별적인 사건에 초점을 두어 역사를 해석하려고 한다. 역사란 두 번 다시 나타나지 않는 특정한 개인이나 특정 사건이 만들어가는 것이므로 항상 새로울 수밖에 없고 전혀 예측할 수 없는 우연의 산물이라는 것이다.

역사의 필연적 인과관계를 아주 무시한 채 우연성을 지나치게 강조한다면, 역사 발전을 위해 노력할 필요조차 없다는 결론에 이르게 된다. 왜냐하면 모든 사건은 인간의 노력이나 의지에 의해 결정되는 것이 아니라, 단순히 우연의 결과에 지나지 않기 때문이다. 역사를 순전히 우연의 연속으로만 본다면, 역사에 인간이 끼어들 여지가 전혀 없으며 역사는 신의 섭리로 움직이는 신비로운 것이 될 것이다. 따라서 역사에서 사건과 사건, 과거와 현재를 연결하는 인과관계를 다루는 것은 무의미하며, 역사는 단지 문학이나 철학과 같이 인간의 상상력이나 감정에 의존하는 학문이 될 뿐이다.

1960년 케네디가 부인 재클린과 함께 무지개 차로 대통령 선거유세를 벌이는 장면

케네디 암살 사건

미국의 35대 대통령이었던 케네디는 미국 역사상 최연소이자, 최초로 로마가톨릭 교도로서 대통령이 된 사람이었다. 그는 젊고 멋진 용모로 미국인들의 인기를 한 몸에 받았으나 결국 비극적인 죽음을 맞게 되었다. 역사에서 우연을 이야기할 때 자주 인용되는 케네디 암살 사건을 생각해보기로 하자.

1963년 11월 22일 오후 12시 30분경, 케네디 대통령은 부인 재클린 케네디와 함께 다음해 대통령 선거에 대비하여 남부의 여러 주를 유세하기 위해 텍사스 댈러스 시를 무지개 차로 퍼레이드 중이었다. 관중들의 환호를 받으며 대통령 내외를 태운 차가 댈러스 중심가를 관통해 천천히 움직이고 있을 때였다. 근처 교과서 창고 건물 창에서 총 3발이 발사되었다. 그중 2발은 대통령의 머리를 관통했고, 다른 한 발은 텍사스 주지사인 코널리를 향하였다.

몇 시간 후 체포된 범인은 소련을 방문한 적이 있는 24세의 공산주의자 오스왈드였다. 그는 이틀 후 구치소로 이감되기 위하여 시경의 지하도로 연행되는 도중에 카바레 경영자인 잭 루비에게 사살되었다.

아무도 예측하지 못한 충격적인 돌발 사건으로 미국인들은 경악을 금치 못했다. 요인에 대한 암살 사건은 언제, 어디서라도 일어날 수 있는 일이다. 그리하여 대통령이나 수상과 같은 정치적 요인들은 만약의 사태에 대비하여 철저한 경호가 필요하다. 그러나 아무리 전문적인 훈련을 받은 대통령 경호원이나 연방수사국 요원들도 오스왈드라는 이상 성격의 저격수가 케네디 암살 계획을 품고 있다는 사실을 전혀 예상치 못하였다. 더구나 암살범 오스왈드가 후송 도중 암살되리라고는 누구도 상상하지 못한 일이었다. 그것은 우연과 우연의 연속이라고 할 수 있다.

저격 사건이 발생하였을 때, 많은 사람들은 케네디의 암살을 극우파나 공산주의자의 소행으로 추정하였다. 여기에는 그럴 만한 이유가 있었다. 당시 케네디는 흑인의 민권운동이나 가난 퇴치와 같은 진보적인 정책을 추진하려 하였고, 이것이 보수적인 남부 백인들의 반발을 사고 있었다. 특히 텍사스의 댈러스는 케네디의 진보적인 정책을 반대한 중심지였던 것이다. 또한 케네디 대통령은 당시 아시아, 특히 베트남에서 공산주의자들의 세력을 저지하려 하였고, 쿠바 미사일 사건으로 소련과 대립하는 등 철저한 반공정책을 실시하였기 때문에, 암살 사건에 공산주의자들이 연루되었으리라고 의심했던 것이다.

케네디 대통령 장례식

그러나 이런 추측은 빗나갔다. 워렌 위원회(1963년 12월 1일 존슨 대통령은 암살 사건의 진상을 규명하기 위해 워렌 연방대법원장을 위원장으로 하는 7인 위원회를 구성함)가 대통령에게 올린 최종보고서는 케네디 암살 사건을 오스왈드의 단독범행이라 결론지었다. 즉 사건은 오스왈드라는 정신이상자의 단독범행이고, 국내 또는 해외의 음모나 배후를 찾을 수 없으며, 오스왈드를 사살한 루비의 경우도 마찬가지라는 것이었다. 케네디의 암살은 계획된 목적이 있는 것이 아니라 돌발적인 상황에서 우연히 이루어진 것이라는 결론이었다.

만약 케네디가 그날 댈러스 시를 방문하지 않았다면, 또 오스왈드가 기다리고 있던 그 빌딩 앞을 지나지 않았다면 암살은 면했을 것이 아닌가? 이러한 돌발적인 우연의 사태가 없었다면, 미국의 역사는 지금과 달라졌을 것이 아닌가라고 말할 수 있지 않겠는가? 그러나 냉철히 되돌아보면 케네디 암살 사건이 결코 우연한 일이 아니었다는 몇 가지 사실들을 발견하게 된다.

첫째, 저격범 오스왈드가 취재를 받던 도중 전혀 예기치 않게 루비라는 사람에 의해 살해되었다는 점이다. 이는 케네디의 암살 사건이 오스왈드의 단독범행이 아니며, 배후가 드러날 것을 두려워한 조직적인 음모세력이 있다는 의심을 갖게 하는 부분이다. 그리고 케네디 암살 사건이 단지 우연이 아니라 계획된 음모에 의한 것임을 반증한다. 이런 모든 정황들은 케네디의 암살 가능성이 예상보다 훨씬 더 높았음을 암시하고 있는 것이다.

둘째, 겉으로는 우연처럼 보이는 케네디 암살 사건도 결코 원인이 없는 것은 아니라는 점이다. 케네디가 댈러스의 암살 장소를 지나게 된 이유를 조사해본다면, 거기에는 일련의 여러 원인들이 연쇄적으로 연결되어 있을 것이다. 또한 오스왈드의 편에서 보면, 그의 유전적 내력, 가정이나 사회에서의 경험, 그리고 한때 미국 시민권을 포기하고 공산주의를 신봉하던 전력 등 일련의 과정을 통하여 암살이라는 사건과의 연결고리를 찾아낼 수 있을 것이다. 다시 말하면, 아무리 우연이라고 치부할 수 있는 사건이라도 그 안에는 필연과 연결되는 많은 상황들이 존재한다는 것이다.

셋째, 역사에서 나타나는 우연적인 사건을 단기적으로 볼 때 그 여파가 크다 할지라도, 장기적으로 본다면 단지 제한된 영향만을 미친다는 것이다. 케네디 암살 사건의 경우, 젊은 대통령의 죽음이 결코 중요한 역사적 흐름을 막지는 못했다. 넓게는 케네디의 죽음이 미국 사회의 전체적 발전에 우려했던 것만큼 지장을 주지도 않았고, 좁게는 정도의 차이는 있을지언정 케네디의 정책적 목표들이 후임 대통령에 의해 지속적으로 실시되었다는 것이다. 바꾸어 말하면, 역사 내면에 도도히 흐르는 물줄기는 결코 우연이나 돌발적인 사건으로 인하여 변경되지 않는다는 것이다. 이것은 아무리 우연적인 사건이라고 하더라도 필연적인 역사의 진행과정을 방해하지 않는다는 것을 의미한다.

클레오파트라의 코와 프랑스 혁명

클레오파트라

우리는 여러 예를 통해, 역사에서 우연처럼 보이는 사건도 자세히 들여다보면 필연의 지배를 받는다는 것을 확인할 수 있다.

"클레오파트라의 코가 조금만 낮았더라면 세계사가 바뀌었을 것이다"라는 파스칼의 말은 한 개인의 매혹적인 코가 인류 역사의 변화 요인으로 작용할 수도 있음을 강조한 말이다. 그러나 안토니우스가 악티움 해전에서 패배한 것이 단순히 클레오파트라의 아름다움에 빠져 나타난 결과만은 분명 아닐 것이다. 악티움 해전은 '클레오파트라의 코'가 우연히 낳은 전쟁이 아니다. 당시 로마의 시대와 사회적인 흐름으로 볼 때, 옥타비아누스가 안토니우스를 제거하고 군사 독재자로 등장하게 된 것은 피할 수 없는 역사적 필연이었다.

루이 16세

주지하다시피 프랑스 혁명은 분노한 파리 시민들이 바스티유 감옥을 기습한 사건으로부터 시작되었다. 이 돌발 사태는 '무한히 복잡한 인과관계가 엄밀한 예측이나 계산을 허용하지 않는 인간의 행동을 통하여 실현되었기 때문'에 발생한 것이었다. 그것은 글자 그대로 우연한 일이었다. 그러나 당시 프랑스의 정치 · 경제 · 사회적 실정은 그런 돌발적인 사태가 아니더라도 다른 형태의 돌발 사건으로 언제든지 폭발할 수 있는 상황이었다. 루이 16세의 재정적 파탄, 이를 해결하기 위하여 귀족에게 과세하려는 시도에 대한 귀족층의 반발, 정치적으로 소외된 시민계급의 불만, 무거운 봉건적 착취로 허덕이는 농민들의 저항

등이 혁명을 불가피하게 만들었다. 우연한 돌발 사건의 이면에는 분명 필연적인 결과가 예측되었던 것이다.

사라예보의 총성

우리는 또 다른 예를 '사라예보의 총성' 에서 찾아볼 수 있다. 19세기 중엽 이후 유럽의 열강들은 서로 협상을 하면서도 반목하고 있었다. 그리고 1912년에는 발칸 반도를 중심으로 발칸 전쟁이 일어나 게르만 민족과 슬라브 민족의 적대감은 더욱 깊어졌다.

2년 후 1914년 6월 28일, 오스트리아 황태자 부부는 당시 오스트리아 영토였던 보스니아의 육군 대연습을 참관하기 위하여 사라예보를 방문 중이었다. 날씨도 화창했던 그날은 황태자 부부의 결혼기념일이기도 하였다. 그런데 별안간 한 청년이 뛰어들더니 황태자 부부가 탄 자동차에 폭탄을 던졌다. 그러나 폭탄은 빗나가 땅에 떨어지고 대신 뒤따르던 수행원과 행인들에게 상처를 입혔다. 흥분한 황태자는 모든 행사를 취소하고 돌아가려 했으나, 보스니아 지사가 사과하며 다시는 그와 같은 일이 일어나지 않을 것이라고 약속하였다. 그리하여 행사는 계속되었다.

프란시프라는 한 청년이 오스트리아 황태자 부부를 암살하는 장면

그런데 이번에는 운전자의 실수로 황태자 부부가 탄 차가 길을 잘못 들어서고 말았다. 그래서 다시 방향을 바꾸어 서행하고 있을 때였다. 총 2발이 날아오더니 각각 황태자의 목과 부인의 배를 명중하고 말았다. 이 사건에는 풀리지 않는 몇 가지 의문이 있었다. 첫째, 왜 운전자가 길을 잘못 들었나? 둘째, 암살단은 어떻게 황태자의 2차 스케줄을 알았을까? 셋째, 암살 미수

사건이 한 번 있었는데 어떻게 총기를 휴대한 사람이 그 주위에 있었나? 어찌 보면 상식적으로 납득이 되지 않는 우연의 수수께끼였다.

1차 대전이 발발한 직접적인 원인은 우연히 울린 총성이었다. 그러나 '사라예보의 총성'이 있기 수년 전부터 언제 전쟁이 터질지 모르는 잠재적인 요인들은 이미 필연적으로 나타나고 있었다. 3국 동맹과 3국 협상으로 대표되는 비밀군사 동맹체제, 군국주의의 대두, 민족 간 대립과 갈등, 선정적인 언론매체, 식민지 쟁탈 등 장기간에 걸친 대립과 갈등이 형성되어 전쟁은 불가피한 상황이었다. 다만 우연한 총성이 전쟁을 앞당겼을 뿐이다.

역사에는 만약이란 용어가 존재하지 않는다. 실제로 일어난 과거의 사실들을 결코 다시 바꾸어놓을 수는 없기 때문이다. 가설적 상황은 실제로 일어난 사건의 인과에 영향을 주지 못하며 역사적 진실을 규명하는 데도 도움이 될 수 없는 것이다. 가설적 상황은 단지 가정적 유추일 뿐이다.

교통사고

우리 주변에서 흔히 일어나는 교통사고를 살펴보자. 하루에도 수십 혹은 수백 명의 사람들이 교통사고로 목숨을 잃거나 평생 불구자로 불행하게 살아가고 있다. 그들은 자신이 교통사고의 피해자가 되리라고는 전혀 생각하지도 못했을 것이다. 자살을 하기 위해서나 거액의 보험금을 노리고 고의로 차에 뛰어든 사람들을 빼고는 말이다. 그러나 사고가 난 원인을 무시한 채 '왜 하필이면 나일까?' 라는 식으로 사고를 단순히 운명의 탓으로만 돌린다면 교통사고는 결코 줄어들지 않을 것이다. 우리가 흔히 우연이라고 생각하는 교통사고에도 분명히 원인은 존재한다. 그리고 그 원인이 제거되지 않는 한, 누군가 또 사고를 당할 수밖에 없다. 그 원인이 열악한 도로 사정일 수도 있으며, 운전자나 보행자의 질서의식 부족일 수도 있다. 또한 음주운전, 안전띠 미착용, 자동차 정비 불량 등 사고의 원인은 여러 곳에서 찾을 수 있다.

그러나 사고의 원인을 철저히 분석하고 이를 미연에 방지하는 여러 조치들을 취한다면 사고는 충분히 줄일 수 있다. 운전자나 보행자가 스스로 교통법규를 준수하고 도로 환경을 개선하며 해당 공무원의 철두철미한 단속과 규제가 있다면 사고는 충분히 줄어들 것이다. 치안부 통계자료에서도 나타나듯이, 음주 운전자를 엄격히 단속하고 안전띠 착용을 의무화하는 등의 조치 이후 사고가 상당히 줄어든 것은 그 같은 사실을 잘 보여주고 있다. 따라서 개인적인 차원에서 우연이라고 여길 수 있는 교통사고도 사회적으로 보면 필연적인 것이다. 앞서 예를 들었던 카이사르의 암살 사건, 프랑스 혁명, 사라예보의 총성 등도 겉으로는 우연적인 돌발 사건일지는 몰라도 그 이면에는 필연적인 원인이 존재하는 것을 알 수 있다.

우연적인 사실이란 대개 우리 주위에 항상 존재할 수 있는 일이다. 그러나 사람에 따라서 그 우연의 모습은 상당히 다를 수가 있다. 어째서 뉴턴은 사과가 떨어지는 것을 보고 만유인력의 법칙을 생각해냈을까? 오직 뉴턴의 눈에만 사과가 떨어지는 것이 보였단 말인가? 물론 그렇지는 않다. 무수히 많은 사람들이 떨어지는 사과를 보았을 것이다. 그러나 그러한 사실들을 의식하지 못하는 사람들에게 그것은 그냥 스쳐 지나가는 우연처럼 보일 것이다. 하지만 통상 우연처럼 보이는 일도 어떤 사람에게는 특별한 의미를 갖게 된다. "기회는 준비하고 있는 사람에게만 주어진다"는 파스퇴르의 말처럼, 항상 의식하고 준비하는 사람에게는 우연한 일도 필연적인 결과를 보이는 법이다.

과거는 이미 결정된 필연이며 어찌 보면 미래만이 우연적일 수 있다. 엄밀히 말하면 지나간 일에 우연이란 있을 수 없다. 다만, 역사에 있어서의 우연이란 역사상의 개별적인 사실이나 각각의 현상에 대해 그 나름의 개성적인 성질을 부여해준다는 의미를 가질 뿐이다.

옛 속담에 '콩 심은 데 콩 나고 팥 심은 데 팥 난다'는 말이 있다. 종자와 열매 사이에는 필연적인 관계가 있기 때문이다. 우리가 무심코 하는 하품이나 기지개, 딸꾹질도 우연히 이루어지는 것이 아니라 필연적인 생리현상이라고 할 수 있다. 또한 언덕 위에서 돌멩이 하나가 굴러 떨어지는 것도, 빙하가 수없이 생성되었다가 소멸되는 것도 우연한 일이 아니라 물리적·지리적인 원인들에 의한 필연적인 현상이다. 즉 모두가 필연적인 과정이며 필연적인 결과인 것이다.

그렇다고 역사나 사회의 발전이 마치 실험실에서의 화학반응처럼 일정한 조건만 주어진다면 동일한 결과와 법칙에 의해 지배되는 것은 결코 아니다. 자연을 지배하고 역사를 창조해가는 존재가 바른 의식과 의지를 지닌 인간이기 때문이다. 세상 모든 것이 필연적으로 발생한다는 기계적인 결정론을 지나치게 신봉한다면, 세계 전체가 고정불변의 인과관계라는 사실에 묶여서 우연이란 도무지 있을 수 없는 일이 되고 만다. 역사의 필연성만 고집하는 것은 과학의 허울을 쓴 숙명론에 지나지 않는다. 따라서 지나친 기계적 결정론의 오류에 빠지지 않도록 조심해야 한다. 역사 속에서 일어나는 모든 발전은 우연과 필연의 요소가 동시에 존재하는 것이다. 물론 앞서 지적하였듯이 우연적 사건이 필연적인 역사 과정을 결정적으로 방해하지는 못하지만 말이다.

참고한 책, 더 읽어볼 거리

21세기 연구회, 『인명으로 보는 세계사』 (시공사, 2002)

21세기 연구회, 『지명으로 보는 세계사』 (시공사, 2001)

고성원 역, 『3일 만에 읽는 세계사』 (서울 문화사, 2004)

김경석, 『유럽 문화 지형도: 유럽지역 연구』 (만남, 2003)

김계동, 『유럽 질서의 이해: 구조적 변화와 지속』 (오름, 2003)

김남연, 김이섭, 『현대유럽의 사회와 문화』 (한국학술정보, 2004)

김민제, 『러시아 혁명의 환상과 현실』 (역민사, 1998)

김덕호 역, 『옥스퍼드 유럽현대사』 (한울, 2003)

김복례, 『서양생활 문화사』 (대한교과서, 1999)

김부기, 김유남, 『소련공산당 몰락』 (평민사, 1992)

김성환, 『교실 밖 세계사 여행』 (사계절, 1998)

김영한, 임지현 편, 『서양의 지적 전통 I, II』 (지식산업사, 1994)

김용자 역, 『제2차 세계대전』 (탐구당, 1986)

김은호, 『에피소드로 본 세계사』 (행담, 1999)

김응종 역, 『프랑스 혁명사』 (일월서각, 1990)

김주한, 『서양의 역사』 (역사교양서, 1998)

김진경 역, 『서양고대사 강의』 (한울, 1995)

김진웅 외, 『서양사의 이해』 (학지사, 1994)

김태환 역, 『청소년을 위한 이야기 세계사』 (웅진 지식하우스, 2004)

김창성 편, 『세계사 산책』 (솔, 2003)

김학준, 『러시아 혁명사』 (문학과 지성사, 1999)

김현일 역, 『절대주의 국가의 역사』 (소나무, 1993)

남경태, 『종횡무진 서양사』 (그린비, 1999)

남경태, 『트라이앵글 세계사』 (푸른숲, 2001)

남궁원 외, 『연표와 사진으로 보는 세계사』 (일빛, 1997)

남궁은 역, 『퍼즐로 가는 세계사 여행』 (행담, 1993)

나종일,『페레스트로이카의 충격과 파장』(예진, 1990)

신서원 편집부 역,『서양사의 기초 지식』(도서출판 신서원, 1990)

동서문화연구회,『교양세계사』(우물이 있는집, 2007)

류한수 역,『2차 세계대전사』(청어람미디어, 2007)

민석홍,『서양사 개론』(삼영사, 1997)

민석홍 역,『프랑스혁명』(을유문화사, 2000)

박광순 역,『비잔틴 제국의 역사』(가람기획, 2003)

박상익, 손세호 역,『서양문명의 역사 I~IV』(소나무, 1995~97)

박상익 역,『호메로스에서 돈키호테까지』(푸른역사, 2002)

배영수 외,『서양사 강의』(한울아카데미, 2000)

수요역사연구회,『곁에 두는 세계사』(석필, 2001)

서찬 역,『세계를 뒤흔든 열흘』(책갈피, 2005)

손명희, 최희영 역,『파시즘: 열정과 광기의 정치혁명』(교양인, 2005)

손세호 외 역,『영화로 본 새로운 역사 1, 2』(소나무, 1998)

신선희, 김상엽,『이야기 그리스 · 로마사』(청아출판사, 2003)

안병직 외,『유럽의 산업화와 노동계급』(까치, 1995)

안효상,『상식 밖의 세계사』(새길, 1993)

역사연구모임,『단숨에 읽는 세계사』(베이직북스, 2007)

연동원,『영화 대 역사』(학문사, 2001)

영국사학회 역,『옥스퍼드 영국사』(한울아카데미, 1977)

오인석 역,『바이마르 공화국과 히틀러』(과학과 인간사, 1980)

유시민,『거꾸로 읽는 세계사』(푸른나무, 1998)

유재건 역,『유럽현대사』(백산서당, 1982)

유종선,『미국사 100장면』(가람기획, 1995)

유희수 역,『서양 중세 문명』(문학과 지성사, 1992)

윤승준,『새 유럽의 역사』(까치, 2000)

이가은,『세계사 5000년: 서양 편』(그린비, 1998)

이가은,『세계사 X 파일』(다림, 1999)

이구한,『이야기 미국사』(청아, 1998)

이광수,『유럽사회 풍속산책』(까치, 1992)

이내금,『곰브리치 세계사』(자작나무, 1997)

이민수 역,『세계를 바꾼 운명의 그날들』(예담, 2002)

이상현,『지성사로 본 세계사』(집문당, 1998)

이세희,『풀어쓴 서양 근대사 강의』(삼영사, 2005)

이연규 역,『서양 중세사』(집문당, 2000)

이영세,『심마니 세계사』(역사넷, 2000)

이용우 역,『극단의 시대: 20세기 역사』(까치, 1997)

이재광, 김진희,『영화로 쓰는 20세기 세계경제사』(세상의 창, 1999)

이주영,『서양 현대사』(삼지원, 1994)

이주영,『경험으로 본 서양의 역사』(삼지원, 2001)

이희건, 이선아 역,『세계사: 큰 줄기 작은 줄기』(가서원, 1993)

이희수,『이슬람 문화』(살림, 2004)

이희재,『서양문화의 역사 I』(사군자, 2000)

이희재 역,『그림과 함께 읽는 서양문화의 역사 I~IV』(사군자, 2000)

이혜령,『문화사』(한국방송대학교 출판부, 1995)

임희완,『서양사의 이해』(박영사, 1997)

장흥,『유럽연합(EU)의 새로운 이해』(고원, 1998)

주경철,『문화로 읽는 세계사』(사계절, 2005)

조경래,『서양 현대사』(삼지원, 1994)

조성을 편역,『세계대전과 동서냉전: 20세기의 세계』(집현전, 1990)

조인형 역,『서양 고대사』(강원대출판부, 1996)

조철수,『메소포타미아와 히브리 신화』(길, 2000)

조한욱 역,『문화로 본 새로운 역사』(소나무, 1996)

지동식 편역,『로마제국은 왜 멸망했는가?』(대학문화사, 1982)

지동식 편,『서양 고대와 중세의 사회』(신양사, 1996)

진원숙 역,『서양근대사』(혜안, 2000)

진원숙,『서양사 산책』(신서원, 1999)

차하순,『새로 쓴 서양사 총론 1, 2』(탐구당, 2000)

차하순 외 역,『20세기의 역사』(이산, 2000)

최재현,『유럽의 봉건제도』(역사비평사, 1992)

홍미경 역,『지식의 역사』(고려문화사, 1999)

현공숙,『인물 세계사: 서양 편』(청아출판사, 1999)

찾아보기

인 명

내 용

지은이 **손 영 호**

서울 출생

양정고등학교 졸업

경희대학교 사학과 졸업

미국 Central Missouri State University 대학원 역사학 석사(M.A.)

미국 Louisiana State University 대학원 역사학 박사(Ph.D.)

미국 University of Virginia 사학과 객원교수

한국미국사학회 총무이사, 연구이사 역임

현재 청주대학교 역사문화학과 교수, 어학교육원 원장

저·역서

『마이너리티 역사 혹은 자유의 여신상』(살림출판사, 2004)

『이민의 나라 미국』(청주대학교 출판부, 2003)

『역사의 이해』(학지사, 1999)

『미국기업사』(공저, 학문사, 1998)

『서양사의 이해』(공저, 학지사, 1994)

『미국정당정치사』(공역, 학지사, 1993)

『자유론』(공역, 명지대출판부, 1993)

논문

「Korean-American Community in the U.S.」

「미국 이민정책에 관한 연구」

「자유의 여신상: 그 신화와 현실」 외 40여 편

테마로 읽는
세계사 산책

2008년 1월 10일 1판 1쇄 발행
2012년 10월 10일 1판 5쇄 발행

지은이 • 손 영 호

펴낸이 • 김 진 환
펴낸곳 • (주) 학지사
121-837 서울시 마포구 서교동 352-29 마인드월드빌딩 5층
대표전화 • 02) 330-5114 팩스 • 02) 324-2345
등록번호 • 제313-2006-000265호
홈페이지 • http://www.hakjisa.co.kr
커뮤니티 • http://cafe.naver.com/hakjisa

ISBN 978-89-5891-498-3 03900

정가 15,000원